本书编写组

总撰稿人：杨伟民

主撰人员（按章节顺序）：

李善同（第一章） 杨玉英（第二章） 杨永恒、龚 璞（第三章）

徐 林（第四章） 明晓东（第五章） 董 煜、王红帅（第六、十一章）

马 强（第七章） 王乃学（第八章） 周 南（第九章）

朱晓明（第十章） 岳修虎、陈 升（第十二章） 陈 雷（第十三章）

杨伟民（第十四、十五、十六章）

参撰人员（按姓氏拼音顺序）：

黄进辉 蒋同根 孙 伟 唐泽地

王 政 魏 宁 张晓明 邹 磊

国家出版基金项目

新中国经济发展70年丛书

70 Years of Development Planning in
the People's Republic of China

新中国发展规划70年

杨伟民 等◎著

人民出版社

目　　录

---

① 本章第二节、第三节内容以介绍汶川地震灾后恢复重建规划为主。

第一章 新中国发展规划演变

新中国成立以来,我国一直坚持通过五年规划(计划)对经济社会发展作出中长期谋划或安排。自 1953 年制定第一个五年计划以来,除了 1963—1965 年的国民经济调整时期外,我国都编制实施了五年规划(计划)。新中国成立 70 年来,我国共编制实施了十三个五年规划(计划)。经过 70 年的探索,中国的发展规划已经比较成熟、比较定型,由早期计划经济体制下的指令性计划,逐渐演变成为社会主义市场经济体制下国家经济社会发展的战略性、纲领性、综合性、指导性的规划[①],既发挥了市场配置资源的决定性作用,又发挥了引导资源配置的作用。

第一节 发展规划的历史

新中国成立以来,我国共编制实施了"一五"至"十三五"的 13 个五年规划(计划)。其间,1950—1952 年为国民经济恢复时期;1963—1965 年为国民经济调整时期。

国民经济恢复时期(1950—1952 年)。1949 年新中国成立之时,国民经济处于崩溃状态,通货膨胀严重,工农业生产衰退,经济凋敝。党中央认为这种情况下不可能实施五年计划,应当先把我国的国民经济"稳定下来"和"恢复起来",才有条件进行五年计划建设。于是决定 1950—1952 年为国民经济恢复时期,为实施第一个五年计划准备条件。

[①] 李善同、周南主编:《"十三五"时期中国发展规划实施评估的理论方法与对策研究》,科学出版社 2019 年版,第 4、5 页。

国民经济第一个五年计划(1953—1957年)。新中国成立之初,我国的国情是"一穷二白"、工业基础十分薄弱,苏联模式为我国编制中长期计划提供了经验借鉴,并且"一五"计划在苏联专家的帮助下完成。[1] "一五"计划的主要任务是,集中力量进行以苏联帮助我国设计的156个建设项目为中心,由694个大中型建设项目组成的工业建设,建立我国社会主义工业化的初步基础,以及为我国农业、手工业和私营工商业的社会主义改造奠定基础。[2]

国民经济第二个五年计划(1958—1962年)。1958—1960年,在急于求成、盲目乐观的思想推动下,出现了"大跃进""人民公社化""超英赶美"等浪潮,钢铁、煤、发电量等工业生产指标不断大幅调整变化。由于脱离实际,"二五"计划遭到严重挫折,正式的五年计划文件始终未能公布。

国民经济调整时期(1963—1965年)。三年"大跃进"破坏了国民经济的稳定,加上1959年起的三年严重自然灾害,农业生产急剧减产。客观经济规律迫使中央不得不作出调整国民经济的安排。[3] 第二个五年计划期间的最后两年开始调整国民经济增长,并延续到1963—1965年。

国民经济第三个五年计划(1966—1970年)。经济调整为实施"三五"计划创造了良好条件。但国际形势发生明显变化,"帝、修、反"三股势力形成了"围堵"中国的态势,中苏关系破裂、美国入侵越南。出于备战考虑,"三五"计划的指导思想调整为"以备战为中心","加强'三线'[4]建设,防备敌人的入侵"。

国民经济第四个五年计划(1971—1975年)。在国际紧张局势及国

---

[1] 王慧炯:《社会系统工程方法论》,中国发展出版社2015年版,第152页。
[2] 刘国光主编:《中国十个五年计划研究报告》,人民出版社2006年版,第59页。
[3] 刘国光主编:《中国十个五年计划研究报告》,人民出版社2006年版,第185页。
[4] "三线",所谓一、二、三线,是按照我国地理区域划分的,沿海地区为一线,中部地区为二线,后方地区为三线。三线分两大片,一是包括云、贵、川三省的全部或大部及湘西、鄂西地区的西南三线;二是包括陕、甘、宁、青四省的全部或大部及豫西、晋西地区的西北三线。三线又有大小之分,西南、西北为大三线,中部及沿海地区省区的腹地为小三线。见薄一波:《若干重大决策与事件的回顾》(修订本)下卷,人民出版社1997年版,第1237页。

内"文化大革命"的影响下,"四五"时期的主要任务是狠抓备战,集中力量建设"大三线"强大的战略后方,改善布局。《1970 年计划和第四个五年国民经济计划纲要(草案)》呈现出盲目追求高速度、高指标的特点,但该草案未经全国人大审定。

国民经济第五个五年计划(1976—1980 年)。"五五"计划的制定始于 1974 年,该计划没有独立的文本,而是包含在《1976—1985 年发展国民经济十年规划纲要》之中。"五五"计划的制定实施跨越了"文化大革命"后期和改革开放初期。"五五"计划初期出现了急于求成、脱离实际的高指标;党的十一届三中全会后,计划指标做了大幅度调整。

国民经济和社会发展第六个五年计划(1981—1985 年)。党的十一届三中全会以后,党中央对国民经济采取"调整、改革、整顿、提高"的方针,确定"以经济建设为中心"的指导思想。同前五个五年计划相比,"六五"计划名称改为"国民经济和社会发展计划",强化了社会发展的内容。

国民经济和社会发展第七个五年计划(1986—1990 年)。"七五"时期是新旧体制并存,同时又激烈冲突的时期。这决定了"七五"时期主要任务是要进一步为经济体制改革创造环境。"七五"计划遵循建设有中国特色社会主义的总要求,遵循对内搞活经济、对外实行开放的总方针,促进有计划商品经济的发展。

国民经济和社会发展第八个五年计划(1991—1995 年)。按照"三步走"总体战略的第二步部署,1991 年到 20 世纪末国民生产总值再增长一倍,人民生活达到小康水平,"八五"计划明确了这一基本任务,并确立初步建立适应以公有制为基础的社会主义有计划商品经济发展的、计划经济与市场调节相结合的经济体制和运行机制。

国民经济和社会发展第九个五年计划和 2010 年远景目标(1996—2000 年,远景目标到 2010 年)。"九五"时期,以 1992 年邓小平同志南方谈话和党的十四大为标志,我国改革开放和社会主义现代化建设进入了新的发展阶段。"九五"计划是社会主义市场经济条件下的第一个中长期规划。"九五"时期也是"三步走"总体战略承前启后的重要阶段,"九五"计划确定了全面完成现代化建设第二步战略部署的奋斗目标和改革开放的重要任务和部署。

国民经济和社会发展第十个五年计划（2001—2005年）。"十五"计划是我国进入21世纪后的第一个五年计划，是我国实现社会主义现代化建设前两步战略目标，向第三步战略目标迈进的第一个五年计划。"十五"计划把发展作为主题，把结构调整作为主线，把改革开放和科技进步作为动力，把提高人民生活水平作为根本出发点。

国民经济和社会发展第十一个五年规划（2006—2010年）。"十一五"时期是全面建设小康社会的关键时期，具有承前启后的历史地位，是战略机遇与矛盾凸显并存的关键时期。"十一五"开始，"计划"更名为"规划"，增强了规划的空间功能。"十一五"规划以来，规划成为阐明国家战略意图、明确政府工作重点、引导市场主体行为的宏伟蓝图和行动纲领。

国民经济和社会发展第十二个五年规划（2011—2015年）。"十二五"时期是全面建设小康社会的关键时期，是深化改革开放、加快转变经济发展方式的攻坚时期。"十二五"规划以科学发展为主题、以加快转变经济发展方式为主线，深化改革开放，保障和改善民生，巩固和扩大应对国际金融危机冲击成果，为全面建成小康社会打下具有决定性意义的基础。

国民经济和社会发展第十三个五年规划（2016—2020年）。"十三五"规划是全面建成小康社会的最后一个五年规划。"十三五"时期是全面建成小康社会决胜阶段，我国发展仍处于可以大有作为的重要战略机遇期，也面临诸多矛盾叠加、风险隐患增多的严峻挑战。"十三五"规划遵循"创新、协调、绿色、开放、共享"的新发展理念，以供给侧结构性改革为主线，描绘了全面建成小康社会的美好蓝图。

第二节　发展规划的演变

一、规划名称的演变

新中国成立70年来，发展规划先后有"国民经济计划""国民经济计划纲要""国民经济和社会发展计划纲要""国民经济和社会发展规划纲要"等名称。① 规划名称主要发生了两个变化:一是前五个五年计划的名称为"国民经济计划","六五"计划以来,增加了"社会发展"一词,更名为"国民经济和社会发展计划",内容逐渐涵盖了经济、社会、环境、生态等领域。二是自"十一五"开始,"五年计划"更名为"五年规划",更加准确地体现了宏观性、战略性、政策性。

二、规划定位的演变

规划的定位由计划经济体制下的计划转变为社会主义市场经济体制下的规划,即从要求生产什么、生产多少、为谁生产的指令性计划,到引导市场配置资源的预期性与约束性相结合的规划。新中国成立之初,我国学习苏联模式建立起计划经济体制,"一五"至"五五"期间,发展国民经济以指令性计划为手段,确定基本建设的投资规模和项目,政府决定资源的分配与流向。比如,"一五"计划将资源主要配置于156个建设单位为重心、由限额以上的694个建设单位组成的工业建设;由于备战需要,"三五"计划主要向"三线"地区配置资源。改革开放以后,计划经济体制先后向有计划的商品经济体制、社会主义市场经济体制转变,经济体制改革不断深化,政府直接配置资源逐渐减少,发展规划(计划)主要发挥引导市场资源配置的作用。尤其是"十一五"规划以来,规划的指标分为预期性指标与约束性指标,发展规划成为政府履行职责的依据,以及约束市场行为的"第二准则"②。

三、规划理念的演变

新中国成立70年来,规划理念多次发生深刻变化,从优先发展重工业、建立独立完整的工业体系,到处理各方面关系,到解决温饱问题的人民生活为主,强国和富民相统一,再到科学发展观、新发展理念。

---

① "纲要"首次出现于《1970年计划和第四个五年国民经济计划纲要(草案)》中,"五五"计划包含在《1976—1985年发展国民经济十年规划纲要》之中。从"八五"计划开始,正式更名为"五年规划(计划)纲要"。

② 杨伟民:《改革规划体制　更好发挥规划的作用》,《中国投资》2018年第23期。

第一阶段("一五"至"五五"时期):优先发展重工业、建立独立完整的工业体系。"一五"计划按照"经济建设的重点是工业,工业建设又以重工业为主、轻工业为辅"的方针,开始进行以重工业为中心的工业建设;1964年"四个现代化"和"赶超世界"长远战略的提出,明确了从"三五"计划开始"建立一个独立的比较完整的工业体系和国民经济体系"①的发展理念。

第二阶段("六五"至"七五"时期):搞好综合平衡,处理各方面关系。"六五"至"七五"时期面临着新旧体制转轨,以及从十年"文化大革命"的动荡中恢复经济的复杂局面,亟待处理好各方面的关系。党的十一届三中全会后,党中央对国民经济采取"调整、改革、整顿、提高"的方针,"六五"计划将"一切经济活动,都要以提高经济效益为中心"作为发展理念,"七五"计划遵循"对内搞活经济、对外实行开放"的总方针②,并且自"六五"计划开始,将社会发展纳入五年计划的范畴,更加重视社会发展。

第三阶段("八五"至"十五"时期):解决温饱问题的人民生活为主,强国和富民相统一。1987年党的十三大提出"三步走"总体战略部署,第一步解决人民的温饱问题在"七五"末期基本实现。"八五"计划和"九五"计划是实现"三步走"第二步战略部署的时期,更加重视提高经济质量和效益,重视体制改革。比如,"九五"计划提出实现两个根本性转变,即"经济体制从传统的计划经济体制向社会主义市场经济体制转变"和"经济增长方式从粗放型向集约型转变"。"十五"计划是向第三步发展战略迈进的第一个五年计划,改善人民生活、促进社会发展,以及强国与富民相统一成为这一时期的规划理念。

第四阶段("十一五"至"十三五"规划):科学发展观、新发展理念作为指导思想。"十一五"规划明确了"以科学发展观统领经济社会发展全局"的理念,"十二五"规划提出"以科学发展为主题,是时代的要求,关系

---

① 中共中央文献研究室:《建国以来重要文献选编》第十九册,中央文献出版社1997年版,第483页。

② 刘国光主编:《中国十个五年计划研究报告》,人民出版社2006年版,第443、488页。

改革开放和现代化建设全局"。习近平总书记在党的十八届五中全会提出"创新、协调、绿色、开放、共享"的新发展理念,成为"十三五"规划乃至更长时期我国发展思路、发展方向、发展着力点的集中体现。

四、规划目标的演变

新中国成立以来,规划目标经历了从建立独立完整的国民经济体系、实现"四个现代化",到解决温饱问题再到全面建成小康社会的演变。"一五"与"二五"计划的主要目标是推进社会主义改造,建立我国社会主义工业化的初步基础。"三五"与"四五"计划将国防建设放在第一位,把"三线建设"作为战略目标。"三五"时期以来,"建立一个独立的比较完整的工业体系与国民经济体系"和"四个现代化"成为发展计划的重要目标。"四五"计划纲要(草案)提出"初步建成我国独立的、比较完善的工业体系和国民经济体系"。"五五"计划提出"到1980年建立独立的比较完整的工业体系和国民经济体系"和"全面实现农业、工业、国防和科学技术的现代化,使经济走在世界前列"[①]的规划目标。改革开放前的规划目标演变过程走过了一些弯路,如"二五"时期的"大跃进"。

改革开放以后,党中央对我国社会主义现代化建设作出战略部署,提出"三步走"战略目标。"六五"与"七五"计划的主要目标是实现"三步走"战略的第一步,即1981—1990年实现国民生产总值比1980年翻一番,解决人民的温饱问题。"六五"与"七五"计划还设立了"为经济体制改革创造良好的经济环境和社会环境"的发展目标。"八五"与"九五"计划将实现"三步走"战略的第二步作为总目标,即1991年到20世纪末国民生产总值再增长一倍,人民生活总体上达到小康水平。另外,"八五"与"九五"计划分别提出,"初步建立适应以公有制为基础的社会主义有计划商品经济发展的、计划经济和市场调节相结合的经济体制和运行机制""初步建立社会主义市场经济体制,市场在国家宏观调控下对资源配置起基础性作用"的改革目标。"十五"计划进一步提出了"国有企业建

---

① 刘国光主编:《中国十个五年计划研究报告》,人民出版社2006年版,第378—379页。

立现代企业制度取得重大进展""完善社会主义市场经济体制迈出实质性步伐"的改革目标。

在完成"三步走"战略的前两步目标的基础上,2002年党的十六大报告提出,"在本世纪头二十年,集中力量,全面建设惠及十几亿人口的更高水平的小康社会,使经济更加发展、民主更加健全、科教更加进步、文化更加繁荣、社会更加和谐、人民生活更加殷实"。

"十一五"规划成为全面建设小康社会的第一个五年规划,"十一五"规划以全面建设小康社会为总目标,并设置了市场经济体制改革等主要目标。"十二五"时期是全面建设小康社会的关键时期,是深化改革开放、加快转变经济发展方式的攻坚时期,"十二五"规划以全面建设小康社会为总目标,并在财税金融等重要领域和关键环节改革、政府职能转变、对外开放广度和深度等方面设立了改革目标。"十三五"时期是全面建成小康社会决胜阶段,"十三五"规划以此为奋斗目标,并设置了国家治理体系和治理能力现代化、法治政府、开放型经济新体制等领域的改革目标。

五、规划性质的演变

新中国成立70年来,规划(计划)的性质实现了从指令性,到预测性和指导性,再到预期性和约束性的转变。改革开放前的五年计划是指令性计划,"一五"至"五五"计划的编制内容涉及生产计划、商业物资流通计划、价格计划、外贸外汇计划、劳动工资计划等[1],是无所不包的指令性计划。改革开放以后,随着经济体制的转轨,规划(计划)具备了预测性和指导性的功能。"六五"计划以后,传统的以行政指令性计划为主的直接管理向以间接化、多样化、体系化的宏观经济管理转变。[2] 随着社会主义市场经济体制的建设与完善,五年规划(计划)逐渐演变成具有战略性、宏观性、政策性的指导性规划,给市场"信号",引导资源配置。"十一

---

① 郑新立主编:《经济体制六大改革》,中共中央党校出版社1994年版,第151—153页。
② 刘瑞:《中国经济发展战略与规划的演变和创新》,中国人民大学出版社2016年版,第91页。

五"规划将指标体系分为预期性和约束性,预期性指标主要依靠市场主体的自主行为实现,约束性指标则进一步明确并强化了政府责任。随着经济体制不断完善,五年规划(计划)逐渐发展成为主要阐明国家战略意图、明确政府工作重点、引导规范市场主体行为的纲领性文件,成为全国各族人民共同的行动纲领和政府履行经济调节、市场监管、社会管理、公共服务、生态环境保护职能的重要依据。[①]

六、规划内容的演变

新中国成立70年来,中国发展规划(计划)的内容呈现出诸多变化。

一是,从实物产量到价值指标的转变。改革开放前的发展计划常用重量、体积、长度、件数等实物指标来表示,如粮食(亿斤)、棉花(万担)、钢(万吨)等。而改革开放以来的规划(计划)指标则主要通过价值指标表示,即以货币为计量单位来表现产品产量和资金运动,如国内生产总值(亿元)、全员劳动生产率(万元/人)等。

二是,从单纯的经济计划,拓展到经济社会,再到文化建设、民主法治、生态文明、国防和军队建设。"一五"至"五五"计划是单纯的经济计划;"六五"计划纳入社会发展的内容;"七五"计划首次提出社会主义精神文明建设,此后,文化建设、民主法制均成为规划(计划)的内容,并且,"七五"以来逐渐强化了生态环境保护内容;"十五"计划以来将国防建设("十一五"为国防和军队建设)纳入规划(计划)内容。

三是,规划涉及的范围从大陆的省(自治区、直辖市),到包括港澳台,又区分港澳与台,包括了整个国家的所有领土。改革开放前至"七五"计划,计划内容不涉及港澳台地区。"八五"计划提出进一步做好香港和澳门回归祖国的各项工作。"九五"计划因1997年香港回归,必须考虑香港发展的内容,"十五"计划因澳门回归又增加了澳门发展的内容。其中,"九五"与"十五"计划将港澳台置于同一部分,"九五"计划纲

[①]　朱之鑫:《在首届中国发展规划研讨会开幕式上的致辞》,清华大学公共管理学院,http://www.sppm.tsinghua.edu.cn/xwzx/lbxw/26efe4896683e05501668f0360880015.html。

要将"促进祖国和平统一大业"作为一章,"十五"计划纲要提出"加强港澳台与内地的经济合作及交流"。"十一五"以来,区分了港澳与台。"十二五"规划纲要分别将"保持香港澳门长期繁荣稳定""推进两岸关系和平发展和祖国统一大业"作为两章内容。"十三五"规划纲要的第十二篇为"深化内地和港澳、大陆和台湾地区合作发展"。

七、规划编制程序的演变

规划编制程序经历了从党中央直接制定,到党中央提出建议、国务院编制纲要、全国人大审议的规范程序演变。改革开放前的五年计划只有第一个五年计划编制执行较规范。"一五"计划是由党中央提出意见,提交国务院讨论通过,再提交全国人大审议,"一五"计划草案在第一届全国人民代表大会第二次会议获得通过。"二五"计划作为党中央的建议在党的八大通过,由于各年度计划数字不断大幅度调整变化,"二五"计划的正式文件未正式公布。"三五"计划未正式批准,只有国家计划委员会拟定的两个计划方案①。"四五"计划纲要(草案)虽下发,但全国人大未审定。"五五"计划没有独立的文本,包含在《1976—1985年发展国民经济十年规划纲要》之中。由于受到政治冲击和指导思想的影响,《1976—1985年发展国民经济十年规划纲要》在实施过程中不断修改。改革开放以后,规划(计划)的编制过程逐渐规范化、制度化,即:首先由党中央提出建议,国务院根据建议组织有关部门编制纲要(草案),最后提交全国人民代表大会审议批准。

八、规划体系的演变

新中国成立70年来,发展规划从单一的经济计划,到包括建议与纲要区分的总体规划、重点领域的专项规划、重点经济区的区域规划、空间发展的主体功能区规划等,形成了发展规划的完整体系。

---

① 李善同、周南主编:《"十三五"时期中国发展规划实施评估的理论方法与对策研究》,科学出版社2019年版,第5页。

一是总体规划,是国民经济和社会发展的战略性、纲领性、综合性规划,是编制本级和下级专项规划、区域规划以及制定有关政策和年度计划的依据,其他规划要符合总体规划的要求。党中央建议和规划纲要共同构成了总体规划,并且"七五"计划以后,党中央建议与规划纲要进行了严格的区分。

二是专项规划,是以国民经济和社会发展特定领域为对象编制的规划,是总体规划在特定领域的细化,也是政府指导该领域发展以及审批、核准重大项目,安排政府投资和财政支出预算,制定特定领域相关政策的依据。

三是区域规划,是以跨行政区的特定区域的国民经济和社会发展为对象编制的规划,是总体规划在特定区域的细化和落实。跨省(自治区、直辖市)的区域规划是编制区域内省(自治区、直辖市)级总体规划、专项规划的依据。①

四是主体功能区规划,是我国国土空间开发的战略性、基础性和约束性规划,是国家空间发展的指南,是可持续发展的空间蓝图和各类开发建设活动的基本依据。②

此外,发展规划体系还包括城镇化规划、灾后重建规划等。

第三节　发展规划的历史作用

新中国成立 70 年来,发展规划在促进我国形成完整的工业体系和国民经济体系、经济健康发展、人民生活改善、科学进步与人才培养、城乡区域协调发展、可持续发展等方面发挥了重要的历史性作用。发展规划的编制和实施已经成为更好发挥政府作用的重要工作。

一是促进形成了完整的工业体系和国民经济体系。1964 年 12 月,周恩来同志在第三届全国人大一次会议上宣布,"就是在不太长的历史时期内,把我国建设成为一个具有现代农业、现代工业、现代国防和现代

---

① 《国务院关于加强国民经济和社会发展规划编制工作的若干意见》,http://www.gov.cn/gongbao/content/2005/content_121467.htm。

② 杨伟民:《改革规划体制　更好发挥规划的作用》,《中国投资》2018 年第 23 期。

科学技术的社会主义强国,赶上和超过世界先进水平"。并且明确了"从第三个五年计划开始,我国的国民经济发展可以按两步来考虑:第一步建立一个独立的比较完整的工业体系和国民经济体系;第二步,全面实现农业、工业、国防和科学技术的现代化,使我国经济走在世界的前列"①。"一五"至"五五"计划的实施,为形成比较完整的国民经济体系作出了重要贡献。

二是促进了经济健康发展。1985年,我国开始建立国内生产总值(GDP)核算制度,"七五"计划首次将GDP作为经济增长指标。此后,历次发展规划(计划)将GDP作为经济发展的核心指标。"七五"计划设定了年均增长7.5%的增长目标,"八五"计划至"十三五"规划分别设定了6%、8%左右、7%左右、7.5%、7%、高于6.5%的经济增长目标。这种设定增长目标的做法引导了市场预期和市场行为方向。在中央政府设定的GDP预期目标的导向下,各地区也分别设立GDP发展目标并努力完成,对我国的经济发展起到了巨大推动作用。同时,以GDP作为最主要的考核指标、"唯GDP论英雄",也会引发地方政府间的相互攀比、层层加码的现象,以及产生浪费资源、破坏生态的副作用。

三是改善了人民生活。发展规划(计划)的实施,极大地改善了人民的生活水平。改革开放前的发展计划主要按照"强国优先"的战略导向,但也注重解决吃、穿、用与处理农业、轻工业、重工业的关系,提高人民的物质生活和文化生活的水平。改革开放以来,发展规划(计划)逐渐转变为"富民优先"的战略导向,通过富民实现强国。"六五"计划提出"大力增加适合社会现实需要的农产品、轻纺产品和其他日用工业品的生产",重视消费品工业的发展,以改善人民生活。党的十三大提出"三步走"总体战略部署,"七五"末期,我国基本上解决了温饱问题;"九五"末期,人民生活总体达到小康水平,我国由低收入国家迈入中低收入国家行列;"十一五"末期,人均国民收入达到4340美元,我国由中低收入国家迈入

---

① 中共中央文献研究室:《建国以来重要文献选编》第十九册,中央文献出版社1997年版,第483页。

中高收入国家行列。"十二五"末期,我国人均国民收入达到7910美元,2018年达到9470美元①,高于中等收入国家的平均水平。

四是促进了科学进步与人才培养。中国发展规划(计划)在促进科学进步与人才培养方面发挥了重要作用。"一五"计划提出"培养建设干部,加强科学研究工作";"二五"计划提出"努力培养建设人才,加强科学研究工作"的基本任务;在"四个现代化"和"赶超世界"的长远战略中,"三五"至"五五"计划重视科学技术的发展;"六五"计划将"科学技术发展和人才培养的目标"作为一章,通过科技攻关和科技成果项目突破国民经济的薄弱环节;"七五"计划以来,科学技术、教育发展与人才培养在规划中的分量愈加重要;"九五"计划首次提出科教兴国战略;"十三五"规划提出"强化科技创新引领作用"和"实施人才优先发展战略",更加强调了科学进步与人才培养的重要性。

五是促进了城乡区域协调发展。中国发展规划(计划)的实施,有力地推动了城乡区域协调发展。新中国成立之初,我国实行城乡分割政策,并形成了城乡发展的二元结构。改革开放前的五年计划在一定程度上推动了区域协调发展,如"三五"时期的"三线建设"为中西部地区的工业发展奠定了基础。改革开放以来,发展规划(计划)中关于城乡区域的政策逐渐增多,"六五"计划提出"地区协作"与"城市和乡村建设"。"七五"计划将"地区布局和地区经济发展政策"作为一章,此后城乡区域协调发展在规划中的重要性逐步增强。"十一五"规划提出,"实施区域发展总体战略"(坚持实施推进西部大开发,振兴东北地区等老工业基地,促进中部地区崛起,鼓励东部地区率先发展)、"推进形成主体功能区"(将国土空间划分为优化开发、重点开发、限制开发和禁止开发四类主体功能区),以及"促进城镇化健康发展"和建设社会主义新农村等,这一系列举措的实施有效地促进了城乡区域协调发展。

六是促进了可持续发展。新中国成立以来的发展规划(计划),尤其

① 数据来源于世界银行公开数据库,采用图表集法衡量的人均国民总收入(GNI)(现价美元),2015年、2018年中国人均国民收入为7910美元、9470美元;同期中等收入国家的人均国民收入平均水平为5003美元、5340美元。

是改革开放以来的发展规划（计划），对于促进我国可持续发展发挥了重要作用。"七五"计划提出"国土开发和整治"；"八五"计划提出"国土开发整治和环境保护"；"九五"计划提出"实施可持续发展战略"，通过依法保护并合理开发土地、水、森林、草原、矿产和海洋资源，加强对生态与环境的保护，促进可持续发展；"十一五"规划按照"建设资源节约型、环境友好型社会"的理念推进可持续发展，并提出节能减排的约束性指标；"十二五"规划提出"绿色发展建设资源节约型、环境友好型社会"；"十三五"规划提出"以提高环境质量为核心，以解决生态环境领域突出问题为重点，加大生态环境保护力度，提高资源利用效率，为人民提供更多优质的生态产品，协同推进人民富裕、国家富强、中国美丽"。另外，从发展规划的指标中可以看出可持续发展的分量，"十一五"规划纲要中可持续发展的指标为 7 个（主要指标为 22 个）；"十二五"规划纲要中可持续发展指标为 8 个（主要指标为 24 个）；"十三五"规划纲要中可持续发展指标为 10 个（主要指标为 25 个）。

第四节　发展规划的编制经验

新中国成立 70 年来，发展规划（计划）对于我国实现快速赶超发挥了巨大作用。当然，我国在编制与实施发展规划的过程中也形成了诸多经验，包括实事求是、与时俱进、遵循规律、规范程序、党的领导等方面。

一是发展中国家实现尽快赶超的需要。编制实施五年规划（计划）对于中国由贫穷落后的农业国向发达现代化的工业国赶超具有重大意义。发展规划是社会共同的行动纲领，中国的发展规划在编制过程中，广泛听取了社会各界意见，在一定范围、一定程度上凝聚了社会共识，规划就是将这种社会共识凝聚成国家意志的表达形式。只有思想上大家一致认为应该这样做，行动上就会自觉地这样做，一定意义上，这种规划也是协商的结果，是协商民主的一种形式。一个国家特别是赶超型的发展中国家，必须认准一个方向、一个目标，最大限度地凝聚全社会共识，一步一个脚印地向前迈进。根据发展阶段，制定发展规划，一届接着一届办、一代接着一代干,是中国经济发展取得成功的一条重要经验。①

二是实事求是,正确确定目标,防止"大跃进"。新中国的发展规划(计划)取得了诸多成就,但也曾走过一些弯路。改革开放前的五年计划曾出现"大跃进"的问题。"二五"计划的实施过程中,在急于求成的思想推动下,出现了"大跃进""人民公社化""超英赶美"等浪潮。"大跃进"期间,否定客观规律,增长目标被提高很多倍,导致了国民经济主要比例失调,财政连年赤字,人民生活遇到很大困难。② 由于受国际形势与国内"文化大革命"的影响,"四五"与"五五"计划时期均出现过脱离实际的高指标,过高的计划指标又被各地区、各部门层层加码,造成严重的经济后果。改革开放以来的五年规划(计划),由于从实际出发、按照实事求是的原则确定目标,更好地发挥了政府作用及规划的战略导向作用。

三是与时俱进,不断创新,既要适应国内形势,也要适应体制变化;既要适应国内发展需要,也要适应全球发展的需要。从中国编制发展规划(计划)的经验来看,客观环境是重要的影响因素。一方面,要适应国内形势与体制变化。新中国成立以来,国内形势不断发生变化,党在过渡时期的总路线、"文化大革命"、"四个现代化"战略提出、"三步走"总体战略提出等国内形势变化影响着发展规划(计划)的编制实施。首先,经济体制从计划经济体制到有计划的商品经济体制,到市场经济体制的变化,要求发展规划(计划)的性质、目标等发生改变。其次,新中国发展规划(计划)始终保持与时俱进,从内容到形式不断创新。另一方面,既要适应国内发展需要,也要适应全球发展需要。新中国的发展规划(计划)不断适应国内不同阶段发展的需求,如对解决温饱、实现小康社会的需要。同时,新中国发展规划(计划)不断适应全球发展的需要,增加履行国际责任、参与全球经济治理等内容,向融入全球经济体系的规划转变。

四是遵循规律,清晰判断历史方位,在理念方面引领发展方向和发展方式变革。新中国发展规划的编制遵循客观规律,对发展环境深入分析,

---

① 杨伟民:《改革规划体制　更好发挥规划的作用》,《中国投资》2008 年第 23 期。

② 刘国光主编:《中国十个五年计划研究报告》,人民出版社 2006 年版,第 185、307、308 页。

能够清晰地判断国家所处的历史方位。新中国的发展规划在理念方面引领发展方向和发展方式变革，如"十三五"规划提出"创新、协调、绿色、开放、共享"的新发展理念。其中，创新是引领发展的第一动力；协调是持续健康发展的内在要求；绿色是永续发展的必要条件和人民对美好生活追求的重要体现；开放是国家繁荣发展的必由之路；共享是中国特色社会主义的本质要求。新发展理念将引领"十三五"期间乃至更长时期我国的发展方向及发展方式。

五是规范程序，广泛参与，中期评估，适时修订。编制程序规范化、社会广泛参与是中国发展规划的重要经验。发展计划原来仅仅由计划部门制定，而规划的编制越来越重视听取各方面和各界人士的意见，广泛地凝聚了共识。另外，新中国发展规划的制定逐渐强化对实施效果的重视，通过规划评估实现对规划实施效果进行跟踪和监控。长期以来，发展计划存在"重编制、轻实施和评估"的问题。"十五"计划以后，启动发展规划中期评估工作。"十一五"规划纲要首次设置了完善规划实施专章和加强规划监测评估专节。"十三五"规划纲要出台后，中办、国办首次印发《关于建立健全国家"十三五"规划纲要实施机制的意见》，初步建立起了系统完整的实施机制。

六是党的领导。新中国的发展规划（计划）是在党的领导下编制实施的，党中央制定建议，并直接领导规划的编制工作，坚持党的领导是我国编制发展规划的重要经验。新中国发展规划（计划）的编制过程逐渐规范化、制度化，首先由党中央制定建议，再由国务院组织有关部门编制规划纲要，经过专家论证，听取意见，最后提交全国人民代表大会审议。党中央制定规划建议是编制发展规划的首要环节，党中央建议为发展规划的制定指明方向，提供指导思想。根据党中央建议的精神，国务院组织有关部门编制规划纲要。党中央制定建议与国务院组织编制规划纲要体现了党的领导的关键作用。规划纲要审议通过后，各级政府可以此为履行职责的依据，在党的领导下推进规划的落地实施。

第二章　改革开放前的发展规划

新中国成立至 1978 年党的十一届三中全会召开,除 1949—1952 年国民经济恢复期和 1963—1965 年国民经济调整期外,我国共编制了五个五年计划,即"一五""二五""三五""四五""五五"计划,对建立独立的比较完整的工业体系和国民经济体系发挥了重要作用。

第一节　"一五"计划(1953—1957 年)

一、时代背景

"一五"计划(1953—1957 年)即《中华人民共和国发展国民经济的第一个五年计划(1953—1957)》。

新中国是在我国经济极端落后的情况下建立的。小农经济、资本主义经济在国民经济中占有相当大的比重。新中国成立初期,中国共产党面临极大的财政困难和严峻的经济形势。1950 年 10 月开始了抗美援朝、保家卫国战争,其间通货膨胀严重,经济非常困难。为进一步稳定市场物价,国务院于 1950 年 3 月颁布了《关于统一国家财政经济工作的决定》,着手调整工商业,进行国民经济恢复。1950 年 5 月在陈云同志主持下,中央财政经济委员会①编制了《一九五〇年国民经济计划概要》,这是新中国成立后编制全国统一的国民经济计划的初步尝试。经过

---

①　中央财政经济委员会简称中财委,依据 1949 年 5 月 31 日中央《关于建立中央财政经济机构大纲(草案)》成立。作为党在经济战线的统一领导机构,陈云同志任主任。见薄一波:《若干重大决策与事件的回顾》(修订本)上卷,人民出版社 1997 年版,第 71 页。

1949—1952 年最初三年的国民经济恢复,采取稳定物价、统一财经、调整工商业等各项重大举措,到 1952 年年底,我国工业和农业主要产品产量超过了新中国成立前的最高水平。农业总产值达到 483.9 亿元,比 1949 年增加 48.5%,年均增长 14.1%。工业总产值达到 343.3 亿元,比 1949 年增加 144.9%,年均增长 34.8%。工农业产值比重从 1949 年的 27∶73,变为 36∶64。① 与此同时,城市居民的生活水平也得到较大提高和改善。通过对私营经济实行利用、限制、改造,国家掌握了国民经济命脉,控制了金融、市场和重工业,为以后迅速向计划经济过渡奠定了基础。从外部环境看,我国社会主义建设得到了国际社会主义阵营的支持,特别是苏联实实在在的援助,受到帝国主义阵营的反对。在总结三年经济恢复和经济建设经验的基础上,我国开始了编制"一五"计划,进入了第一个五年计划时期。

二、编制过程

"一五"计划是新中国成立后第一个五年计划,是"中国共产党和中华人民共和国国家机关领导全国人民为实现过渡时期总任务而奋斗的带有决定意义的纲领"②。从 1951 年开始编制"一五"计划,到 1955 年 7 月 30 日第一届全国人民代表大会第二次会议通过,历时近 5 年,经历了曲折的变化过程,其间多次修改。

1950 年 5 月,政务院、中央财政经济委员会提出《关于制定 1951—1955 年度恢复和发展中华人民共和国人民经济国家计划方针的指示》。1951 年 1 月 28 日,毛泽东同志在中央政治局扩大会上提出"三年准备,十年计划经济建设"的思想,决定自 1953 年起实施第一个五年计划,并要求着手编制工作。1951 年 2 月 19 日,朱德在全国工业会议上宣

---

① 柳随年、吴群敢主编:《恢复时期的国民经济(1949—1952)》,黑龙江人民出版社 1984 年版,第 90 页。

② 全国人大财政经济委员会办公室、国家发展和改革委员会发展规划司:《建国以来国民经济和社会发展五年计划重要文件汇编》,中国民主法制出版社 2008 年版,第 743 页。

布"中央已决定自 1953 年起实行五年计划"①。1952 年年初,中央成立周恩来、陈云、薄一波、李富春、聂荣臻、宋劭文 6 位同志组成的领导小组,组织领导"一五"计划的编制工作。1952 年 8 月中财委试编出《五年计划轮廓草案》,并组成以周恩来同志为团长、陈云和李富春为副团长的政府代表团赴苏联征询意见,商谈苏联援助我国进行经济建设的具体方案,一个多月后周恩来同志和陈云回国,李富春带团继续与苏联有关部门广泛接触征询意见、商谈援助具体项目,时间长达 9 个月。②

1952 年 11 月 15 日,中央人民政府委员会第 19 次会议通过决议,增设国家计划委员会,主要任务是在中央人民政府领导下,负责编制我国长期和年度的国民经济计划。③ 1952 年年底中央领导同志讨论《五年计划轮廓草案》时指示"以科学求实的态度从事计划工作,使计划正确反映客观经济发展规律"。1952 年 12 月 22 日,中央发出《关于编制 1953 年计划及长期计划纲要若干问题的指示》,指出要集中力量保证重工业的建设",但"决不能理解为可以忽视轻工业的发展、农业和地方工业的发展、贸易合作事业和运输事业的发展及文化教育卫生事业的发展,一直放松对这些事业的领导,如果那样,显然也是错误的。1953 年 4 月 4 日,米高扬向李富春通报了苏共中央、苏联国家计划委员会和经济专家对我国"一五"计划的意见,主要是肯定了工业化的方针、将工业年均增长速度从 20% 调低到 14%—15%,以及发展农业、巩固人民币、发展商品流通、提高劳动生产率和国家积累等。据此,中财委对"一五"计划草案进行了较大调整。1953 年 6—8 月在全国财经工作会议上传达了中央指示,讨论了"一五"计划方针任务,对计划编制工作进行了初步总结。1954 年年初,中央决定调整计划工作班子,成立由陈云为组长的 8 人小组。同年 4

①　《当代中国的计划工作》办公室编:《中华人民共和国国民经济和社会发展计划大事辑要(1949—1985)》,红旗出版社 1987 年版,第 14 页。

②　薄一波:《若干重大决策与事件的回顾》(修订本)上卷,人民出版社 1997 年版,第 294 页。

③　曹文炼、张力炜:《共和国的脚步——我国"一五"至"十五"计划编制与实施的历史回顾》,《中国产经》2017 年第 2—10 期。

月,毛泽东同志审阅了陈云提出的《五年计划纲要(初稿)》。8月,8人小组审议国家计划委员会提出的《中华人民共和国发展国民经济的第一个五年计划草案(初稿)》,接连举行了17次会议,对草案逐章逐节进行讨论和修改。10月,毛泽东同志和刘少奇同志、周恩来同志聚会广州,用一个月的时间审议修改后的"一五"计划草案。11月,陈云主持召开中央政治局会议,用时11天,仔细讨论了方针任务、发展速度、投资规模、工农业关系、建设重点和地区分布,又提出了许多修改意见和建议。

"一五"计划草案经过多次修改、补充和完善,在边执行、边观察、边调整中,最后于1955年2月编制完成。[①] 1955年3月,经过党的全国代表大会讨论并基本通过。1955年6月10日,中国共产党中央委员会《关于中华人民共和国发展国民经济的第一个五年计划草案致中华人民共和国国务院的信》中明确将草案提交国务院,要求在国务院审议通过后,提交第一届全国人民代表大会第二次会议审议[②]。1955年7月5—6日的全国人大一届二次会议上,国务院副总理兼国家计划委员会主任李富春做了《关于发展国民经济的第一个五年计划的报告》,会议审议通过了《中华人民共和国发展国民经济的第一个五年计划(1953—1957)》。

三、主要内容

"一五"计划包括绪言和11章,共计11万余字。各章的标题分别是:第一个五年计划的任务;第一个五年计划的投资分配和生产指标;工业;农业;交通运输和邮电事业;商业外贸;提高劳动生产率和降低成本的计划指标;培养建设干部,加强科学研究工作;提高人民的物质生活和文化生活的水平;地方计划问题;厉行节约,反对浪费。

---

① 房维中:《心情最舒畅的是第一个五年计划》,载于中国经济导报社、中国战略新型产业杂志社:《值得珍藏的历史记忆——从"一五"计划到"十二五"规划重大事件点滴回顾》,中国市场出版社2019年版,第12页。

② 全国人大财政经济委员会办公室、国家发展和改革委员会发展规划司:《建国以来国民经济和社会发展五年计划重要文件汇编》,中国民主法制出版社2008年版,第613页。

　　"一五"计划从我国实际情况出发,按照党在过渡时期总路线的要求,基本任务是:集中力量建设苏联帮助我国设计的 156 个项目,建立我国社会主义工业化的初步基础;发展农业生产合作社和手工业合作社,对农业、手工业、资本主义工商业进行社会主义改造。我国"一五"计划是以工业化为主体,以优先发展重工业为基本特征,社会主义建设和社会主义改造同时进行、相辅相成的计划。

四、执行情况

　　"一五"计划是新中国第一个中长期规划,也是改革开放前唯一经过全国人大批准形成最终文本、内容最为完整、实施效果也最好的五年计划。[①]其间经历了经济体制的剧烈变动和经济增长的两次波动,但是到 1957 年年底,"一五"计划超额完成,取得了比预想还要快还要大的胜利。

　　"一五"时期,我国社会总产值平均每年增长 11.3%;工农业总产值平均每年增长 10.9%。国民收入平均每年增长 8.9%,高于同期世界许多国家的增长速度。

　　基本建设。五年内完成基本建设投资总额 550 亿元,其中国家对经济和文教部门的基本建设投资为 493 亿元,超过原定计划 15.3%。

　　工业。1957 年工业总产值达到 783.9 亿元,比 1952 年增长 128.3%,年均增长 18%,高于原计划 3.3 个百分点。在五年计划规定的 46 种主要工业产品产量中,有 27 种提前一年完成指标。钢产量 1957 年达到 535 万吨,比 1952 年增长近两倍,完成计划的 137%。煤炭产量 1.31 亿吨,完成原定计划的 110%。没有完成计划的有原油、机车、食用植物油、火柴、卷烟、糖 6 种产品。工业生产取得的成就,远远超过了旧中国 100 年来所达到的水平。[②]与世界其他国家工业起飞时期的增长速度相比,也是名

---

　　①　杨伟民主编:《规划体制改革的理论探索》,中国物价出版社 2003 年版,第 407 页。

　　②　柳随年、吴群敢主编:《中国社会主义经济简史(一九四九——一九八三)》,黑龙江人民出版社 1985 年版,第 177—190 页。

列前茅的。①

农业。1953—1957年，全国扩大耕地约6000万亩，扩大播种面积1.24亿亩。1957年农副业总产值达到计划规定指标的101%，比1952年增长24.8%，年均增长4.5%。粮食总产量达到3900亿斤，完成计划的102%；棉花总产量3280万担，实现计划的100.3%。经济作物大都没有完成计划。畜牧业和水产业也都有显著发展。

交通运输和邮电事业。到1957年年底，全国铁路通车里程达到29862公里，比1952年增加22%。5年内新建铁路33条，恢复铁路3条，新建、修复铁路干线、复线、支线和企业专用线共约1万公里。全国公路通车里程达25.5万公里，比1952年增加1倍。内河航运里程达到14.4万多公里，比1952年增长51.6%。② 宝成铁路、鹰厦铁路、集二铁路和武汉长江大桥都在"一五"期间先后建成。邮电建设也超额完成了五年计划。

商业外贸。商品流通扩大，市场物价基本稳定。社会商品零售总额从1952年的276.8亿元增加到1957年的474.2亿元，增长71.3%，超过计划8.7个百分点。外贸进出口总额五年增长62%。

"一五"计划是我国改革开放前最成功的五年计划，但是，由于缺乏经验和受经济体制的影响，实施过程中仍然存在编制计划的信息不充分、不准确，受经济形势变化的影响较大，计划呈现明显的多变性和滞后性等问题，其间的经济增长也出现了较大的起伏。

"一五"计划是我国编制的第一个也是投入力量最大的中长期发展计划。1955年7月全国人大一届二次会议审查批准了"一五"计划，这是全国人大履行监督职责的早期范例，但这一宝贵经验在后来几个五年计划中并未得到坚持，直到党的十一届三中全会后，1982年12月全国人大审查批准"六五"计划，人大审批这一程序才逐步回到正常化和规范化的轨道上来。"一五"计划建立在大量调查研究基础上，实行了决策民主

---

① 熊华源、陈答才：《周恩来与第二个五年计划的制订》，《中共党史研究》1997年第2期。

② 国家统计局编：《伟大的十年》，人民出版社1959年版，第127页。

化、施工程序化,经过严密组织,合理规定了国民经济发展的比例和速度,比较适合当时中国的国情。到 1957 年年底,"一五"计划的主要指标大幅度地超额完成,苏联援建的 156 个重点项目有 135 个已施工建设,有 68 个建成或部分建成投入生产。①

施工的工矿建设单位达 1 万个以上,其中限额以上项目 921 个,比原计划增加 227 个,这些项目在很长时期内都是我国现代化工业的骨干,其中有许多是我国过去没有的新工业,如飞机、汽车、重型机器、发电设备、冶金和矿山设备、精密仪表、新式机床、塑料、无线和有线电器材制造等,改变了我国工业以往残缺不全的状况,为我国建立独立完整的工业体系、实现社会主义工业化奠定了初步基础。② 我国中部地区,建立起一大批新的钢铁、煤炭、电力、机械、有色金属、化工和军工企业,构成了我国工业布局的基本框架。至今,这些重点企业有的仍发挥着重要作用。"一五"建设的成功经验是多方面的,至今仍有很多值得我们认真总结和借鉴的地方,包括:党中央的统一决策;集中力量办大事;自上而下与自下而上相结合的广泛动员;深入调查研究等工作方法。"一五"计划最主要的历史作用是奠定了我国工业化的基础。

第二节 "二五"计划(1958—1962 年)

一、时代背景

"二五"计划(1958—1962 年),即《中国共产党第八次全国代表大会关于发展国民经济的第二个五年计划(一九五八年到一九六二年)的建议》。

随着"一五"计划的胜利完成,社会生产力特别是重工业得到较快发展,我国工业化基础初步建立,经过三大改造,以公有制为主体的社会主

---

① 史真:《第一个五年计划制定中的周恩来》,《党史文汇》2019 年第 1 期。
② 刘国光主编:《中国十个五年计划研究报告》,人民出版社 2006 年版,第 105 页。

义经济制度也基本确立。但仍是贫穷落后的国家，人均钢产量只有 4.1
公斤，汽车、航空等现代工业刚刚兴建，人民的吃饱穿暖问题远没有解决。
加速工农业生产的发展，尽快改变贫穷落后的状况，是广大人民群众的普
遍愿望，也是"一五"计划完成以后需要继续解决的根本任务。

20 世纪 50 年代中后期，国际形势相对平缓，世界各国都在力图加快
经济发展。国内形势在 1955 年夏季发生剧烈变化，党内在农业合作化速
度问题上发生了一场激烈争论，原本稳步前进的农业合作化运动以超高
速度发展，农业、手工业和资本主义工商业的社会主义改造也急速完成。
1956 年《人民日报》发表题为《为全面地提早完成和超额完成五年计划而
奋斗》的元旦社论，提出"多快好省"的建设方针。急于求成和盲目乐观
导致"大跃进"和"人民公社化"，使"二五"计划编制和国民经济遭到了
严重的挫折。

二、编制过程

国家计划委员会从 1953 年开始较早地着手"二五"计划的准备工
作。1955 年 8 月，周恩来同志主持进行"二五"计划编制。同年 10 月，国
家计划委员会根据国务院北戴河会议情况，起草了《"二五"计划指标和
1953—1967 年 15 年长期计划设想》上报党中央、国务院。1956 年 9 月，
党的第八次全国代表大会讨论通过"三五"计划建议。"三五"计划建议
总结了"一五"计划的经验教训，坚持了既要反对保守又要反对冒进的基
调，是积极而又稳妥可靠的。[①] 1957 年 3 月，国家计划委员会根据"三
五"计划建议编制"二五"计划草案，8 月提出了"二五"计划的初步轮廓。

1958 年 5 月 5 日—23 日，党的八大二次会议召开，追求高速度是这
次会议的中心思想。李富春在会上做了《赶上英国，再赶上美国，第二个
五年计划是关键》的发言。毛泽东同志在会上做了多次讲话要求大大缩
短"超英赶美"的时间，只要七八年时间，就可以在钢铁和其他主要工业

---

① 房维中：《心情最舒畅的是第一个五年计划》，载于中国经济导报社、中国战略新型产业杂志社：《值得珍藏的历史记忆——从"一五"计划到"十二五"规划重大事件点滴回顾》，中国市场出版社 2019 年版，第 13 页。

产品产量方面赶上和超过英国,只要 15 年或者再多一点时间就可能赶上美国。[1] "二五"计划偏离了党的八大通过的"三五"计划建议。6 月中旬,国家计划委员会汇总各地区、各部门重新拟定的计划后向党中央提出新的《第二个五年计划要点》,提出为了实现第二个五年计划,"必须争取 1959 年比 1958 年更大的跃进,例如工业方面,钢产量超过 2000 万吨,以钢为主的几种主要工业产品的产量,有可能不用三年赶上和超过英国"[2]。1958 年 8 月 23 日,北戴河政治局扩大会议审议了《国家计划委员会党组关于第二个五年计划的意见》,提议将正式编制"二五"计划工作推迟到 1959 年四五月间进行,考虑把第二个五年计划和第三个五年计划合并起来,制定出十年工业发展的"40 条"[3]。会上形成《中共中央关于 1959 年计划和第二个五年计划问题的决定》,对"二五"计划草案进行了全面修订,调高了计划指标。1959 年以后,由于形势变化,再也没有编制与修订"二五"计划,也未形成正式颁布的计划文本,未经全国人民代表大会讨论通过。1960 年 6 月,在上海召开的政治局扩大会议讨论"二五"计划后三年的补充计划,开始对"大跃进"进行反思。1961 年 1 月,党的八届九中全会决定对国民经济实行"调整、巩固、充实、提高"的八字方针。"二五"计划期后两年的主要任务就是调整,一直到 1965 年才结束。

三、主要内容

"二五"计划一再被修改,其间经历过多个版本,最终也没有形成经过全国人大正式批准的计划文本,只有一个 1956 年 9 月在党的第八次全国代表大会讨论通过的"二五"计划建议。

1956 年 9 月 16 日,周恩来同志在党的八大会议上做了《关于发展国

---

[1] 薄一波:《若干重大决策与事件的回顾》(修订本)下卷,人民出版社 1997 年版,第 716—722 页。

[2] 薄一波:《若干重大决策与事件的回顾》(修订本)下卷,人民出版社 1997 年版,第 722 页。

[3] 全国人大财政经济委员会办公室、国家发展和改革委员会发展规划司:《建国以来国民经济和社会发展五年计划重要文件汇编》,中国民主法制出版社 2008 年版,第 603—606 页。

民经济的第二个五年计划的建议的报告》,提出的基本任务是:继续进行以重工业为中心的工业建设,推进国民经济技术改造,建立我国社会主义工业化的巩固基础。继续完成社会主义改造,巩固和扩大集体所有制和全民所有制。在发展基本建设和继续完成社会主义改造的基础上,进一步发展工业、农业和手工业生产,相应地发展运输业和商业。努力培养建设人才,加强科学研究工作,以适应社会主义经济文化发展的需要。在工农业生产发展的基础上,增强国防力量,提高人民的物质生活和文化生活水平。主要指标有,工业产值比"一五"期末增长一倍,农业总产值增长35%,钢产量达到1060万—1200万吨,基本建设投资比"一五"时期增长一倍左右,职工和农民的平均收入增长25%—30%。①

1958年8月的《国家计划委员会党组关于第二个五年计划的意见》,参照1958年国民经济全面跃进的形势和1959年计划安排的情况,提出"二五"计划的基本目标是"提前把我国建设成为具有现代工业、现代农业和现代科学文化的社会主义国家,为开始向共产主义过渡创造条件",其中的钢产量指标从"二五"计划建议中的2000万吨提高到了8000万吨。

四、执行情况

第一,"二五"计划推动工业生产,特别是重工业生产发挥了积极作用,原煤、原油、发电量、金属切削机床、原木和水泥等重要工业产品产量都完成了党的八大通过的"二五"计划建议所规定的增产指标。第二,进行了规模巨大的基本建设,使我国钢和煤的生产能力增加2倍,机床生产能力增加了4倍,新增铁路营业里程4400公里,公路里程增加了25万公里,比1957年增长1倍。农田水利建设也有一定成就,我国现有的大型水库有2/3是那个时期开工建设的。所有这些建设都为国民经济发展奠定了一定的基础。第三,科学文教事业也取得一定发展。1960年全民所

---

① 全国人大财政经济委员会办公室、国家发展和改革委员会发展规划司:《建国以来国民经济和社会发展五年计划重要文件汇编》,中国民主法制出版社2008年版,第569—577页。

有制科学技术人员达到 196.9 万人,比 1952 年增加了 3.6 倍。高等院校招生人数,在校学生数和毕业生数都比 1957 年增加 1—2 倍。

"二五"计划后来调整过程中的几个"版本",包括 1958 年 6 月国家计划委员会《第二个五年计划要点》、1958 年 8 月北戴河政治局扩大会议审议的《国家计划委员会党组关于第二个五年计划的意见》以及会上形成的《中共中央关于 1959 年计划和第二个五年计划问题的决定》,都严重脱离实际,计划指标数字膨胀,其间的年度计划指标也一再上调,并要求尽快超额提前实现。这导致国民经济比例失衡越发严重,农、轻、重结构畸形发展,重工业发展过快,三年"大跃进"期间,重工业增长 2.3 倍,轻工业只增长 0.4 倍,农业则下降了 22.7%;匆忙地实行农村"人民公社化",脱离了生产力水平,使农业生产遭到破坏。基本建设规模过大,积累率过高,分散了财力、物力的使用,大大降低了投资效益。商品供应严重不足,人民生活水平显著下降。

1960 年 8—9 月期间,由国家计划委员会提出,周恩来同志补充完善,11 月全国计划会议确定,对国民经济实行了"调整、巩固、充实、提高"的八字方针。1962 年 1 月 11 日至 2 月 7 日,中央在北京召开了扩大的工作会议,出席会议的有中央、中央局、省、地、县(包括重要厂矿)五级领导干部共 7118 人。人们习惯地称这次会议为"七千人大会"。这是我们党在执政后召开的一次空前规模的总结经验大会,会上发扬了民主,开展了批评与自我批评,初步总结了 1958 年"大跃进"以来的经验教训。这次会议对于统一全党思想,提高认识和纠正工作中发生的"左"的错误,起了积极作用。之后,八字方针才落到了实处。①

"二五"计划建议是中国共产党在探索社会主义建设新道路的过程中提出的,尽管它并非完美无缺,但是由于按照"既反保守,又反冒进"的指导思想编制,从宏观决策上使五年计划有了稳妥的基础和科学的依据,同时,"二五"计划建议经过中共中央讨论批准并以中共中央文件的形式转发或下达,实际上已经在一定程度上得到贯彻执行,特别是在年度计划

---

① 薄一波:《若干重大决策与事件的回顾》(修订本)下卷,人民出版社 1997 年版,第 1047 页。

的编制和执行过程中,起了重要的制约和指导作用,不仅使1956年经济工作中急躁冒进的倾向有所克服,而且对1957年经济计划做了必要调整,使1957年成为新中国成立以来经济效益最好的年份,对当时的经济建设产生了积极的影响。如果整个"二五"期间能按这个"二五"计划建议执行,保持国民经济的连续性和稳定性,肯定会在"一五"计划已经取得成就的基础上,使国民经济继续健康地发展和前进。①

1981年党的十一届六中全会通过的《关于建国以来党的若干历史问题的决议》指出:"八大的路线是正确的,它为新时期社会主义事业的发展和党的建设指明了方向""大会坚持了1956年5月党中央提出的既反保守又反冒进即在综合平衡中稳步前进的经济建设方针"②。"二五"计划建议体现了党在这一时期经济建设的基本方针,主要是:第一,经济建设必须在综合平衡中稳步前进。必须把各项计划指标放在既积极又稳妥可靠的基础上,既要充分估计到各种有利条件,反对右倾保守倾向;又要充分估计到各种不利因素,反对不考虑可能条件的急躁冒进倾向,这是"二五"计划的经验总结。第二,正确处理国民经济各部门的关系,既要保证重点建设,又要注意妥善安排工业与农业、重工业与轻工业,工农业生产与交通运输、国家建设与人民生活的关系,做到统筹兼顾,综合平衡,防止孤立发展,单项突进。

五、三年调整时期

三年调整时期,即1963—1965年。1960年我国经济已经陷入极度困难的境地。"主要农牧产品大幅度减产,出现了全国性的粮食和副食品危机""生产性基本建设规模膨胀,工业内部比例严重失调""财政收不抵支,出现赤字,造成通货膨胀、物价上涨"③。"二五"时期比"一五"时

---

① 刘国光主编:《中国十个五年计划研究报告》,人民出版社2006年版,第128—129页。
② 转引自薄一波:《若干重大决策与事件的回顾》(修订本)下卷,人民出版社1997年版,第675页。
③ 薄一波:《若干重大决策与事件的回顾》(修订本)下卷,人民出版社1997年版,第913—914页。

期社会总产值平均下降了 0.4%。1962 年农业生产虽有恢复,但农产品仍严重不足,粮食仍比 1957 年减少了 18%。基础工业还很薄弱,大量亏损企业需要下大力量改善,国民经济的调整任务仍然相当繁重。

中共中央决定从 1963 年起到 1965 年继续贯彻执行"调整、巩固、充实、提高"的八字方针,把这三年连同前两年("二五"时期的后两年,即 1961—1962 年)作为第二个五年计划到第三个五年计划的过渡阶段,在这个过渡阶段强调贯彻执行以农业为基础、以工业为主导的发展国民经济总方针。1963 年 9 月中共中央工作会议确定主要目标和任务是:农业生产达到或超过 1957 年的水平;工业生产水平在 1957 年的基础上提高50%,国民经济各主要部门的比例关系力争取得基本协调。

经过调整,工农业生产获得迅速的恢复和发展。集中人力、物力、财力,加强了工农业生产,使工交等部门的工作转移到以农业为基础的轨道上来。1965 年年底,工农业总产值按可比价比 1957 年增长 59.9%,其中农业总产值增长 9.9%、工业总产值增长 98%,都超过了 1963 年的预定目标。农、轻、重的比例关系为 37.3∶32.3∶30.4,大体实现了协调发展。①积累与消费的关系也基本上恢复正常。粮食、棉花、各种经济作物、肉类产品产量大幅度增加,人民生活得到改善。

三年调整时期面临复杂而艰巨的任务,经济调整中的改革,虽然是探索性的而且很不完备,但是也提供了不少有益的经验,对整顿企业秩序,提高企业的经营管理水平,促进生产力的发展起了积极作用。

第三节　"三五"计划(1966—1970 年)

一、时代背景

"三五"计划(1966—1970 年)即《第三个五年计划(1966—1970年)的初步设想》(以下简称《初步设想》)(汇报提纲)和《关于第三个

---

① 刘国光主编:《中国十个五年计划研究报告》,人民出版社 2006 年版,第 233—234 页。

五年计划安排情况的汇报提纲》(以下简称《汇报提纲》)。

按照惯例,"三五"计划的时间应该是 1963 — 1968 年,但由于在 1963—1965 年进行了调整,因此,"三五"计划改为从 1966 年开始。经过调整,"大跃进"失误造成的国民经济停滞局面基本得到扭转,为我国国民经济进一步发展和"三五"计划的实施创造了条件。但国际形势出现新的变化,美国入侵越南后的 1964 年 8 月,出于战备考虑,认为工厂集中在大城市和沿海地区不利于备战,因此要集中力量进行"三线"建设,在人力、物力、财力上给予保证。在国内经济困难、国际压力加大的情况下,出现了大庆、大寨勇于克服困难的典型,体现了人民群众在困难和压力面前自力更生战胜困难的精神。随后,全国开展了"工业学大庆,农业学大寨,全国人民学习解放军"的运动。[1] 1966 年 5 月"文化大革命"爆发,对"三五"计划的编制和实施影响极为严重。

二、编制过程

1963 年年初,国家计划委员会主任李富春向中央建议成立计划工作领导小组得到批准。随后,以集中力量解决人民吃、穿、用为"三五"计划奋斗目标的《关于编制长期计划工作的要点》报送党中央。1964 年 4 月,邓小平同志主持中央书记处会议,听取国家计划委员会汇报《初步设想》,延续了吃穿用为主的思想。随着 20 世纪 60 年代国际局势变化,中印边境军事冲突、美国侵略越南战争升级等,毛泽东同志改变了计划的指导思想,把准备打仗放在第一位,重点搞"三线"建设。[2]

1964 年 12 月,毛泽东同志在国家计划委员会拟定的《关于编制长期计划的程序问题》上批示:"有骨头,无血肉,感到枯燥乏味"。1965 年年初,成立计划工作参谋部,又称"小计委",负责重新拟定"三五"计划,经过一段时间,"小计委"的同志正式主持国家计委工作,不再用小计委的

---

① 龚关:《中华人民共和国经济史》,经济管理出版社 2010 年版,第 118—120 页。
② 房维中:《我们所经历的六个五年计划》,《宏观经济研究》1983 年第 5 期。

名称。①

随着大小"三线"建设展开,"三五"计划由重点解决吃、穿、用转向以备战为中心。1965 年 6 月 16 日,毛泽东同志听取国家计划委员会关于"三五"计划的初步设想汇报,并指示计划要考虑老百姓、打仗、灾荒三个因素。7 月 21 日,国家计划委员会根据毛泽东同志指示对"三五"计划的投资、项目和主要生产指标进行调整后向国务院做了汇报。1965 年 9 月,中央工作会议审议认可国家计划委员会的《汇报提纲》。1966 年 3 月,毛泽东同志将"三五"计划高度概括为"备战、备荒、为人民"。"三五"计划未经全国人大审议批准,没有能够形成正式的国民经济发展计划文本。尽管如此,在实际工作中,特别是对年度计划的安排中,《汇报提纲》起了重要的指导作用。

三、主要内容

"三五"计划没有形成经全国人大审议批准的正式规划文本,其内容反映在《初步设想》和《汇报提纲》中。

"三五"计划《初步设想》人们通常称之为"吃、穿、用"计划。基本任务是:大力发展农业,基本上解决人民的吃、穿、用问题。首要任务是大力发展农业,按不高的标准,基本解决人民的吃、穿、用问题。适当加强国防建设,努力突破尖端技术。与支援农业和加强国防建设相适应,加强基础工业,继续提高产品质量,增加产品品种,增加产量,使我国国民经济建设进一步建立在自力更生的基础上。"三五"计划的指标是工农业总产值平均每年递增 8.1%—9.5%,其中农业总产值平均每年递增 4.5%—5.9%,工业总产值平均每年递增 9.7%—11.2%,国民收入平均每年递增 7.7%。

但"三五"计划《汇报提纲》根据国际形势变化做了根本性改变,从"吃、穿、用"为主转变为以战备为中心。基本任务是:立足于战争,从准

---

① 薄一波:《若干重大决策与事件的回顾》(修订本)下卷,人民出版社 1997 年版,第 1244 页。

备大打、早打出发,积极备战,把国防建设放在第一位,加快"三线"建设。[①]

四、执行情况

"三五"计划是在三年调整的良好基础上制定的,加上计划提出的指标留有较大余地,到1970年,主要指标基本上完成,有些还超额完成。全国累计完成基本建设投资1209亿元,全部建成投产的大中型项目734个,新增固定资产580亿元。石油、煤炭、电力、钢铁、水泥、合成氨、棉纱等重要产品的生产能力有了不同程度的扩大。

"三五"时期,总体上呈现跌宕起伏状态。计划实施之初,发展势头良好。1967年、1968年"文化大革命"给国民经济造成严重破坏,计划完成情况连续出现倒退。1969年3月苏军对中国珍宝岛地区的入侵事件[②]使全国进入了战备高潮,"三五"计划以临战的非正常状态取代了前三年无政府主义的非正常状态。1970年的高投入使原定指标较低、本可提前两年完成的"三五"计划勉强完成。

"三五"计划的完成,奠定了我国独立的、比较完整的工业体系和国民经济基础。"三五"计划时期开始的"三线"建设"改善了工业布局,进一步加强了军事工业的建设和为军事工业服务的工业部门的建设"。特别是"铁路建设,把大西南同全国有机地联成一体,对国家经济、国防建设的重要作用和战略意义是不言而喻的。同时,对湘西、桂北、鄂西、豫西老少边穷地区工农业生产发展和矿产资源开发起到了积极的促进作用"[③]。"三线"建设促进了内地省区的经济发展和科技文化进步,给内地以后的发展创造了一定条件,科研机构和大专院校内迁,使长期不发达的内地和少数民族地区涌现了几十个中小工业城市,社会经济、文化水平显

① 杨伟民:《发展规划的理论和实践》,清华大学出版社2010年版,第53页。

② 陈东林:《1966—1976年中国国民经济概况》,四川人民出版社2016年版,第28页。

③ 袁宝华:《"文化大革命"期间三线建设的物资保障》,载于中国经济导报社、中国战略新型产业杂志社:《值得珍藏的历史记忆——从"一五"计划到"十二五"规划重大事件点滴回顾》,中国市场出版社2019年版,第92页。

著提高,缩小了内地与沿海地区的各种差距,人民生活水平有一定增长。

"三五"计划可供吸收的经验教训众多:经济建设中急于求成,盲目追求高指标、高速度的"左"倾思想在"三五"后两年再度出现。这种连续几年大起大落在我国历史上是少有的,给国民经济造成了巨大损失。"三线"建设是"三五"计划的核心部分。在战争危险依然存在的条件下,加强现代化国防建设十分重要,但国防建设应该同经济建设相适应。由于"三线"建设投资比重过大,不可避免地影响了原有工业基地的建设,从而影响了整个经济建设,特别是影响了国民经济的协调发展。

第四节　"四五"计划(1971—1975 年)

一、时代背景

"四五"计划(1971—1975 年)即《1970 年国民经济计划和第四个五年国民经济计划纲要(草案)》和《第四个五年国民经济计划纲要(修正草案)》。

当时仍处在"文化大革命"中期极端困难的条件下。把新中国成立以后 17 年党和政府在组织管理国民经济方面制定的许多正确的方针政策、规章制度和理论观点,都当作修正主义或资本主义的东西横加批判,无限上纲,搅乱了人们的思想。与此同时,国际上美苏冷战格局发生变化,美国由于深陷越战泥潭,而苏联则迅速扩展其军事力量。苏军自 1969 年挑起珍宝岛武装冲突后,一直在中国边境屯兵百万,威胁中国的安全。当时的判断是,战争会早打、大打,因此国防安全成为头等大事。要抢时间、争速度,赶在战争爆发前尽快建设"三线"战略大后方。这种紧张的战备思想,反映在"四五"计划的编制过程中,强调以"战备"和"三线"建设为中心,以军事工业的发展带动整个国家的工业化。

二、编制过程

1970 年年初,党中央提出要编制第四个五年计划。先由国家计划委员会拟定了关于"四五"计划报告的草稿,形成了"四五"计划纲要草案。2—3月召开了全国计划会议,会上对"四五"计划纲要草案进行讨论修改。4月4日周恩来同志对"四五"计划纲要草案做了修改。同年8月"四五"计划纲要草案提交党的九届二中全会,原定会上讨论的议程因故取消,会后作为参考文件印发。之后,"四五"计划指标经过多次修改,1973年5月20日,中共中央工作会议在北京召开,周恩来同志强调应该"压项目",并本着这一精神修改计划。7月1日,国家计划委员会对高指标进行调整,拟定了《第四个五年国民经济计划纲要(修正草案)》。"四五"计划后来也没有形成正式文本并交由全国人大审议批准。

三、主要内容

"四五"计划的奋斗目标是:狠抓战备,集中力量建设"三线"强大的战略后方,从根本上改变战略布局。"四五"计划纲要草案提出,要用打仗的观点观察一切、检查一切、落实一切,以临战的姿态做好反侵略战争的充分准备,到1975年将"三线"建设成为一个门类比较齐全、工农业协调发展的强大战略后方。大力发展农业,加速农业机械化的进程。"以粮为纲,全面发展"。到1975年全国每个农业人口有一亩旱涝保收、稳产高产田,两个人有一头猪,耕作机械化程度达到40%—50%。狠抓钢铁、军工、基础工业和交通运输的建设,加强协作,大搞综合利用,积极发展轻纺工业,建立经济协作区和各具特点不同水平的经济体系,在全国形成大中小相结合、星罗棋布、各自为战的钢铁工业布局,力争在1972年扭转北煤南运的局面。大力发展新技术,赶超世界先进水平,初步建成我国独立的比较完善的工业体系和国民经济体系,促进国民经济新飞跃。

"四五"计划的主要指标是:1975年工农业总产值达到4830亿元,其中工业产值4000亿元,平均每年增长12.8%;农业总产值830亿元,平均每年增长3%;粮食6000亿—6500亿斤,比1970年增长30%—41%;棉花6500万—7000万担,比1970年增长25%—35%;钢3500万—4000万吨,比1970年增长106%—135%;原煤3.3亿—4亿吨,比1970年增长25%—34%;原油7000亿—10000亿吨。

　　"四五"计划还要求改革经济管理体制:各部所属企事业单位,除极少数一时不宜下放外,一般都应下放给地方。实行基本建设投资大包干。按照国家规定的建设任务或者建设项目,由地方负责包干建设、投资,设备、材料由地方统筹安排,调剂使用,结余归地方。实行物资分配大包干,在国家统一计划下,实行地区平衡、差额调拨、品种调剂、保证上缴的办法。实行财政大包干。在国家统一预算下,对省、自治区、直辖市实行定收定支、收支包干、保证上缴(或差额补贴)、结余留用的办法。在中央统一领导下,计划制定实行由下而上、上下结合、以上为主、条块结合的办法。

　　"四五"计划纲要草案安排突出地反映了两个问题:继续集中力量大搞"三线"建设,把备战放在整个经济建设的首位。当时用于"三线"地区的投资和大中型建设项目均占全国计划内投资和大中型项目的一半以上,其他各项任务仍然是围绕着战备和改变战略布局安排不顾客观实际,盲目追求高速度,主要计划指标都定得过高,如到1975年工业总产值达到4000亿元,比1970年增长82%。过分突出重工业的发展,1975年计划钢的生产能力要求达到4000万吨,实际上是按5000万吨铺的基建摊子。粮食产量1975年要求达到6000亿—6500亿斤,预期增长30%—40%。这种经济增长的高速度,超过了当时国力所能达到的水平。

四、执行情况

　　"四五"计划的实施过程可以分为两个阶段。第一个阶段(1971—1972年),受"左"倾思想影响,"四五"计划规定的目标严重脱离实际,因此,这两年计划的共同特点是指标过高,基建规模过大,积累率迅速上升,"三线"建设投资过大,社会总需求膨胀,各项经济比例严重失调。1969年在相对稳定的形势下,国民经济摆脱了1967年、1968年连续两年的生产大幅度下降局面,生产有了较快的回升,财政收入有较大的增加。但是,由于"文化大革命"仍在持续,经济工作面临的困难和阻力还很大。特别是从机关到企业的许多领导权被"造反派"把持,大量的干部和科技人员在"靠边站",规章制度被废除,生产秩序遭到破坏,造成产品质量低劣,经济效益很差。

国务院起草了相应的文件,提出整顿措施,包括加强国家统一计划,整顿企业管理,落实党对干部、工人和技术人员的政策,恢复和健全岗位责任制,反对无政府主义等。在1971年,经济虽然得到了一定的发展,但也出现了不少问题。计划表所列60多种重要经济指标,有25项没有完成计划,特别是农业生产计划完成更差,13种主要产品指标有9项没有达到计划要求,农产品不足的问题比较突出,生活消费品供应紧张。这一年积累率高达24.1%,是新中国成立以来除了"大跃进"时期外的最高水平。

第二个阶段(1973—1975年)。针对前两年经济工作中出现的一系列问题,1973年年初全国计划工作会议上进行了检查总结,1973年的计划安排比较注意综合平衡、留有余地。同年5月中央召开工作会议,讨论了经济问题和今后三五年经济发展的设想。之后,国家计划委员会拟定了"四五"计划纲要草案,对"四五"计划的指导思想、方针任务以及主要经济指标等进行了不同程度的修改:明确提出农业是国民经济的基础,要把发展农业放在第一位,对"以战备为中心"的经济建设指导思想有所改变,放弃了"以临战姿态""狠抓战备"的提法,并相应调整了战备与经济建设的比例关系,降低了支出,放慢了"三线"建设步伐。强调从农、轻、重比例角度发展农业,同时把充分发挥沿海工业生产的潜力并且适当发展,摆在与"三线"建设同等重要的地位。强调国民经济综合平衡,适当降低了一些过高的指标,提高了改善人民生活、加快轻工业发展等任务在整个计划中的地位。

"四五"计划完成情况较差。按调整后的"四五"计划纲要草案,计划表所列55种主要经济指标有25种未能完成计划,30种主要重工业产品指标中有18种没有完成计划,11种主要轻工业产品中有4种没有完成计划。这一时期国民收入只完成计划的66%,财政收入也没有完成计划。生产建设中损失浪费严重,经济效益很差,全社会物质生产部门劳动生产率平均每年递增3.2%,其中工业劳动者劳动生产率平均每年递增

1.3%。每百元资金累计增加的国民收入 22.7 元,比"一五"时期的 34.8 元降低 34.8%,固定资产交付使用率由"一五"时期的 80% 降低为 61.4%,全国施工的大、中型项目 2963 个,竣工 742 个,平均年竣工率为 10%,建设工期延到 10 年。各项经济指标都是新中国成立以来较低的水平。

尽管"文化大革命"对"四五"计划造成了较大冲击,但在广大人民共同努力下,经济建设仍取得了一定成就,社会生产力水平有所提高。粮食生产保持了比较稳定的增长,工业交通、基本建设、科学技术都有不同程度的发展。在国际石油危机的形势下,我国石油产量以连年增产 1000 万吨的较高速度持续发展,出口大量增加,换回很多外汇,支援国内建设。在世界经济相对萧条的情况下,我国引进一批技术比较先进又是国家急需的成套设备和装置,对我国经济的发展和技术水平的提高起了重要的作用。我国依靠自己的力量于 1971 年成功地发射了第一颗科学实验人造地球卫星。1975 年又成功地发射和回收了人造地球卫星。

"四五"计划可供吸收的经验教训众多:经济大起大落不仅对"四五"计划的顺利完成有极大影响,而且对经济的长远发展有极大的危害,给国民经济造成数千亿元的重大损失。这一时期积累和消费的比例关系又一次严重失调,人民生活受到严重影响。广大农民终年劳累而收入甚微,不可避免地延缓了社会主义现代化建设的进程,使我国在主要生产技术方面与发达国家的差距进一步扩大。

第五节　"五五"计划(1976—1980 年)

一、时代背景

"五五"计划(1976—1980 年)没有独立的文本,包括在《1976—1985 年发展国民经济十年规划纲要(草案)》中(以下简称《十年规划》)。

1976 年开始,我国经济建设进入第五个五年计划时期。这是改革开放前最后一个五年计划,其制定与实施跨越了"文化大革命"后期和改革开放初期。① "五五"计划初期,受"左"倾思想在经济领域的影响,急于求成、脱离实际仍然对经济发展造成一定影响。1978 年 12 月,党的十一届三中全会召开,作出了把工作重点转移到社会主义现代化建设上来的战略决策。针对"文化大革命"的错误和在经济工作中造成的恶果,对多方面的工作进行了坚决的调整,促进了生产建设,促进了安定团结,出现了从未有过的好转趋势,给全国人民以极大的鼓舞。"五五"计划和 1976—1985 年发展规划就是在这种形势下制定的。

二、编制过程

"五五"计划从 1974 年 8 月开始编制。1975 年《政府工作报告》正式提出制定《十年规划》,为了制定好"五五"计划和《十年规划》,1975 年 3 月国家计划委员会召开长远规划工作会议,提出了十年规划初步设想。根据国务院关于长远规划工作的部署,组织中央有关部委 500 多人就长远规划进行了调查研究。1975 年夏,国务院又先后召开了多次计划工作务虚会议,研究经济工作的路线、方针和政策问题。

根据国务院计划工作务虚会议精神和中央的指示,国家计划委员会在 1974 年和 1975 年工作的基础上,拟定了《1976—1985 年发展国民经济十年规划纲要(草案)》,1975 年 12 月经中央审议决定先试行一年,再进一步修订。修订后的《十年规划》是按前五年(第五个五年计划)和后五年(第六个五年计划)两个阶段安排的。1978 年 2 月中旬召开党的十一届二中全会,通过了修订后的《十年规划》,提交同年 2—3 月召开的全国五届人大一次会议审议批准。修订后的《十年规划》虽然完成了法律程序,但未全文公布和正式下达②。其中急于求成的"洋跃进"产生不良影响。1978 年 12 月召开党的十一届三中全会之后,着手纠正经济工作中的急躁冒进。1979 年 2 月,中央决定用 3 年时间对国民经济进行调整。6 月召开的全国五届人大二次会议宣布实行"调整、改革、整顿、提

---

① 赵华:《我国历次五年规(计)划的历史经验研究》,光明日报出版社 2016 年版,第 32 页。

② 杨伟民:《规划体制改革的理论探索》,中国物价出版社 2003 年版,第 411 页。

高"的八字方针。"五五"计划的后三年由"洋跃进"转为经济调整。

三、主要内容①

"五五"计划的主要目标和任务是:建成我国独立的比较完整的工业体系和国民经济体系。第一,建立起稳固的农业基础,基本实现农业机械化,农、林、牧、副、渔五业并举。第二,建立起丰富多彩的轻工业,主要轻工业产品产量有较大增长,适应国内市场和外贸需要,一般日用工业品,大部分省、自治区基本自给。第三,建立起强大的重工业,绝大部分产品在质量、数量、品种等方面基本适应国内需要;有比较强大的国防工业,适应装备部队、武装民兵和援外需要,国家有较多的战略物资储备。第四,建立起适应经济发展和战备需要的交通运输网和邮电通讯网,远洋运输、民航、邮政、电信事业都有相应发展。第五,建立起完善的商业网,显著改善城镇、工矿区的副食品供应和农村的工业品供应,对外经济交流进一步扩大,工矿产品出口比重提高。第六,建立起发达的科学技术和文教卫生体育事业,大力提高了整个中华民族的科学文化水平。

"五五"计划规定,到1980年的主要经济指标是:粮食6700亿斤,棉花6000万担,钢3600万吨,原煤6.5亿吨,原油1.3亿—1.5亿吨,发电量3000亿度,纱1400万—1450万件,铁路货运量11.5亿—12亿吨。

这一时期财经工作坚持"发展经济,保障供给"的方针,扶持生产,繁荣经济,增加收入。适当降低军政费用支出。指导思想是努力增加积累、重点保证经济建设。计划规定五年合计财政收入5000亿元,国家预算内基本建设投资1780亿元。

四、执行情况

"五五"计划的实施分为三个阶段:1976年10月粉碎"四人帮"之前是第一阶段。这个阶段的主要特征是国家建设困难重重,财政经济状况

---

① 全国人大财政经济委员会办公室、国家发展和改革委员会发展规划司:《建国以来国民经济和社会发展五年计划重要文件汇编》,中国民主法制出版社2008年版,第438—441页。

日趋恶化,国民经济濒于崩溃边缘。由于正常生产建设受到较大破坏,再加上唐山大地震造成的重大影响,1976年不仅绝大部分经济指标没有完成计划,一些主要工农业产品产量甚至减产。

粉碎"四人帮"到1978年12月党的十一届三中全会是第二阶段。这个阶段的主要特征是,遭到严重破坏的国民经济终于摆脱了政治动乱的长期困扰,得到较快的恢复和发展。长期存在的求成过急的"左"倾错误还没有得到克服,超越国力负担的可能、盲目追求高速度的倾向还在继续发展。1977年的计划,基本上还是按照修改以前的计划原则要求安排的。根据1976年计划执行情况,重心转向解决农业和轻工业不适应生产建设和改善人民生活需要的问题,国民经济得到了较快恢复和一定发展,扭转了长期以来停滞不前甚至倒退下降的局面。工农业总产值比上年增长10.7%,其中工业总产值增长14.3%,超计划7.1%,虽然农业生产遭受严重自然灾害,但仍比1976年增长1.7%,完成计划的98.5%。国家财政收入超计划6.6%,比上年增长12.6%,扭转了过去连续三年收入完不成计划、支大于收的状况。主要工农业产品中,除粮、棉等因灾减产外,工业产品都完成和超额完成了计划。

从1978年召开党的十一届三中全会到1980年为"五五"计划执行是第三阶段。党的十一届三中全会是我国政治经济生活中具有深远意义的伟大转折。全会开始全面纠正"文化大革命"中及其前后存在的"左"倾错误,重新确立实事求是的思想路线,工作重点转移到社会主义现代化建设上来,为各项工作包括经济计划工作确立了正确的指导思想。这一阶段,确定了国民经济实行"调整、改革、整顿、提高"的八字方针。主要任务是坚决地、逐步地把各方面严重失调的比例关系基本上调整过来,使整个国民经济真正纳入有计划、按比例健康发展的轨道;积极而又稳妥地改革工业管理和经济管理体制,充分发挥中央、地方和企业、职工的积极性,继续整顿好现有企业,建立健全良好的生产秩序。通过调整、改革和整顿,大大提高经济管理水平和技术水平,确立符合客观规律、符合我国现代化要求和人民生活提高需要的新型经济结构。

"五五"计划国民经济的发展,取得了比过去较为扎实的成效。1980

年同 1975 年比较,全国国营工业固定资产原值增加 1300 亿元,相当于前十年增加的总和,社会总产值平均每年增长 8.3%,工业总产值平均每年增长 9.1%,其中轻工业增长 11%,比"三五"和"四五"时期有较大的增长。农业总产值平均每年增长 4%,比"四五"时期有较大的发展,国民收入平均每年增长 6%,也高于"四五"时期;城乡人民的消费水平五年内由 161 元上升到 227 元,提高了 41%,而前十年只提高 24.1%,国民经济的一些主要比例关系向着协调的方向发展,积累基金增加 417 亿元,消费基金增加了 885 亿元。

"五五"计划的后两年,主要是对国民经济进行调整,边调整边前进,为改革开放奠定了基础。

集中主要力量把农业搞上去。首先是改革农村经济管理体制,初步推行各种形式的生产责任制。加快轻工业的发展,使轻重工业的比例协调起来,使商品供应同国内购买力和对外出口的增长相适应。引进技术设备循序渐进,前后衔接,步子不能太急。技术引进工作开始走上了健康发展的道路。同时要求积极扩大出口,多创外汇,大力开展旅游事业,增加非贸易外汇收入。

在经济体制方面进行了初步改革。我国经济构成不合理,管理权限过于集中,分配上吃"大锅饭",妨碍了职工、企业和地方积极性的发挥。党的十一届三中全会以后的两年,在经济形式和经营方式方面,在生产建设、流通和分配方面都进行了一些初步的改革。例如扩大企业自主权,增强了改进经营管理的内在动力。一定范围内开展市场调节,改变了过去企业产品完全由国家物资部门或者商业部门统一收购、统一分配和统一销售的方式,密切了产销关系,推动了生产发展。在部分地区和部门还试行基本建设投资由财政拨款无偿使用改为建设银行贷款的办法,有助于缩短建设周期,提高投资效果。这些改革调动了各方面的积极性。

调整国民收入分配,改善积累与消费的比例。大幅提升用于与人民生活直接相关的住宅、城市公用事业和文教卫生事业等非生产性建设部分的比重。

第三章　改革开放后的发展规划

改革开放以来,我国连续编制并实施了八个五年规划(计划)。"六五"计划和"七五"计划的实施基本上解决了中国的温饱问题。"八五"计划以邓小平南方谈话和党的十四大为标志,开启了中国改革开放和现代化建设的新阶段;"九五"计划中首次提出实现"两个根本性转变",提出了可持续发展战略和科教兴国战略。"八五"计划和"九五"计划的实施实现了总体小康。"十五"计划是社会主义市场经济体制初步建立后的第一个五年计划,开启了我国经济社会发展从总体小康迈向全面建设小康社会的阶段,并将通过"十五"至"十三五"四个五年规划(计划)来实现。经过40多年的发展,我国发展规划已经从计划经济条件下的指令性计划,逐渐演变成社会主义市场经济条件下阐明国家战略意图、明确政府工作重点、引导规范市场主体行为的纲领性文件。

第一节　"六五"计划(1981—1985 年)

"六五"计划,即《中华人民共和国国民经济和社会发展第六个五年计划(1981—1985)》,是改革开放后编制的第一个五年计划。"六五"计划是在认真总结过去社会主义建设中正反两方面经验教训基础上,根据党的十二大提出的"到20世纪末力争实现全国工农业年总产值翻两番"的战略部署制定的,也是首次将经济计划改为经济社会计划的五年计划。

一、时代背景

"文化大革命"结束后,由于尚未全面清理长期存在的"左"倾错误,五年计划工作中存在脱离国情,盲目追求高速度、高指标的现象。1978年3月5日,五届全国人大一次会议审议通过了《1976—1985年发展国民经济十年规划纲要》(以下简称《十年规划纲要》),规划期限涵盖了"六五"计划时期,提出到2000年以前,我国主要工业产品产量分别接近、赶上和超过最发达的资本主义国家,各项经济技术指标分别接近、赶上和超过世界先进水平。

1978年11月,召开中共中央工作会议,决定从1979年1月起把全党工作重点转移到社会主义现代化建设上来;12月,召开了具有历史意义的十一届三中全会,在经济建设方面端正了经济工作的指导思想,提出了对国民经济进行调整,实行改革开放。

1979年3月,中央政治局开会讨论1979年计划和国民经济调整问题。陈云提出,搞"四个现代化"必须从国情出发,按比例发展是最快的速度;邓小平同志也指出,没有按比例发展就不可能有稳定、确实可靠的高速度。陈云同志和邓小平同志的讲话,为修改超出实际可能的国民经济计划以及制定国民经济发展的新方针指明了方向。

1979年4月,召开中共中央工作会议,提出对国民经济实行"调整、改革、整顿、提高"的八字方针,逐步纠正了《十年规划纲要》中的高指标。1980年2月,我国重新编制"六五"计划,历经将近三年的调查、酝酿和研究,最终于1982年12月编制完成并获批准。

二、编制过程

1980年2月13日,国务院决定重新制定中长期计划,下发了《关于拟定长期计划的通知》,传达了关于制定1981—1990年发展国民经济的十年规划的决定。同年3月至4月,国务院召开长期计划座谈会,讨论长期计划编制的方针政策问题。会后,中共中央和国务院批转了国家计划委员会拟定的《制定长远规划的一些基本设想(汇报提纲)》,指出要将科学技术的发展方针和任务体现在"六五"计划纲要和十年远景规划设想之中。

1981年3月16日,国家计划委员会提出拟定"六五"计划和十年设想的初步意见,要求在拟定"六五"计划时,要注意调查分析,从实际出发确定需要和能够解决的问题;要安排好计划的优先顺序,首先考虑人民生活改善、科教文卫事业发展、国防建设需要等;要研究产业结构、产品结构、企业组织结构的调整,提高经济效果;要保证财政信贷收支平衡、市场物价基本稳定的发展前提。1981年6月10日,国家计划委员会发出《关于拟定"六五"专题计划的通知》,要求有关部门分别研究制定农业、日用消费品、财政、能源、机械等12个专题计划,以便更好地指导今后经济、技术和社会事业的发展。

1981年10月8日—13日,中共中央政治局举行扩大会议,讨论"六五"计划控制数字[①],总体采用审慎的态度,将"六五"期间工农业总产值的增长速度计划定为4%,争取5%。1982年1月25日,国务院下达了"六五"计划控制数字,以方便各省、自治区、直辖市和国务院各部门制定各自的"六五"计划草案。1982年4月—6月,国家计划委员会多次向中共中央财经领导小组汇报"六五"计划问题,尤其是"六五"计划控制数字中尚未落实的几个问题,如财政收支平衡、能源交通建设、基本建设规模、利用外资和外汇库存等。国家计划委员会提出的建议获得了中央财经领导小组的同意。

1982年7月21日—8月17日,国务院召开全国计划会议,重点讨论"六五"计划草案。会议同意"六五"期间要继续贯彻执行"调整、改革、整顿、提高"的八字方针,争取国家财政经济状况的根本好转,并为"七五"发展做必要的准备;会议也对国家计划委员会原来提出的一些具体指标进行了适当的调整。

1982年10月,党的十二大明确了我国经济建设的战略目标,即"在不断提高经济效益的前提下,到20世纪末力争实现全国工农业年总产值翻两番",同时将这个战略目标进一步细化为两步走的步骤,即"前十年主要是打好基础,积蓄力量,创造条件,后十年要进入一个新的经济振兴

---

① 姚依林:《姚依林同志在全国计划会议第一次全体会议上的讲话要点》,《宏观经济研究》1981年第43期。

时期"。作为两步走打基础的第一个五年,"六五"计划提出了"在这五年内,要采取有力的措施,求得经济的稳定并有一定的增长速度,同时为以后经济和社会的更好发展准备条件"。1982 年 12 月 10 日,全国人大五届五次会议正式批准了"六五"计划。

三、主要内容

"六五"计划是落实党的十二大提出的"到 20 世纪末力争实现全国工农业年总产值翻两番"的战略部署,基本任务是:"继续贯彻执行调整、改革、整顿、提高的方针,进一步解决过去遗留下来的阻碍经济发展的各种问题,取得实现财政经济状况根本好转的决定性胜利,并且为第七个五年计划期间的国民经济和社会发展奠定更好的基础,创造更好的条件。"

"六五"计划主要针对国家重大建设项目、生产力分布和国民经济重要比例关系等作出了规划,指明国民经济发展远景规定目标和方向。具体要求包括:工农业生产,在提高经济效益的前提下,计划平均每年递增 4%,在执行中争取达到 5%;大力增加适合社会现实需要的农产品、轻纺产品和其他日用工业品的生产;努力调整重工业的服务方向和产品结构;有计划、有重点地对现有企业进行技术改造,同时集中必要的资金,加强能源、交通等的重点建设;统一组织全国的科技力量,进行科技攻关和科技成果的推广应用;努力发展教育、科学和文化事业,促进社会主义物质文明和精神文明的建设;加强国防建设和国防工业建设;通过发展生产,提高经济效益和适当集中资金,使国家财政收入由下降转为上升,使经济建设和文化建设的开支逐步有所增加,保证财政收支和信贷收支基本平衡;大力扩展对外贸易,有效利用国外资金;严格控制人口的增长,妥善安排城镇劳动力的就业,在生产发展和劳动生产率提高的基础上,使城乡人民的物质和文化生活继续得到改善;加强环境保护,制止环境污染的进一步恶化,并使一些重点地区的环境状况有所改善。

"六五"计划彻底清除了"左"的思想影响,调整了最初的高指标,强调"一切经济活动,都要以提高经济效益为中心",确定的几个大的比例关系比较恰当,也比较妥善地处理了生产和建设,建设和生活,国家、集体、企业和个人等方面的关系。"六五"计划是继"一五"计划之后一个比较完备的五年计划,是在调整中使国民经济走上稳步发展健康轨道的五年计划。

四、实施情况

"六五"计划在认真总结过去社会主义建设经验、全面分析当时国民经济和社会发展现状的基础上逐步展开,并取得了显著的成就。"六五"时期,党和国家更加重视充分组织和调动中央、地方、部门、企业、人民的积极性和主动性。从实施结果来看,"六五"计划规定的工农业生产、交通运输、基本建设、技术改造、国内外贸易、教育科技文化、改善人民生活等方面的任务和指标,绝大部分都提前完成或超额完成。这一时期,经济发展战略转移的目标顺利实现,农、轻、重工业得以协调发展,人民生活水平得到显著提高,经济建设和经济体制改革取得了巨大的成就。

1985年同1980年相比,工农业总产值年均增长11%,远远超过原计划每年增长4%—5%的速度,其中工业总产值年均增长12%,农业总产值年均增长8.1%;国民生产总值年均增长10%;国民收入年均增长9.7%。经济的效益和效率有所提高,国家财政收入由"五五"末期的连年下降转为逐年上升,基本实现了收支平衡。同时,基本建设和技术改造领域取得重大进展;对外经济贸易和技术交流打开新局面;社会事业也迎来了新的发展。

在中国的五年计划史上,"六五"计划的编制和实施,无疑是中国五年计划变迁中的一个重要转折。"六五"计划提出要建设有中国特色的社会主义道路,各个领域的改革也逐渐展开。在农业领域,继续完善和扩大家庭联产承包责任制的范围,以连续五个农业"一号文件"的形式推进农业改革;在所有制结构上,改变了过去追求单一公有制的做法,出现了多种所有制形式和经济方式共同发展的局面;在对外开放方面,通过开放经济特区与沿海开放城市等举措逐步建立有层次的对外开放体系,放松对外经济交流上的限制;社会发展开始纳入国家发展战略,并在科学、教育、文化、卫生等领域展开改革。"六五"计划在经济发展战略上的重大转变是强调国民经济发展战略从以提高经济增长速度为中心向以提高经济效益为中心的根本转变;推动经济体制从农村向城市的改革进程,在城市进行了企业改革试点;并且对所有制结构进行了重大的调整和改革,改变了过去追求单一公有制的做法,出现了多种所有制形式和经营方式全面发展的繁荣景象;围绕建立和完善社会主义商品经济进行了多方面的改革,多种经济成分重新出现。市场开始在局部发挥作用,开始打破原先计划体制全面控制经济运行的局面。

更为重要的是,"六五"计划认识到改善人民生活、实现经济与社会协调发展和可持续发展的重要性①,并将以往的"国民经济发展计划"更名为"国民经济和社会发展计划",对社会发展的各个方面都进行了计划安排,包括控制人口增长、劳动就业和劳动保护、居民收入和消费、城乡建设、社会福利、文化事业、卫生体育、环境保护、社会秩序等,特别是强调了人民生活的改善、劳动就业和生态环境的保护,标志着我们党和政府在发展观念方面的重大转变。

第二节 "七五"计划(1986—1990年)

"七五"计划,即《中华人民共和国国民经济和社会发展第七个五年计划(1986—1990)》。"七五"时期是实现党的十二大提出的"前十年主要是打好基础,积蓄力量,创造条件"战略部署的重要时期,也是国民经济发展战略和管理体制从旧模式向新模式转变的时期,更是关于计划与市场的理论讨论较多的时期。"七五"时期经济体制改革步伐加快,市场改革取向已经不可逆转,我国经济体制格局和国民经济运行机制都发生了重大变化。

---

① 苏联在1929年通过的第一个五年计划完全是一个经济发展计划。1971—1975年苏联在制定第九个五年计划时逐步增加了居民的物质福利、文化事业、保健事业等方面的内容。法国1947年编制第一个"经济现代化与投资计划",但到1962年就将计划更名为"经济与社会发展计划"。联合国20世纪60—80年代三个十年发展规划也经历了经济增长、社会变革和可持续发展计划的演变。

一、时代背景

"六五"时期,我国经济面貌发生了巨大而深刻的变化,尤其是基本实现了我国财政经济状况根本好转,国民经济开始出现持续、稳定、协调发展的新局面,展现了良性循环的前景。但是总体而言,我国经济和社会发展的物质技术条件还比较落后,农业基础脆弱,能源、原材料紧张,交通和通信严重落后,产业结构和产品结构不合理。

"六五"后期,尤其是1984年第四季度以后,我国经济发展过程中出现了一些问题:一度出现追求超高速增长,工业生产增长过快,固定资产投资和消费基金增长过猛,货币发行过多,国民收入超分配,出现了经济过热。1985年上半年,物价开始大幅上涨,全年通货膨胀率达到了8.8%,超过了企业、财政和社会的承受能力;1984年外汇平衡出现了逆差,导致国家外汇结存急剧下降。1984年,全民所有制固定资产投资比上年增长了24.5%,全国工资性支出比上年增长22.3%,大大超过了国民收入增长12%的速度,这种国民收入超分配的趋势在1985年继续延续①。经济过热成为"七五"计划不得不面对的难题,也使得国家不得不在"七五"的前两年对某些方面采取一些小的调整措施。

"七五"时期也是计划体制和市场体制并存并且冲突的时期。1984年,党的十二届三中全会提出有计划的商品经济,国家对经济的管理开始向"国家调控市场,市场引导企业"的方向推进。但是,计划与市场的关系还没有从理论上根本解决,对于计划与市场关系的讨论也进入了一个开放活跃时期。由于"六五"末期经济发展中的过热及其引发的一些混乱现象,一些坚持计划经济的人把这些归咎于市场取向的改革。面对当时的改革困境和经济建设中的问题,在计划调节与市场调节之间如何进行选择,采取什么样的政策措施,争论激烈。

---

① 深层次原因在于,在微观经济进一步搞活的情况下,没有及时地加强对宏观经济的控制和管理。如指令性计划的范围缩小了,行政办法用少了,但经济立法工作非常薄弱,经济调节手段的综合运用既不得力又不及时,放和管没有同时配套进行。

二、编制过程

1983 年,"六五"计划刚刚通过不久,国务院即着手"七五"计划的起草工作,组织有关部门和专家对经济和社会发展的重大问题展开讨论和预测。1984 年 9 月,中央领导在国务院全体会议上谈"七五"计划建设方针问题。根据"七五"计划编制安排,由中央书记处和国务院主持,经过一年多的反复酝酿、讨论,制定了《中共中央关于制定国民经济和社会发展第七个五年计划的建议》。1985 年 9 月 16 日,党的十二届四中全会原则通过了《中共中央关于制定国民经济和社会发展第七个五年计划的建议》,并提交 9 月 18 日—23 日的中国共产党全国代表会议审议通过。

"七五"计划建议提出了"七五"期间我国经济工作的指导思想和奋斗目标,经济和社会发展的战略方针和主要政策措施,经济体制改革的设想和实施步骤。这些指导思想、发展战略、方针政策和改革设想,是根据我国的实际情况和对国际形势的分析提出的,是我国社会主义建设,特别是党的十一届三中全会以来的经验总结,是党的十二届三中全会关于经济体制改革决定的具体化。"七五"计划建议没有列很多数字,只讲了关系经济和社会发展全局与方向的一些重要指标。

中央"建议"是国务院制定五年计划的依据。《关于制定"七五"计划建议的说明》指出,"十五"计划建议经这次代表会议审议通过以后,将由国务院据以制定第七个五年计划草案,然后提请明年春天召开的第六届全国人民代表大会第四次会议审议批准,颁布实行"。改革开放以后的五年规划(计划),均遵循了这一基本程序。

根据中央"七五"计划建议的精神,国务院对计划安排做了进一步的深入研究,编制完成了《中华人民共和国国民经济和社会发展第七个五年计划(1986—1990)》,并于 1986 年 3 月经全国人大六届四次会议审议批准。在一个新的五年计划刚刚起步的时候就制定出经济和社会发展计划,这在我国五年计划史上还是第一次。

三、主要内容

"七五"计划在指导思想上继续坚持实事求是的原则,稳步前进,进一步理顺各方面的关系,有步骤地进行经济体制改革,集中财力、物力,加快能源、交通、农业、科学教育等重点建设,切实抓紧现有企业的技术改造,同时加强智力开发,保证经济的稳定增长,为20世纪90年代的经济振兴打下基础。

"七五"计划遵循建设有中国特色社会主义的总要求,遵循"对内搞活经济、对外实行开放"的总方针,继续推进经济发展战略和经济管理体制由旧模式向新模式的转变,执行以下一些重要的原则和方针:坚持把改革放在首位,使改革和建设互相适应、互相促进;坚持社会总需求和总供给的基本平衡,保持国家财政、信贷、物资和外汇的各自平衡和相互间的综合平衡;坚持把提高经济效益特别是提高产品质量放到十分突出的位置上来,正确处理好效益和速度、质量和数量的关系;坚持适应社会需求结构的变化和国民经济现代化的要求,进一步合理调整产业结构;坚持恰当地确定固定资产投资规模,合理调整投资结构,加快能源、交通、通信和原材料工业的建设;坚持把建设重点转到现有企业的技术改造和改建扩建上来,走以内涵型为主的扩大再生产的路子;坚持把发展科学、教育事业放在重要的战略地位上,促进科学技术进步,加快智力开发;坚持进一步对外开放,更好地把国内经济建设同扩大对外经济技术交流结合起来;坚持在发展生产和提高经济效益的基础上,进一步改善城乡人民物质文化生活;坚持在推进物质文明建设的同时,大力加强社会主义精神文明建设;坚持在各项事业中发扬艰苦奋斗、勤俭建国精神。

"七五"计划的主要任务是:进一步为经济体制改革创造良好的经济环境和社会环境,努力保持社会总需求和总供给的基本平衡,使改革更加顺利地开展,力争在五年或更长一段时间内,基本上奠定有中国特色的新型社会主义经济体制的基础;保持经济持续稳定增长,在控制固定资产投资规模的前提下,大力加强重点建设、技术改造和智力开发,在物质基础和人才方面为20世纪90年代经济和社会的继续发展准备必要的后续能力;在发展生产和提高经济效益的基础上,继续改善城乡人民生活。

"七五"计划的发展目标主要是:在不断提高经济效益的前提下,五年内全国工农业总产值增长 38%,年均增长 6.7%,其中农业总产值年均增长 4%,工业总产值年均增长 7.5%;五年国民生产总值增长 44%,年均增长 7.5%;五年国民收入增长 38%,年均增长 6.7%;五年内全社会固定资产投资计划为 12960 亿元,全民所有制单位的固定资产新增 6000 亿元以上;居民实际消费水平年均增长 5%;进出口贸易总额五年增长 40%;继续保持国家财政、信贷、物资、外汇的基本平衡;国家重点抓好 76 个重大科研攻关项目,积极开发新技术和高技术领域;逐步实行九年制义务教育,五年内培养中等职业技术学校毕业生近 1000 万人,比"六五"时期增长 1.1 倍。

"七五"计划也提出了经济效益指标。每万元国民收入消耗的能源由 1985 年的 12.9 吨标准煤下降到 1990 年的 11.4 吨标准煤。全社会劳动生产率平均每年提高 3.8%。全民所有制单位基本建设投资固定资产交付使用率由"六五"期间的 73.6% 提高到 75%。预算内国营工业企业流动资金周转天数由 1985 年的 101 天下降到 1990 年的 96 天。

四、实施情况

"七五"时期可以分为两个阶段,前一阶段从 1986 年到 1988 年 9 月,经济出现过热,双轨制下一些市场混乱现象也开始暴露;后一阶段从 1988 年 9 月到 1990 年,是治理整顿时期。总体来看,"七五"时期,我国国民经济保持了较快增长,经济持续发展,经济实力增强,国民生产总值、工农业总产值都超过了五年计划的目标,其中国民生产总值年均增长 7.8%,超过了 7.5% 的目标;绝大多数工农业产品产量都有较大幅度增产;固定资产投资大幅增加,各项指标均超计划 1.5 倍;基础设施建设速度快于"六五"时期,但具体 5 个指标中有 3 个没有完成。

"七五"计划执行的过程并不顺利。由于在经济发展和改革中的急于求成,影响了宏观经济的稳定。1988 年和 1989 年出现了高通货膨胀,人民生活水平提高趋缓。城乡消费水平增长率为 3.3%,完成计划的

66%；职工实际平均工资增长率为2.8%，完成计划的70%；农民纯收入增长率完成39%，是改革后城乡居民收入增长较慢的时期。

从"七五"计划开始，中央制定五年计划"建议"，着重研究发展战略和方针政策，是我国计划工作的一个重大转变。中央制定"建议"，有利于把注意力集中在研究经济工作的大的矛盾上，解决经济建设中的关键问题。"七五"计划建议是由中共中央全会原则通过后，再提交党的全国代表大会审议通过，而后来的五年计划"建议"都是由中共中央全会审议通过。

在中央地方关系方面，"七五"时期中央进一步向地方放权，将"计划单列市"也纳入财政包干的范围。但是，由于地区之间发展情况的差异，这种财政分权体制的弊端也逐渐显现出来，为20世纪90年代中期的分税制改革埋下了伏笔。

在改革部署方面，"七五"时期还没有从理论上根本解决计划与市场的问题，因而在认识问题和对问题的处理方法、采取措施上都受到局限。有时还采取计划经济的办法来解决一些问题。例如，在控制投资规模、控制物价等方面还在依靠审批、限价等方法；在企业兼并重组的过程中，有的依靠行政办法强制企业进行兼并。

与以往的五年计划相比，"七五"计划提出的目标体系较为完整，更加重视地区布局、产业结构、投资结构等战略性问题，同时新增了国民生产总值指标和三次产业的划分，是新中国计划编制具体内容的一个转变。

第三节　"八五"计划(1991—1995 年)

"八五"计划，即《中华人民共和国国民经济和社会发展十年规划和第八个五年计划纲要》。"八五"计划是在"七五"后期对国民经济进行治理整顿的背景下开始编制的，最初确立的发展指标并不太高，主要强调确保经济与社会稳定，基本任务是进一步解决过去遗留下来的阻碍经济发展的各种问题，取得实现财政经济状况根本好转的决定性胜利。1992年，邓小平同志的南方谈话之后，对"八五"计划的指导方针和目标进行了调整,提高了原计划指标。

一、时代背景

经过"六五"计划和"七五"计划的实施,我国提前实现了第一步战略目标,为20世纪90年代的国民经济和社会发展奠定了比较坚实的基础。但也出现了一些新的矛盾和问题,如,一度忽视思想政治教育,存在物质文明建设与精神文明建设"一手硬、一手软"的现象;在经济发展和改革中都出现了急于求成,一度造成经济过热、通货膨胀;国民经济的某些方面过于分散,国家宏观调控能力减弱;等等。

国际国内形势也呈现出新特点。20世纪80年代后半期的东欧剧变,使社会主义阵营遭受重大打击。1991年12月25日,苏联以解体的方式退出历史舞台,雅尔塔体系宣告终结,国际上两极格局正式瓦解,多极化趋势呈现。虽然世界总体形势趋于和平,但局部冲突与战争却日渐频繁。在国内,"八九"政治风波后进行了一段时间的治理整顿,进入90年代之后,社会经济秩序有所恢复,通货膨胀得到缓解,但是对改革的最终方向存在疑虑,改革开放走到了十字路口。

1992年,邓小平同志发表南方谈话,对中国20世纪90年代的经济改革与社会进步起到了关键的推动作用。邓小平同志指出"改革开放胆子要大一些……看准了的,就大胆地试,大胆地闯"[1],"改革开放迈不开步子,要害是姓'资'还是姓'社'的问题"[2],并把"是否有利于发展社会主义社会的生产力,是否有利于增强社会主义国家的综合国力,是否有利于提高人民的生活水平"作为判断改革开放的标准。

邓小平同志南方谈话为改革开放打了一剂强心针,卸下了广大干部群众的思想包袱。同年,党的十四大召开,正式将建立社会主义市场经济体制确立为改革目标。市场作为资源配置的基本手段得到承认,计划经济被国家宏观调控所取代,改革进入了新阶段。

---

[1] 《邓小平文选》第三卷,人民出版社1993年版,第372页。

[2] 《邓小平文选》第三卷,人民出版社1993年版,第372页。

二、编制过程

1989 年 11 月 9 日,党的十三届五中全会审议通过了《中共中央关于进一步治理整顿和深化改革的决定》,为制定"八五"计划提供了基本指导原则。从 1990 年年初开始,国务院就组织力量,着手研究制定十年规划和"八五"计划,并明确提出了两点意见:一是要把制定"八五"计划和十年规划结合起来,根据今后十年经济发展的总趋势和奋斗目标来确定五年计划,把眼光放得长远一些;二是要先研究十年规划和"八五"计划的基本思路,看清国际国内总的形势,从大的方面把建设和改革的方向、方针、政策确定下来,然后再具体制定十年规划和"八五"计划。

国家计划委员会在综合各部门、各地区和有关专家、学者意见的基础上,提出了《十年规划和"八五"计划的基本思路》,提交 1990 年 9 月 10 日中央召开的经济工作座谈会进行讨论,后又发到各地区、各部门征求意见。按照中央的安排,国家计划委员会在《十年规划和"八五"计划的基本思路》的基础上,起草了《中共中央关于制定国民经济和社会发展十年规划和"八五"计划的建议》(以下简称"八五"计划建议),广泛征求了各省、自治区、直辖市、中央和国家机关各部委、军队各大单位、各人民团体,以及专家、学者的意见,并根据各方面的意见做了进一步的修改,提交中央政治局讨论并原则通过。

1990 年 12 月 30 日,中共中央第十三届七中全会通过了国家计划委员会起草并经过中央政治局审议的"八五"计划建议。"八五"计划建议除了提出 1991—2000 年我国国民经济和社会发展的基本任务和方针政策外,还将建设有中国特色社会主义的基本理论和基本实践,概括为十二条原则。

1991 年 3 月 25 日,国务院总理李鹏代表国务院向七届全国人大四次会议作《关于国民经济和社会发展十年规划和第八个五年计划纲要的报告》,提请全国人大审议。1991 年 4 月 9 日,第七届全国人民代表大会第四次会议批准了《中华人民共和国国民经济和社会发展十年规划和第八个五年计划纲要》(以下简称"八五"计划纲要)。

1993 年,党的十四届二中全会通过了《中共中央关于调整"八五"计划若干指标的建议》,对"八五"计划进行了调整,主要是:调整国民经济增长速度,"八五"计划后 3 年,国民经济增长速度由原来平均每年 6% 调高到 8%—9%。调整产业结构,强化交通运输和通信等基础设施建设;加快能源和重要原材料工业的发展,加快能源工业的发展;加强农业,促进农村经济的全面发展,大幅度地增加优质品种的产量;积极发展机械电子、石油化工、汽车制造和建筑业,使之成为国民经济的支柱产业;加快第三产业的发展。调整对外贸易、利用外资及固定资产投资计划,扩大利用国外资金、资源、技术和市场,扩大投资规模。

三、主要内容

"八五"计划把十年规划远景和五年中期安排结合起来,从实现 20 世纪末战略目标的要求出发来制定"八五"计划。十年规划部分设想的概略一些,着重是规定国民经济和社会发展的主要目标、基本任务和重大方针政策;"八五"计划部分具体一些,重点放在国民经济和社会发展的方向、任务、政策和改革开放的总体部署上。

"八五"计划提出了十年规划的总要求,即实现中国社会主义现代化建设的第二步战略目标,把国民经济的整体素质提高到一个新的水平。具体包括:到 20 世纪末使国民生产总值按不变价格计算比 1980 年翻两番,10 年平均每年增长 6%,工农业总产值平均每年增长 6.1%;人民生活从温饱达到小康;发展教育事业,推动科技进步;初步建立适应以公有制为基础的社会主义有计划商品经济发展的、计划经济和市场调节相结合的经济体制和运行机制;社会主义精神文明建设达到新的水平,社会主义民主和法制进一步健全。

"八五"计划也提出了十年规划的基本指导方针,即坚定不移地走建设有中国特色的社会主义道路;坚定不移地推进改革开放;坚定不移地保持国民经济持续、稳定、协调发展,始终把提高经济效益作为全部经济工作的中心;坚定不移地执行独立自主、自力更生、艰苦奋斗、勤俭建国的方针;坚定不移地贯彻物质文明建设和精神文明建设一起抓的方针。

"八五"计划提出了八项基本任务:努力保持社会总需求与社会总供

给基本平衡,在控制通货膨胀的前提下,以提高经济效益为中心,促进经济的适度增长;突出抓好经济结构调整,扭转农业与工业、基础工业和基础设施与加工工业比例失调的状况,逐步改善企业组织结构不合理的现象,抑制地区经济结构趋同化的倾向;立足现有基础,充分挖掘潜力,积极地、有重点地推进现有企业技术改造;采取适当的办法和步骤,合理调整收入分配格局,逐步改善财政收支不平衡状况,同时保持合理的信贷规模和结构,严格控制货币发行;进一步推动科技、教育事业发展;更有效地开展对外贸易,积极吸引国外资金、技术和智力;以增强国营大中型企业活力为中心推进各项改革;努力加强社会主义精神文明建设,促进社会的全面发展和进步。

四、实施情况

以 1992 年邓小平同志南方谈话和党的十四大为标志,我国改革开放和社会主义现代化建设进入了新的发展阶段。在全国人民的共同努力下,完成或超额完成了"八五"计划提出的主要目标和任务。国民经济持续稳定快速增长,国民生产总值年均增长12%,提前 5 年实现了经济总量比 1980 年翻两番的战略目标;经济体制改革取得突破性进展,市场机制的基础性作用日益增强,以分税制为核心的新财政体制、以增值税为主体的新税制已经基本建立并正常运行,社会主义市场经济体制逐步建立;对外开放的范围和规模进一步扩大,对外贸易迅速增长,利用外资大幅度增加;产业结构调整取得明显成效,水利建设得到加强,能源、交通、通信建设创造了历史最好水平,支柱产业快速成长;科技实力显著增强,教育事业加快发展,在占总人口 90% 以上的地区普及了小学教育,普及九年义务教育和发展中等职业教育的工作顺利推进;人民生活水平稳步提高,生活质量明显改善。

"八五"计划是在一个特殊的国内外环境下编制的,对我国经济发展潜力估计不足,最初各项经济发展指标并不太高。在邓小平同志南方谈话和党的十四大精神鼓舞下,党的十四届二中全会对"八五"计划后 3 年的主要指标进行了调整,是改革开放以来的五年计划中,唯一在执行过程中对主要指标进行调整的五年计划。

"八五"时期,以1994年的分税制改革为标志,中央、地方关系也发生了重大转变。针对20世纪80年代实行的财政大包干体制所产生的一系列弊端以及此前连续几年中央财力明显不足的不利局面,1994年进行了分税制改革,对改善中央财政的困境起到了立竿见影的效果,中央预算支出占全国预算支出的比重从1993年的40%迅速上升至1995年的52%。

"八五"时期,经济"软着陆"取得成功,金融市场得到整顿治理,财政体制改革取得显著进展,改革和发展都有重大突破。一系列举措使得我国国民经济发展出现了"高增长、低通胀"的新局面,市场供求关系发生根本性的变化。思想观念和经济发展态势发生了巨大变化,不仅使得"八五"期间成为中国改革开放推进最快的时期之一,确立了社会主义市场经济目标,形成了由沿海到内地、由一般加工工业到基础工业和基础设施的总体开放格局。

第四节　"九五"计划(1996—2000年)

"九五"计划,即《中华人民共和国国民经济和社会发展"九五"计划和2010年远景目标纲要》(以下简称"九五"计划纲要),是社会主义市场经济条件下的第一个中长期计划,也是一个跨世纪的发展计划。这一时期,中国改革开放和现代化建设面对的国内外环境错综复杂,国家牢牢把握"抓住机遇、深化改革、扩大开放、促进发展、保持稳定"的大局,正确处理改革、发展、稳定的关系,坚持用发展的办法解决前进中的问题,根据经济形势的变化适时调整宏观调控政策的取向和力度,保持了国民经济持续快速健康发展,全面完成了现代化建设的第二步战略部署。"九五"计划也是中国规划史上首次将港澳台问题纳入五年计划。

一、时代背景

"九五"时期,中国改革开放和现代化建设面对的国内外环境错综复杂。国际上,世界范围的经济结构调整加快,新兴产业迅猛发展;科技进步突飞猛进,以信息技术为代表的高技术广泛应用,给我国经济的发展带来新的压力。在日趋激烈的国际经济竞争和综合国力较量中,我们面临着发达国家在经济与科技上占优势的压力,面临着国际关系中霸权主义与强权政治的压力。1997年始发于泰国的金融危机迅速波及整个亚洲,给我国出口、利用外资以及经济增长都带来了较大冲击。我国加入世界贸易组织的谈判进入最后阶段。根据谈判中的承诺,我国经济管理体制的主要方面必须尽快与国际惯例接轨,更多地采用市场经济手段来调控经济。如何在做好加入世界贸易组织准备的同时,依靠经济手段和必要的行政手段,克服亚洲金融危机和国内需求不足的影响,保持经济平稳发展,是"九五"时期面临的新的挑战。

在国内,随着市场化改革的深入与经济的发展,也面临着一些关键问题和挑战。例如,经营管理比较粗放,经济效益较差;农业基础薄弱;国有企业生产经营困难较多,管理体制和经济机制不适应社会主义市场经济的要求;通货膨胀压力较大,金融秩序较为混乱;国家财力不足,宏观调控实力不强;地区发展差距和居民收入差距有所扩大;腐败现象有所滋长,社会主义精神文明建设和民主法制建设面临不少新的问题。

经过20多年的改革开放和经济快速发展,我国的生产能力加强,多年来的商品短缺状况基本改变,主要工农业产品出现了阶段性、结构性剩余。此外,随着住房分配货币化和社会保障制度改革的深入,人们对医疗、养老等改革全面展开后的心理预期发生变化,提高了储蓄倾向,减少了对当前消费的选择。"九五"后期,内需不足转化为经济生活中的突出问题,导致企业开工不足,下岗职工增多,企业经营困难,出现通货紧缩趋向,经济增长速度减缓,一些社会问题也随之出现。

二、编制过程

1993年3月,党的十四届二中全会作出关于制定"九五"计划和2010年远景目标的建议及编制与之相关的计划的决定。国家计划委员会和有关部门按照中央部署,启动了前期准备工作。国家计划委员会内部部署了22个重大专题研究,形成了上百万字的研究报告。另外,国家计划委员会还邀请中国科学院、中国社会科学院、国务院发展研究中心、部分大专院校及研究机构的专家、学者,对"九五"计划和 2010 年远景目标的若干指标进行测算,为确定宏观调控目标和产业发展任务提供支撑。在此基础上,国家计划委员会提出了"九五"计划和 2010 年远景目标的基本思路。

1995 年 3 月 8 日,中共中央政治局常委会批准成立了《中共中央关于制定国民经济和社会发展"九五"计划和 2010 年远景目标的建议》(以下简称"九五"计划建议)起草小组,并要求组织有关政府部门继续集中对国民经济和社会发展中的一些重大问题作深入调查研究。1995 年 4 月下旬,起草小组在广泛、深入调研的基础上,拟定出"九五"计划建议的送审提纲。1995 年 7 月和 8 月,中共中央政治局常委会会议和中央政治局会议先后对"九五"计划建议稿进行审议并提出了修改意见,并随后将"九五"计划建议稿印发到各省、自治区、直辖市、中央各部委和解放军各大单位征求意见。中央领导也先后主持召开党外人士座谈会、专家学者座谈会,听取对"九五"计划建议稿的意见和建议。起草小组根据各方面的意见和建议,对"九五"计划建议稿进行修改完善。1995 年 9 月 28 日,党的十四届五中全会审议并通过了《中共中央关于制定国民经济和社会发展"九五"计划和 2010 年远景目标的建议》。

"九五"计划纲要是根据中央"九五"计划建议,在国务院的直接领导下起草的。1995 年 10 月 26 日,国务院正式成立了"九五"计划起草小组,由国家计划委员会、国务院办公厅、国务院研究室、国家经济贸易委员会、财政部、中国人民银行、国家经济体制改革委员会的主要负责同志组成。1995 年 10 月 31 日,国务院总理召集文件起草小组开会,部署"九五"计划纲要起草工作,要求根据中央"九五"计划建议的精神,突出"九五"计划纲要的宏观性、战略性和政策性,计划指标总体上是预测性和指导性的,充分体现两个根本性转变,不要过多安排具体项目。12 月中旬,起草小组在就"九五"计划纲要涉及的一些重大问题多次向国务院领导汇报后,初步形成了"九五"计划纲要草稿,征求了中央和国务院有关部门、全国人大、全国政协及各省、自治区、直辖市的意见。

1995年12月底和1996年1月初,总理办公会议和国务院常务会议对"九五"计划纲要草案进行讨论、修改。1996年2月26日,中央政治局会议讨论同意将"九五"计划纲要提交全国人大审议。1996年3月17日,八届全国人大四次会议审议通过了《中华人民共和国国民经济和社会发展"九五"计划和2010年远景目标纲要》。

三、主要内容

"九五"计划提出了全面实现第二步战略目标,并向第三步战略目标迈进的指导方针和主要任务,制定的指标更注重宏观性、战略性和政策性。

根据《中共中央关于制定国民经济和社会发展"九五"计划和2010年远景目标的建议》,"九五"计划提出的指导方针是:牢牢把握"抓住机遇、深化改革、扩大开放、促进发展、保持稳定"的大局,是今后必须长期坚持的基本方针,并指出,要正确处理改革、发展、稳定三者的关系,集中力量重点解决关系全局的重大问题。据此,还提出了今后15年必须认真贯彻的九条重要方针:一是保持国民经济持续、快速、健康发展;二是积极推进经济增长方式的转变,把提高经济效益作为经济工作的中心;三是实施科教兴国战略,促进科技、教育与经济紧密结合;四是把加强农业放在发展国民经济的首位;五是把国有企业改革作为经济体制改革的中心环节;六是坚定不移地实行对外开放;七是实现市场机制和宏观调控的有机结合,把各方面的积极性引导好、保护好、发挥好;八是坚持区域经济协调发展,逐步缩小地区发展差距;九是坚持物质文明和精神文明共同进步,经济和社会协调发展。

"九五"计划纲要还指出,促进国民经济持续、快速、健康发展,关键是实行两个具有全局意义的根本性转变:一是经济体制从传统的计划经济体制向社会主义市场经济体制转变;二是经济增长方式从粗放型向集约型转变,并提出了建立社会主义市场经济体制的步骤和措施,提出了促进经济增长方式转变的七项措施。

"九五"时期的主要奋斗目标是:全面完成现代化建设的第二步战略

部署,到 2000 年,实现人均国民生产总值比 1980 年翻两番;基本消除贫困现象,人民生活达到小康水平;加快现代企业制度建设,初步建立社会主义市场经济体制。为下世纪初开始实施第三步战略部署奠定更好的物质技术基础和经济体制基础。"九五"计划纲要也明确了 2010 年国民经济和社会发展的远景目标:实现国民生产总值比 2000 年翻一番,人口控制在 14 亿以内,人民的小康生活更加宽裕,形成比较完善的社会主义市场经济体制。

"九五"计划纲要也明确了宏观调控目标和政策,指出:为了实现国民经济和社会发展的奋斗目标,"九五"期间,必须加强和改善宏观调控,实现经济总量基本平衡,促进经济结构优化,把抑制通货膨胀作为宏观调控的首要任务,引导国民经济持续、快速、健康发展。

"九五"计划纲要提出八个重点任务:保持国民经济持续、快速、健康发展;实施科教兴国战略;促进区域经济协调发展;深化体制改革;扩大对外开放程度,提高对外开放水平;实施可持续发展战略,推进社会事业全面发展;加强社会主义精神文明建设和民主法制建设;促进祖国和平统一大业。

四、实施情况

经过全国各族人民的共同努力,"九五"计划纲要确定的各项任务胜利完成,各方面发展取得巨大成就,经济运行质量与效益提高,综合国力进一步增强,人民生活继续提高。"九五"时期,国内生产总值年均增长8.3%,远高于世界平均 3.8% 的增速。国民经济总量跃上新的台阶。2000 年,我国 GDP 达到 8.94 万亿元,突破 1 万亿美元;人均国内生产总值达到 850 美元,进入世界银行划分的下中等收入国家行列。"九五"时期也是国家财力增长最多的时期,国家财政收入年均增长 16.5%,五年累计超过 5 万亿元,比"八五"时期增加了 1.3 倍。

"九五"时期,通过综合治理,有效控制了高通胀,需求"过热"局面迅速扭转;我国生产能力得到加强,多年来的商品短缺状况基本改变,初步形成了一定范围的买方市场。经济体制改革进一步深化,国有企业改革和脱困的目标基本实现,市场在资源配置中的基础性作用明显增强,国家宏观调控体系进一步完善,社会主义市场经济体制初步建立。全方位对外开放格局基本形成,开放型经济迅速发展,我国加入世界贸易组织进程加快。进出口总额大幅度增长,实际利用外资总额增加,利用外资质量明显提高。科技、教育、文化、卫生、体育等各项社会事业全面进步,社会主义精神文明建设和民主法制建设取得新成果。香港、澳门顺利回归祖国,祖国和平统一大业取得重大进展。

"九五"计划纲要首次提出科教兴国战略,首次提出了可持续发展战略,更加注重用科技教育的发展促进经济社会的发展,意味着更加注重人口资源环境与经济发展的协调。

"九五"计划也是 20 世纪的最后一个五年计划,顺利完成了社会主义现代化建设的第二步战略目标,在 1997 年比预期目标提前 3 年实现了人均国民生产总值比 1980 年翻两番的目标,人民生活总体上达到了小康水平,为进一步实现第三步战略目标奠定了良好的基础。

第五节 "十五"计划(2001—2005 年)

"十五"计划,即《中华人民共和国国民经济和社会发展第十个五年计划纲要》(以下简称"十五"计划纲要)。"十五"时期是我国进行经济结构战略性调整的重要时期,也是完善社会主义市场经济体制和扩大对外开放的重要时期。"十五"计划是我国进入 21 世纪的第一个五年计划,是开始实施现代化建设第三部战略部署的第一个五年计划,也是社会主义市场经济体制初步建立后的第一个五年计划。

一、时代背景

人类社会跨入 21 世纪,国际局势正在发生深刻变化,为"十五"计划提供了重要战略机遇期。经济全球化进程加快,国际经济合作与竞争快速发展,中国加入世界贸易组织,为中国加快市场化改革、进一步融入世界经济体系提供了难得的机遇。世界科技突飞猛进,科技创新能力成为综合国力的关键性因素。全球性产业结构调整深入展开,将在竞争中形成新的国际分工格局,全球性的资源配置也有利于国内经济结构的调整和优化。世界经济仍保持温和增长,主要国家的经济将在波动和调整中发展。

在国内,虽然市场经济体制已经基本建立,但是随着市场在资源配置中逐步发挥基础性作用,由此而带来的公平与效率的取舍成为影响经济社会可持续发展的重要因素。在体制改革方面,产权制度、政府管理体制改革还比较滞后,要素市场"双轨制"问题依然突出,特别是"九五"计划提出的"两个根本性转变"没有取得实质性进展。城乡地区间居民收入差距扩大。经济增长一直沿袭着以大量消耗能源和粗放经营为特征的传统发展模式,给我国有限的环境资源带来极大的压力。经济效益较低,经济发展结构不平衡等问题都成为进一步推动发展的现实阻碍。如何把握住改革开放带来的契机,推动经济社会可持续地发展成为新时代的新挑战。

随着中国经济与国际逐步接轨,也面临着越来越多的严峻挑战,例如如何控制扩大开放所带来的经济风险,尤其是1997年亚洲金融危机所引发的对金融安全的关注;如何改革政府管理体制、进一步转变政府职能,以更好地与国际规则接轨,都成为"十五"时期迫切需要解决的新问题。

二、编制过程

1998年下半年,国家发展计划委员会启动了"十五"计划前期准备工作,委托有关部门、地方及科研机构、大学、企业等社会各方面力量参与有关重大问题的前期研究,同时也与国际经验和海外相关机构开展合作研究,形成近500万字的研究成果。1999年6月22日,国家计划委员会在北京召开了"十五"计划工作电视电话会议,全面启动"十五"计划编制工作。

1999年年底,国家发展计划委员会形成了"十五"计划基本思路,在广泛听取意见后向中央建议起草组做了汇报。1999年10月,国务院批准了国家发展计划委员会《关于"十五"规划编制方法和程序的若干意见》,确定了"十五"计划编制程序。

2000年年初,中共中央决定成立文件起草小组,负责起草《中共中央关于制定国民经济和社会发展第十个五年计划的建议》(以下简称"十五"计划建议)。起草小组经过广泛调研、组织专题研究、听取意见,于2000年8月形成"十五"计划建议草稿,提交中央。中央先后印发各地区、各部门党委(党组)等征求意见,专门听取了党内老同志的意见,召开座谈会征求各民主党派、全国工商联和无党派人士的意见。2000年10月11日,中国共产党十五届五中全会审议通过了"十五"计划建议。

2000年10月底,国务院"十五"计划纲要起草小组召开第一次会议,正式启动了纲要编制工作。2000年12月7日,全国计划会议在北京召开,强调要贯彻党的十五届五中全会和中央经济工作会议精神,努力做好"十五"计划编制工作。"十五"计划纲要的制定,充分听取了各方面和各界人士的意见。2001年1月,国务院将"十五"计划纲要征求意见稿下发到各省、自治区、直辖市和有关部门征求意见。国家计划委员会还面向全国人民开展问计求策,对有价值的建议给予公开奖励;听取了世界银行等国际组织的意见。

2001年3月15日,第九届全国人民代表大会第四次会议批准通过《中华人民共和国国民经济和社会发展第十个五年计划纲要》。"两会"召开期间,全国人大代表、全国政协委员对"十五"计划纲要进行了认真的审议和讨论,提出了许多重要的意见。有关方面据此又做了多处修改,其中,"十五"计划纲要中修改的内容达36处。

三、主要内容

"十五"计划是开始实施现代化建设第三步战略部署的第一个五年计划,以调整经济结构为主线,促进中国从计划经济向市场经济转型,提高参与国际市场竞争的能力,并着重对国民经济和社会发展的宏观性、战略性和政策性的重大问题指明方向,提出相应的对策。"十五"计划也更加重视生态建设、环境保护和经济与社会的可持续发展。

根据《中共中央关于制定国民经济和社会发展第十个五年计划的建

议》,"十五"计划提出的重要指导方针是:坚持把发展作为主题;坚持把结构调整作为主线;坚持把改革开放和科技进步作为动力;坚持把提高人民生活水平作为根本出发点;坚持经济和社会协调发展。

"十五"计划的主要目标是:国民经济保持较快发展速度,经济结构战略性调整取得明显成效,经济增长质量和效益显著提高,为到2010年国内生产总值比2000年翻一番奠定坚实基础;国有企业建立现代企业制度取得重大进展,社会保障制度比较健全,完善社会主义市场经济体制迈出实质性步伐,在更大范围内和更深程度上参与国际经济合作与竞争;就业渠道拓宽,城乡居民收入持续增加,物质文化生活有较大改善,生态建设和环境保护得到加强;科技、教育加快发展,国民素质进一步提高,精神文明建设和民主法制建设取得明显进展。

"十五"计划还提出了五个方面的主要预期目标,包括:

(1)宏观调控:经济增长速度预期为年均7%左右,人均国内生产总值达到9400元;五年城镇新增就业和转移农业劳动力各达到4000万人,城镇登记失业率控制在5%左右。

(2)经济结构调整:产业结构优化升级,国际竞争力增强。2005年三次产业增加值占国内生产总值的比重分别为13%、51%和36%,从业人员占比分别为44%、23%和33%。

(3)科技、教育发展:2005年全社会研发经费占国内生产总值比例提高到1.5%以上。基本普及九年义务教育的成果进一步巩固,初中毛入学率达到90%以上,高中阶段教育和高等教育毛入学率力争达到60%左右和15%左右。

(4)可持续发展:人口自然增长率控制在9‰以内,2005年全国总人口控制在13.3亿人以内,生态恶化趋势得到遏制,森林覆盖率提高到18.2%,城市建成区绿化覆盖率提高到35%,城乡环境质量改善,主要污染物排放总量比2000年减少10%。

(5)提高人民生活水平:居民生活质量有较大提高,基本公共服务比较完善。城镇居民人均可支配收入和农村居民人均纯收入年均增长5%左右。2005年城镇居民人均住宅建筑面积增加到22平方米,全国有线电视入户率达到40%。

根据主要目标,"十五"计划按照八个领域部署了重点任务,包括:结构调整;科技、教育和人才;人口、资源和环境;改革开放;人民生活;精神文明;民主法制;国防建设。此外,"十五"计划还专篇部署"规划实施",要求改善宏观调控、促进经济稳定增长、创新实施机制、保障实现规划目标。

四、实施情况

"十五"计划实施情况总体良好,大部分目标顺利完成。"十五"时期,国内生产总值年均增长9.5%,超过了7%的计划目标;财政收入增长1.36倍。主要工业产品产量大幅度增长;高技术产业快速发展,基础产业和设施建设成就斐然,经济社会信息化程度迅速提高。随着加入世界贸易组织,我国对外开放进入新的阶段。五年间,进出口贸易总额增长两倍,创下改革开放以来的最高纪录,世界排位从2000年的第八位上升到第三位;实际利用外商直接投资累计2740.8亿美元。人民生活明显改善,城镇居民人均可支配收入和农村居民人均纯收入分别实际增长58.3%和29.2%;城镇新增就业4200万人。但是,"十五"计划提出的污染物减排、经济结构调整、能源节约等目标没有完成。

"十五"计划以经济结构的战略性调整为主线,突出了科教兴国、人才强国和可持续发展三大战略,深化改革并努力消除经济发展的诸多体制性障碍,为我国进入新世纪奠定了良好的开局。"十五"时期,全面免除了农业税;西气东输、青藏铁路、三峡工程、西电东送一大批重大工程项目取得实质性进展,西部大开发战略取得良好开端。

"十五"时期,"指令计划"开始退场,市场配置资源的作用日益凸显,政府宏观调控更多地运用经济杠杆、经济政策和法律手段。与以往的五年计划相比,"十五"计划更具有战略性、前瞻性和国际视野,更加注重协调发展,更加强调以人为本。更加重视生态建设、环保、经济与社会的可持续发展,更加关注教育、文化、医疗卫生、体育等各项社会事业。

"十五"时期,中国经济社会发展也存在不少矛盾和问题,主要表现为:经济结构不合理,自主创新能力不强,经济增长方式转变缓慢,能源资源消耗过大,环境污染加剧;就业矛盾比较突出;投资和消费的关系不协调;城乡、区域发展差距和部分社会成员之间收入差距持续扩大;社会事业发展仍然滞后。

第六节　"十一五"规划(2006—2010年)

"十一五"规划,即《中华人民共和国国民经济和社会发展第十一个五年规划纲要》(以下简称"十一五"规划纲要)。"十一五"时期是我国全面建设小康社会目标提出后的第一个五年规划。"十一五"规划首次将"五年计划"改为"五年规划",标志着我国五年计划进入了"发展战略规划"时期。相比之前的十个五年计划,"十一五"规划坚持科学发展观,规划理念更加先进,规划内容更加充实,规划指标更加明确,编制程序更加规范,规划形式更加新颖。

一、时代背景

"十五"期间,国民经济实现了平稳较快增长,工业化、城镇化、市场化、国际化步伐加快,"十五"计划确定的主要发展目标大多提前实现,为"十一五"时期的发展奠定了良好基础。"十一五"时期,我国面临的国内外环境总体有利,具备保持经济平稳较快发展和社会和谐进步的国内外条件。

国际上,和平、发展、合作成为时代的潮流,国际环境总体上有利于我国经济社会发展。经济全球化趋势深入发展,科技进步日新月异,我国与世界经济的相互联系和影响日益加深,国内国际两个市场、两种资源相互补充,外部环境总体上有利于我国充分利用国外资金、技术、资源和市场推动本国经济发展,有利于完善我国的市场经济体制,调整产业结构,推动工业化和城镇化进程。同时,国际环境复杂多变,影响和平与发展的不稳定不确定因素增多,发达国家在经济科技上占优势的压力将长期存在,世界经济发展不平衡状况加剧,围绕资源、市场、技术、人才的竞争更加激烈,贸易保护主义有新的表现,对我国经济社会发展和安全提出了新的挑战,给我国的经济主权也会造成一定程度的冲击。

在国内,社会经济大环境良好。一是城乡居民消费结构加速升级,带动产业结构加快调整和城镇化加快发展,为经济社会持续快速发展提供了广阔的市场空间。二是丰富而低成本的劳动力资源、较高的国民储蓄率,为经济社会持续快速发展提供了坚实保障。三是比较雄厚的基础设施、产业、科技和教育基础,为经济社会发展提供了有力支撑。四是市场经济体制逐步完善,社会保持长期稳定,为经济社会发展创造了良好条件。但同时也面临一些突出的矛盾和问题亟待解决:城乡区域发展不平衡;粗放型经济增长方式没有根本转变,经济结构不够合理,自主创新能力不强,经济社会发展与资源环境的矛盾日益突出,解决"三农"问题的任务相当艰巨,就业压力依然较大,收入分配中的矛盾较多,影响发展的体制机制问题亟待解决,处理好社会利益关系的难度加大。

二、编制过程

针对"十一五"时期的新要求,党中央、国务院明确要求编制出一个适应改革开放新形势、使人耳目一新的规划纲要;要对规划编制进行改革,反映社会主义市场经济的特点,进一步完善规划体系,并把规划工作纳入法制化轨道;要突出改革开放,突出经济结构调整和增长方式转变,突出自主创新,突出建设和谐社会,着力反映和解答人民群众关心的问题;要充分听取各方面意见,使"十一五"规划纲要的编制过程,成为发扬民主、集思广益、科学决策的过程,成为集中民智、反映民意、凝聚民力的过程。

2003 年 7 月 8 日,国务院批准了国家发展改革委《关于开展"十一五"规划前期工作有关问题的请示》。2003 年 9 月 18 日,国家发展改革委召开全国"十一五"规划编制准备工作电视电话会议,部署"十一五"规划编制工作。与此同时,在"十五"计划的执行过程中,开展了对五年计划的中期评估,这是我国规划编制和实施历史上的第一次,为编制"十一五"规划打下了基础。

2003 年年底,国家发展改革委采取委托、招标、合作研究等方式,对 160 多个重大课题进行了研究,形成了 500 多万字的研究报告。采取公开招标方式研究"十一五"规划纲要涉及的重大课题,在我国中长期规划编制历史上是第一次。在前期研究成果的基础上,国家发展改革委起草了"十一五"基本思路意见稿,在征求各方面意见并修改完善之后,向党中央国务院汇报。

2005 年 2 月,中共中央成立了《中共中央关于制定国民经济和社会发展第十一个五年规划的建议》(以下简称"十一五"规划建议)起草小组,负责起草"十一五"规划建议稿。起草期间,中央政治局常委多次带队赴地方进行专题调研,多次听取起草组的汇报,对"十一五"规划建议进行多次讨论。2005 年 10 月 11 日,党的十六届五中全会通过了《中共中央关于制定国民经济和社会发展第十一个五年规划的建议》。

党的十六届五中全会以后,国务院批准成立了由国家发展改革委、教育部、科技部、财政部等有关部门主要负责同志组成的"十一五"规划纲要起草小组。其间,胡锦涛同志主持召开中央政治局常委会议和政治局会议,讨论审议"十一五"规划纲要;温家宝同志也先后主持召开国务院常务会议和全体会议进行了讨论修改,还主持召开了 4 个座谈会,听取社会各界的意见。在十届全国人大四次会议召开前,由各地区人民代表大会提前审议"十一五"规划纲要提出修改意见,这在我国规划编制史上也是首次。在十届全国人大四次会议和政协十届四次会议期间,又根据全国人大代表和政协委员的修改意见进行了 34 处修改,前后共 12 易其稿。[①] 2006 年 3 月,十届全国人大四次会议审定了"十一五"规划纲要。

"十一五"规划编制十分注重民主参与。一是成立了由 37 名知名专家组成的国家规划专家委员会,对"十一五"规划纲要进行了 4 次咨询论证,形成了论证报告并随同"十一五"规划纲要一起报送全国人大参考,这在我国规划编制历史上也是第一次。二是在全国范围开展"十一五"

---

① 马凯:《全面建成小康社会进程中的重要规划》,马凯主编:《〈中华人民共和国国民经济和社会发展第十一个五年规划纲要〉辅导读本》,北京科学技术出版社 2006 年版,第 6 页。

规划建言献策活动,邀请全国人民为"十一五"规划建言献策,在为期60天的活动中,有5000多人提出了上万条意见建议。①

三、主要内容

"十一五"规划开宗明义,明确了五年规划纲要的功能定位,即:阐明国家战略意图,明确政府工作重点,引导市场主体行为,是经济社会发展的宏伟蓝图,是全国各族人民共同的行动纲领,是政府履行经济调节、市场监督、社会管理和公共服务职责的重要依据。这个定位也成为此后各个五年规划的基本遵循,并写入了《中共中央 国务院关于统一规划体系更好发挥国家发展规划战略导向作用的意见》。

根据《中共中央关于制定国民经济和社会发展第十一个五年规划的建议》,明确了"十一五"时期经济社会发展的指导思想和主要方针。"十一五"规划强调以科学发展观统领经济社会发展全局,并提出了必须保持经济平稳较快发展、必须加快转变经济增长方式、必须提高自主创新能力、必须促进城乡区域协调发展、必须加强和谐社会建设、必须不断深化改革开放的"六个必须"原则,以及立足扩大国内需求推动发展、立足优化产业结构推动发展、立足节约资源保护环境推动发展、立足增强自主创新能力推动发展、立足深化改革开放推动发展、立足以人为本推动发展的"六个立足"基本方针。

针对"十一五"时期的主要目标,"十一五"规划纲要提出了宏观经济平稳运行、产业结构优化升级、资源利用效率显著提高、城乡区域发展趋向协调、基本公共服务明显加强、可持续发展能力增强、市场经济体制比较完善、人民生活水平继续提高、民主法制建设和精神文明建设取得新进展等九个方面的目标,并首次以专栏的形式列出了"经济增长""经济结构""人口资源环境""公共服务人民生活"4大类共22项主要发展指标,并区分为预期性指标(14个)和约束性指标(8个)。

---

① 温家宝:《关于〈国民经济和社会发展第十一个五年规划纲要(草案)〉的说明》,《政府工作报告》,2006年3月5日。

主要发展指标包括:国内生产总值年均增长 7.5%,城镇新增就业和转移农业劳动力各 4500 万人;服务业增加值占国内生产总值比重提高 3 个百分点,研究与试验发展经费支出占国内生产总值比重增加到 2%;单位国内生产总值能源消耗降低 20% 左右,单位工业增加值用水量降低 30%;城镇化率提高到 47%;国民平均受教育年限增加到 9 年,城镇基本养老保险覆盖人数达到 2.23 亿人,新型农村合作医疗覆盖率提高到 80% 以上;主要污染物排放总量减少 10%,森林覆盖率达到 20%;城镇居民人均可支配收入和农村居民人均纯收入分别年均增长 5%;等等。

围绕"十一五"规划的主要目标,"十一五"规划纲要第二篇到第十三篇详述了主要任务和战略重点,包含 12 个方面:建设社会主义新农村,推进工业结构优化升级,加快发展服务业,促进区域协调发展,建设资源节约型、环境友好型社会,实施科教兴国战略和人才强国战略,深化体制改革,实施互利共赢的开放战略,推进社会主义和谐社会建设,加强社会主义民主政治建设,加强社会主义文化建设,加强国防和军队建设。此外,"十一五"规划纲要第十四篇明确了"建立健全规划实施机制",这在中长期规划编制史上也是首次。

四、实施情况

2008 年 12 月 24 日,在第十一届全国人民代表大会常务委员会第六次会议上,时任国家发展改革委主任张平报告了"十一五"规划纲要实施中期情况,22 个主要指标大多数都达到或超过了预期进度,重点领域任务积极稳步地向前推进。"十一五"末期,"十一五"规划纲要确定的主要目标和任务都胜利完成。

"十一五"时期,我国国内生产总值年均增长 11.2%,比"十五"时期快 1.4 个百分点,是改革开放以来最快的时期之一;2010 年国内生产总值达到 39.8 万亿元,跃居世界第二位。在经济结构调整方面,第三产业年均增长 11.9%,比"十五"时期提高了 1.4 个百分点;2010 年国内需求对经济增长的贡献率比 2005 年提高了 15.2 个百分点,对于扩大内需、应对国际金融危机冲击起到了极为关键的作用。在人民生活水平方面,城乡居民收入快速增长,我国城镇居民人均可支配收入年均增长 9.7%,农村居民人均纯收入年均增长 8.9%。在资源环境方面,单位国内生产总值能耗累计下降 19.1%,基本完成了节能降耗目标;污染物排放总量得到控制,全国化学需氧量排放累计减少 12.45%,二氧化硫排放下降14.29%,超额完成减排任务。在科技教育事业方面,国民平均受教育年限从 8.5 年增加到 9 年,研究与试验发展经费支出占 GDP 比重提高 0.45个百分点,但未完成累计增长 0.7 个百分点的目标。

"十一五"规划将"五年计划"改为"五年规划",在新中国发展规划(计划)历史上具有重要的承上启下作用,在规划定位、编制过程、规划内容、规划形式、规划评估等方面都作出了重大创新,并对未来的五年规划编制产生了深远影响。"十一五"规划开创性地将规划指标分为预期性和约束性两大类。界定了规划实施中的政府和市场边界与功能,预期性指标是国家期望的发展目标,主要依靠市场主体的自主行为实现;约束性指标是强化了政府责任的指标,政府要通过合理配置公共资源和有效运用行政力量来确保实现。首次提出了"主体功能区"的划分,将国土空间划分为优化开发、重点开发、限制开发和禁止开发四种类型。首次以正文加专栏的形式,清晰地列出了经济社会发展的主要指标和重点工程。首次公开委托国内外三家机构对"十一五"规划实施情况开展了独立第三方评估。这些创新探索和做法成为后来五年规划编制的基本遵循。

"十一五"规划的实施情况非常理想,发展方式得以初步转变,政府职能也由以往的经济增长型向公共服务型逐步转变,规划制定的主要目标基本实现,对中国的经济社会发展产生了深远影响。但同时,结构调整略显滞后、传统发展方式未能根本改变等问题依然存在。

第七节 "十二五"规划(2011—2015 年)

"十二五"规划,即《中华人民共和国国民经济和社会发展第十二个五年规划纲要》。"十二五"时期,是全面建设小康社会的关键时期,是深化改革开放、加快转变经济发展方式的攻坚时期。"十二五"规划是这个时期发布实施的纲领性文件,通篇贯穿了以科学发展为主题、以加快转变经济发展方式为主线的思路。

一、时代背景

"十一五"时期,我国综合国力大幅提升,为"十二五"发展奠定了比较雄厚的物质基础;有效应对了国际金融危机冲击,战胜了汶川特大地震等重大自然灾害,成功举办了北京奥运会等重大国际赛事,为"十二五"时期的发展积累了弥足珍贵的经验。"十二五"时期,世情国情继续发生深刻变化,我国经济社会发展呈现新的阶段性特征。

从国际看,和平、发展、合作仍是时代潮流,世界多极化、经济全球化深入发展,世界经济政治格局出现新变化,科技创新孕育新突破,国际环境总体上有利于我国和平发展。同时,国际金融危机影响深远,世界经济增长速度减缓,全球需求结构出现明显变化,围绕市场、资源、人才、技术、标准等的竞争更加激烈,气候变化以及能源资源安全、粮食安全等全球性问题更加突出,各种形式的保护主义抬头,我国发展的外部环境更趋复杂。

从国内看,工业化、信息化、城镇化、市场化、国际化深入发展,人均国民收入稳步增加,经济结构转型加快,市场需求潜力巨大,资金供给充裕,科技和教育整体水平提升,劳动力素质改善,基础设施日益完善,体制活力显著增强,政府宏观调控和应对复杂局面能力明显提高,社会大局保持稳定,完全有条件推动经济社会发展和综合国力再上新台阶。

但同时,我国发展中不平衡、不协调、不可持续问题依然突出。经济增长的资源环境约束强化,投资和消费关系失衡,收入分配差距较大,科技创新能力不强,产业结构不合理,农业基础仍然薄弱,城乡区域发展不协调,就业总量压力和结构性矛盾并存,物价上涨压力加大,社会矛盾明显增多,制约科学发展的体制机制障碍依然较多。

二、编制过程

"十二五"规划编制始于"十一五"规划中期评估,主要包括前期调研、编制起草、论证衔接、审批发布等阶段,历时两年半的时间。2008年3月,国家发展改革委组织开展了"十一五"规划中期评估,并邀请国务院发展研究中心、清华大学国情研究中心和世界银行驻华代表处三家机构开展独立第三方评估。2008年12月24日,十一届全国人大六次会议报告审议了《国务院关于"十一五"规划〈纲要〉实施中期情况的报告》。2008年年底,国家发展改革委启动"十二五"规划重大课题研究工作,提出包含8大领域39个题目的"十二五"规划前期重大问题,组织国务院发展研究中心、中国社会科学院、中国科学院、清华大学、北京大学等70多家科研机构进行研究,形成70余篇、500多万字的研究报告,为"十二五"规划的编制提供了重要参考。在前期研究成果的基础上,国家发展改革委起草了"十二五"基本思路意见稿,在征求各方面意见并修改完善之后,向党中央汇报。

2010年2月,中共中央成立了建议起草小组,在中央政治局常委会直接领导下,负责起草"十二五"规划建议稿。起草期间,中央政治局常委多次带队赴地方进行专题调研,多次听取起草组的汇报并进行讨论。2010年10月,党的十七届五中全会审议并通过了《中共中央关于制定国民经济和社会发展第十二个五年规划的建议》,为制定"十二五"规划纲要提供了依据。

国家发展改革委在中央"十二五"规划建议起草期间同步编制"十二五"规划纲要(框架),对主要指标进行测算,对支撑"十二五"时期发展的重大工程、重大项目进行论证,并于2010年8月底形成了"十二五"规划纲要(草案)的框架稿。在中央"十二五"规划建议正式公布之后,国家发展改革委形成了纲要(草案)初稿。

在"十二五"规划纲要(草案)形成过程中,国家发展改革委多次组织国家发展规划专家委员会专家进行详细讨论、专业咨询和专题论证,并将专家论证报告随同"十二五"规划纲要(草案)一起报送全国人民代表大会作为审议参考。为充分听取公众意见,国家发展改革委开辟门户网站设立建言献策专栏,公开征集公民意见。经过广泛征求地方各部门和社会各界对规划编制的意见和建议,"十二五"规划纲要(草案)于2010年年底完成,并先后经国务院常务会议、中央政治局常委会议、国务院全体会议和中央政治局会议审议后,正式提交第十一届全国人民代表大会第四次会议审议。2011 年 3 月 14 日,十一届全国人大四次会议高票批准了"十二五"规划纲要。

三、主要内容

根据《中共中央关于制定国民经济和社会发展第十二个五年规划的建议》,"十二五"规划在指导思想上强调以科学发展为主题,以加快转变经济发展方式为主线,深化改革开放,保障和改善民生,巩固和扩大应对国际金融危机冲击成果,促进经济长期平稳较快发展和社会和谐稳定,为全面建成小康社会打下具有决定性意义的基础。

"十二五"规划明确指出"加快转变经济发展方式为主线,是推动科学发展的必由之路",并提出了"五个坚持"的基本要求:坚持把经济结构战略性调整作为加快转变经济发展方式的主攻方向;坚持把科技进步和创新作为加快转变经济发展方式的重要支撑;坚持把保障和改善民生作为加快转变经济发展方式的根本出发点和落脚点;坚持把建设资源节约型、环境友好型社会作为加快转变经济发展方式的重要着力点;坚持把改革开放作为加快转变经济发展方式的强大动力。

"十二五"规划围绕经济平稳较快发展、结构调整取得重大进展、科技教育水平明显提升、资源节约环境保护成效显著、人民生活持续改善、社会建设明显加强、改革开放不断深化等 7 个方面提出了主要目标,并提出了经济发展、科技教育、资源环境、人民生活等 4 个方面 24 个主要指标,其中预期性指标由"十一五"规划的 14 个减少到 12 个,主要集中在经济发展、结构调整和科技进步上;约束性指标由"十一五"规划的 8 个增加到 12 个,主要集中在节能减排和改善民生等方面。

主要发展指标包括:国内生产总值年均增长 7%,城镇新增就业 4500 万人,城镇登记失业率控制在 5% 以内;服务业增加值占国内生产总值比重提高 4 个百分点;城镇化率提高 4 个百分点;九年义务教育巩固率达到 93%;研究与试验发展经费支出占 GDP 比重达到 2.2%,每万人口发明专利拥有量提高到 3.3 件;单位工业增加值用水量降低 30%;非化石能源占一次能源消费比重达到 11.4%;单位 GDP 能耗和二氧化碳排放量分别降低 16% 和 17%;主要污染物排放总量显著减少;森林覆盖率提高到 21.66%;人均预期寿命达到 74.5 岁;城镇居民人均可支配收入和农村居民人均纯收入分别年均增长 7% 以上;城镇参加基本养老保险人数达到 3.57 亿人,城乡三项基本医疗保险参保率提高 3 个百分点;城镇保障性安居工程建设 3600 万套;等等。

"十二五"规划纲要第二篇到第十五篇详述了"十二五"期间经济社会发展的主要任务和战略重点,包含 14 个方面:强农惠农,加快社会主义新农村建设;转型升级,提高产业核心竞争力;营造环境,推动服务业大发展;优化格局,促进区域协调发展和城镇化健康发展;绿色发展,建设资源节约型、环境友好型社会;创新驱动,实施科教兴国战略和人才强国战略;改善民生,建立健全基本公共服务体系;标本兼治,加强和创新社会管理;传承创新,推动文化大发展大繁荣;改革攻坚,完善社会主义市场经济体制;互利共赢,提高对外开放水平;发展民主,推进社会主义政治文明建设;深化合作,建设中华民族共同家园;军民融合,加强国防和军队现代化建设。"十二五"规划纲要第十六篇"强化实施　实现宏伟发展蓝图"对规划实施机制提出方向。

四、实施情况

"十二五"时期,除了研究与试验经费支出占 GDP 比重略低于预期外,其他主要指标均超过规划目标。一是经济保持持续较快发展,国内生产总值年均增长 7.8%,经济总量稳居世界第二位,人均国内生产总值增至 49351 元(折合 7924 美元);经济结构调整取得重大进展,农业稳定增长,第三产业增加值占国内生产总值比重超过第二产业,居民消费率不断提高,城乡区域差距趋于缩小,常住人口城镇化率达到 56.1%,基础设施水平全面跃升,高技术产业、战略性新兴产业加快发展,一批重大科技成果达到世界先进水平。

二是经济结构逐步优化升级。从要素结构看,由以前主要依靠劳动力数量和资本存量增长来驱动经济增长,转变为主要依靠科学技术和人力资本增长来驱动经济增长。从需求结构看,由以前主要依靠投资需求来拉动经济增长,转变为主要依靠消费需求来拉动经济增长,2015 年消费率提高到 51.2%,消费需求对经济增长的贡献率提高到 50.2%。从供给结构看,由以前主要依靠第二产业发展来促进经济增长,转变为更多依靠服务业发展来促进经济增长,2015 年服务业增加值占 GDP 比重达到了 50.5%,比预期指标高出 3.5 个百分点。

三是绿色发展迈出了坚实步伐。资源环境的 8 个主要指标全部完成,特别是单位工业增加值用水降低、单位 GDP 能源消耗降低、单位 GDP 二氧化碳降低、主要污染物排放总量减少等指标均大幅超额完成。

四是综合国力进一步提升。除经济总量牢牢占据第二位外,高速铁路营业里程、高速公路通车里程、4G 网络规模、互联网用户规模等均位居世界第一。从国际竞争力看,货物贸易进出口总额自 2013 年起居世界第一位,2014 年使用外商直接投资规模首次位居世界第一,对外直接投资规模自 2012 年起位居世界第三。

"十二五"规划通篇贯穿以科学发展为主题、以加快转变经济发展方式为主线,围绕主题主线确定政策导向、设置规划目标、明确战略重点,通篇贯穿了"更加注重以人为本,更加注重全面协调可持续发展,更加注重统筹兼顾,更加注重保障和改善民生,促进社会公平正义"的理念。"十二五"时期不是经济增长率最快的时期,却是各项目标实现最好、各项主要指标执行最好的时期,主要资源环境指标均实现,为"十三五"时期全面纳入科学发展轨道奠定了良好的基础。

第八节　"十三五"规划(2016—2020 年)

"十三五"规划,即《中华人民共和国国民经济和社会发展第十三个五年规划纲要》。"十三五"时期是全面建成小康社会的决胜阶段,是全面深化改革要取得决定性成果的五年。"十三五"规划全面贯彻落实"创新、协调、绿色、开放、共享"的新发展理念,以供给侧结构性改革为主线,扩大有效供给,满足有效需求,确保如期全面建成小康社会。

一、时代背景

"十二五"规划顺利完成,我国经济实力、科技实力、国防实力、国际影响力又上了一个大台阶,为"十三五"时期的发展奠定了物质基础。"十三五"时期,国内外发展环境更加错综复杂。

从国际看,和平与发展的时代主题没有变,世界多极化、经济全球化、文化多样化、社会信息化深入发展。国际金融危机冲击和深层次影响在相当长时期依然存在,世界经济在深度调整中曲折复苏,增长乏力。全球贸易持续低迷,贸易保护主义强化,新兴经济体困难和风险明显加大。新一轮科技革命和产业变革蓄势待发,国际能源格局发生重大调整。全球治理体系深刻变革,发展中国家群体力量继续增强,国际力量对比逐步趋向平衡,国际投资贸易规则体系加快重构。局部地区地缘博弈更加激烈,国际关系复杂程度前所未有。外部环境不稳定、不确定因素明显增多,我国发展面临的风险挑战加大。

从国内看,经济长期向好的基本面没有改变,发展前景依然广阔,但提质增效、转型升级的要求更加紧迫。经济发展进入新常态,向形态更高级、分工更优化、结构更合理阶段演化的趋势更加明显。消费升级加快,市场空间广阔,物质基础雄厚,产业体系完备,资金供给充裕,人力资本丰富,创新累积效应正在显现。新型工业化、信息化、城镇化、农业现代化深入发展,新的增长动力正在孕育形成,新的增长点、增长极、增长带不断成长壮大。全面深化改革和全面推进依法治国正释放新动力、激发新活力。

同时,"十三五"时期的矛盾和问题仍然突出:发展方式粗放,不平衡、不协调、不可持续问题仍然突出,经济增速换挡、结构调整阵痛、动能转换困难相互交织,面临稳增长、调结构、防风险、惠民生等多重挑战。有效需求乏力和有效供给不足并存,结构性矛盾更加凸显,传统比较优势减弱,创新能力不强,经济下行压力加大,财政收支矛盾更加突出,金融风险隐患增大。农业基础依然薄弱,部分行业产能过剩严重,企业效益下滑,债务水平持续上升。城乡区域发展不平衡,空间开发粗放低效,资源约束趋紧,生态环境恶化趋势尚未得到根本扭转。基本公共服务供给仍然不足,收入差距较大,人口老龄化加快,消除贫困任务艰巨。国民文明素质和社会文明程度有待提高,法治建设有待加强,维护社会和谐稳定难度加大。

二、编制过程

"十三五"规划基本延续了"十一五""十二五"规划的编制程序。2013年4月,国家发展改革委启动了"十二五"规划中期评估,邀请了清华大学国情研究院、中国经济改革研究基金会国民经济研究所等开展了第三方独立评估;通过调查研究、发放问卷的方式广泛征求意见,形成了《国务院关于〈中华人民共和国国民经济和社会发展第十二个五年规划纲要〉实施中期评估报告》,并于2013年12月25日由全国人大常委会十二届六次会议审议通过。

2014年4月17日,全国"十三五"规划编制工作电视电话会议在北京召开,正式启动了相关工作。2014年4月23日,国家发展改革委发布了25个前期研究的重大课题,并开展了基础调查、信息搜集、重点课题调研以及纳入规划重大项目的论证等前期工作。2014年9月,国家发展改革委在前期研究和调研成果基础上起草了"十三五"规划基本思路征求意见稿,经征求意见修改完善后,于2014年年底向党中央汇报。

2015年2月,中央成立了建议起草小组,在中央政治局常委会领导下开展工作。起草组、全国人大、全国政协、各民主党派等都开展密集调研,广泛征求意见。其间,中央委托42家单位组织力量完成了31项重大课题研究,形成了117份专题研究报告,为起草组提供了研究支撑。在起草过程中,中央领导亲自带队开展调研,习近平总书记5—7月间先后三次开展专题调研,中央政治局常委共开展26次调研,足迹遍布19个省份。起草组在前期研究的基础上,研究起草了《中共中央关于制定国民经济和社会发展第十三个五年规划的建议(讨论稿)》。

在"十三五"规划建议起草过程中,习近平总书记4次主持召开中央政治局常委会会议、2次主持召开中央政治局会议审议建议稿,提出一系列重要指导意见。"十三五"规划建议还先后向120多家单位、部分党内老同志、党代表、党外人士征求意见和建议①，并进行修改完善。2015年10月，党的十八届五中全会听取和讨论了习近平总书记受中央政治局委托作的"十三五"规划建议说明，审议通过了《中共中央关于制定国民经济和社会发展第十三个五年规划的建议》（以下简称"十三五"规划建议）。

2015年5月5日，国家发展改革委组织召开"十三五"规划纲要编制工作领导小组和起草小组第一次全体会议，启动和部署"十三五"规划纲要编制工作。在"十三五"规划建议起草的同时，国家发展改革委同步起草"十三五"规划纲要框架稿。党的十八届五中全会后，国家发展改革委根据中央建议编制了"十三五"规划纲要（草案）初稿。2015年12月14日，国家发展规划专家委员会召开全体会议，对"十三五"规划纲要（草案）（征求意见稿）提出意见建议，并于2016年1月31日形成了专家委员会论证报告。

"十三五"规划扩大了公众参与的范围和途径。2014年6月，国家发展改革委开通了"建言'十三五'"微信公众平台，在门户网站开通问计求策专栏，与《人民日报》、新华网、央视网、新浪等媒体合作开展问计求策活动。2015年12月，国家发展改革委联合清华大学举办了清华学子"建言'十三五'"主题活动，面向清华学生征集相关意见和建议。国务院领导还多次召开专门座谈会，听取专家学者、企业家和社会各界对规划的意见和建议。

2016年1月22日，李克强总理主持召开国务院第五次全体会议，讨论拟提请十二届全国人大四次会议审议的《政府工作报告》和"十三五"规划纲要（草案），并发往各省、自治区、直辖市和中央国家机关有关部

---

① 建议稿实际征求意见3176人，收到意见和建议共2588条，根据反馈的意见和建议，建议稿共增写、改写、精简文字754处，覆盖116个单位和党外人士的844条意见和建议，其中覆盖党外人士意见和建议18条，反馈意见和建议吸收率为32.6%。参见《"十三五"规划从建议到纲要：党的领导的生动体现》，新华网，http://news.xinhuanet.com/politics/2016-03/13/c_128796122.htm。

门、单位征求意见。"十三五"规划纲要(草案)先后经国务院常务会议、中央政治局常委会议、国务院全体会议和中央政治局会议讨论审议后,正式提交第十二届全国人民代表大会第四次会议审议。2016 年 3 月 16 日,全国人大十二届四次会议表决通过了"十三五"规划纲要。

三、主要内容

根据《中共中央关于制定国民经济和社会发展第十三个五年规划的建议》,"十三五"规划提出要统筹"五位一体"总体布局和"四个全面"战略布局,坚持发展是第一要务,牢固树立和贯彻落实"创新、协调、绿色、开放、共享"的新发展理念,以提高发展质量和效益为中心,以供给侧结构性改革为主线,扩大有效供给,满足有效需求,加快形成引领经济发展新常态的体制机制和发展方式,保持战略定力,坚持稳中求进,确保如期全面建成小康社会,为实现第二个百年奋斗目标、实现中华民族伟大复兴的中国梦奠定更加坚实的基础。

"十三五"规划纲要提出了坚持人民主体地位、坚持科学发展、坚持深化改革、坚持依法治国、坚持党的领导等六项原则。"十三五"规划纲要还设专章阐述了供给侧结构性改革这一发展主线,提出必须在适度扩大总需求的同时,着力推进供给侧结构性改革;必须用改革的办法推进结构调整,加大重点领域关键环节市场化改革力度;必须以提高供给体系的质量和效率为目标,去产能、去库存、去杠杆、降成本、补短板,加快培育新的发展动能。

"十三五"规划提出了七个方面的主要目标:经济保持中高速增长,创新驱动发展成效显著,发展协调性显著增强,人民生活水平和质量普遍提高,国民素质和社会文明程度显著提高,生态环境质量总体改善,各方面制度更加成熟、更加定型。"十三五"规划还以专栏形式提出了经济发展、创新驱动、民生福祉、资源环境等 4 个方面 25 个主要指标,其中预期性指标 12 个,主要集中在经济发展、创新驱动方面;约束性指标 13 个,主要集中在民生福祉和资源环境方面。

主要发展指标包括:国内生产总值年均增长 6.5%以上,全员劳动生产率年均增长 6.6% 以上,服务业增加值比重提高 5.5 个百分点;研究与试验发展经费投入强度达到 2.5%,每万人口发明专利拥有量提高到 12 件,科技进步贡献率达到 60%;居民人均可支配收入年均增长 6.5% 以上,劳动年龄人口平均受教育年限达到 10.8 年,农村贫困人口脱贫累计 5575 万人,城镇棚户区住房改造 2000 万套;耕地保有量保持在 18.65 亿亩,新增建设用地规模不超过 3256 万亩;单位 GDP 的能耗、水耗、二氧化碳排放及非化石能源占一次能源消费比重显著下降;森林覆盖率明显提高;空气质量显著改善;地表水质量显著提升;主要污染物排放总量显著减少。

"十三五"规划纲要第二篇到第十九篇详述了"十三五"时期的主要任务,包含 18 个方面:实施创新驱动发展战略,构建发展新体制,推进农业现代化,优化现代产业体系,拓展网络经济空间,构筑现代基础设施网络,推进新型城镇化,推动区域协调发展,加快改善生态环境,构建全方位开放新格局,深化内地和港澳、大陆和台湾地区合作发展,全力实施脱贫攻坚,提升全民教育和健康水平,提高民生保障水平,加强社会主义精神文明建设,加强和创新社会治理,加强社会主义民主法治建设,统筹经济建设和国防建设。"十三五"规划纲要第二十篇"强化规划实施保障"从发挥党的领导核心作用和形成规划实施合力两个方面,提出了规划实施机制。

四、实施情况

目前"十三五"规划正处于实施中,从"十三五"规划中期评估及 2018 年年底的指标数据来看,21 个主要指标进度符合或超过预期。经济发展总体平稳,2016—2018 年 GDP 年均增长 6.7%,超过了 6.5% 以上的预期目标。2018 年,城镇化率达到 59.6%,接近达到 2020 年 60% 的预期目标;户籍人口城镇化率提高到 43.3%,完成 2020 年 45% 的目标可期。创新驱动发展成效明显,2018 年科技进步贡献率达到 58.5%,每万人口发明专利拥有量达到 11.5 件,均接近 2020 年规划目标,互联网普及率提前达到规划目标。民生福祉不断增进,前两年居民人均可支配收入分别增长 6.3% 和 7.3%,城镇新增就业超过 2600 万人,农村贫困人口脱贫超过 2500 万人,城镇棚户区住房改造超过 1200 万套。资源环境可持续发展能力增强,前两年万元 GDP 用水量累计下降 13.2%,单位 GDP 能源消耗和二氧化碳排放分别累计下降 8.5% 和 11.4%,细颗粒物(PM2.5)未达标地级及以上城市浓度累计下降 15.8%,森林蓄积量提前完成规划目标。此外,165 项重大工程项目扎实推进,98.2% 的工程项目进展符合预期,一大批标志性工程建成投运。

4 项指标相对滞后,分别是服务业增加值比重、研发经费投入强度两项预期性指标和新增建设用地规模、地表水劣 V 类水体比例两项约束性指标。其中,服务业增加值占比从 2015 年的 50.5% 增加到 2018 年的 52.2%,与 2020 年 56% 的预期目标相比,进度明显落后;2018 年,研究与试验发展经费投入强度达到 2.18%,实现 2020 年达到 2.5% 的目标比较困难。

"十三五"规划要确保 2020 年全面建成小康社会,而且要为实现第二个百年奋斗目标、实现中华民族伟大复兴的中国梦奠定更加坚实的基础。"十三五"规划明确提出"创新、协调、绿色、开放、共享"的新发展理念,成为"十三五"规划的最大亮点,有效统领了规划布局,成为如期全面建成小康社会的五大途径。"十三五"规划更加注重短板问题,在补齐短板上发力,在基础设施、扶贫攻坚、民生保障、生态环境保护等方面提出具有针对性的未来发展目标及路径。

"十三五"规划更加注重发挥市场在资源配置中的决定性作用,强调建设统一开放、竞争有序的市场体系,建立公平竞争保障机制,打破地域分割和行业垄断,着力清除市场壁垒,促进商品和要素自由有序流动、平等交换等。另外,更加注重用约束性指标促进政府职能转变,更加强调民生指标和资源环境的约束性。"十三五"规划首次将制度建设作为一大主要目标,提出各方面制度更加成熟、更加定型,国家治理体系和治理能力现代化取得重大进展,各领域基础性制度体系基本形成。

改革开放以来,我国通过"六五""七五"计划解决了温饱问题,通过"八五""九五"计划实现了总体小康,通过"十五"至"十三五"4 个五年规划（计划）即将全面建成小康社会。"六五"至"八五"计划提出以提高经济效益为中心，纠正了以往五年计划过分追求高速度、高积累的做法；"九五"至"十五"计划强调宏观性、战略性和政策性，"十五"计划首次探索开展中期评估；"十一五"至"十三五"规划更加明晰政府与市场的边界，规划名称由"五年计划"改为"五年规划"，把主要指标划分为预期性和约束性两类；"十三五"规划突出了"创新、协调、绿色、开放、共享"的新发展理念，在理论和实践上有新的突破，对破解发展难题、增强发展动力、厚植发展优势具有重大指导意义。

第四章　规划体系

　　我国从 20 世纪 50 年代初开始编制五年规划（计划），内涵和外延随着国家经济体制改革不断深入而变化调整并不断完善，经历了从计划到规划名称、内容和体系的改变。从总体上看，我国经济社会发展规划体系的构成与经济体制改革过程中政府与市场关系的不断完善，以及这一关系变化过程中规划的功能和管理范围的不断完善密切相关，与发展理念的不断进化也密切相关，表现出分类更加清晰、功能更加优化、协调更加有效、范围更加合理的特征。

第一节　规划体系及构成

　　新中国成立以来，我国逐步形成了以五年规划（计划）为中心、各级各类规划相互衔接配合的规划体系。

一、各类规划的基本定义和主要内涵

（一）国家总体发展规划

　　一般简称为总体规划，也就是中华人民共和国国民经济和社会发展五年规划纲要，主要是依据宪法规定，根据党中央关于制定国民经济和社会发展五年规划的建议，由国务院组织编制，经全国人民代表大会审查批准。由于是经过全国人民代表大会投票通过的规划，本质上具有法律效力。从规划层次看，国家总体发展规划居于规划体系最上位，是其他各级各类规划的总遵循，是社会主义现代化战略在规划期内的阶段性部署和安排。从编制目的看，随着社会主义市场经济体制的确立和不断完善，国

家总体发展规划主要是阐明国家战略意图、明确政府工作重点、引导规范市场主体行为，是经济社会发展的宏伟蓝图，是全国各族人民共同的行动纲领，是政府履行经济调节、市场监管、社会管理、公共服务、生态环境保护职能的重要依据。从规划内容看，国家总体发展规划是对国民经济和社会发展在时间和空间上的战略部署及具体安排。所谓在时间上的战略部署和安排，指的是统筹制定规划期内经济社会发展的主要目标，以及为达到目标而采取的发展在空间上的战略部署和安排，主要是明确空间发展和结构优化的方向和管控原则，明确经济社会发展战略和重大任务在国土空间上的布局和安排，如区域协调发展战略中的三大战略和"四大板块"布局，主体功能区战略中的城镇、农业、生态三类空间布局和管控措施，以及基础设施、基础产业等重大生产力项目的空间布局。

（二）专项规划

即以特定领域和特定产业发展为主要内容的规划，是指导特定领域发展、布局重大工程项目、合理配置公共资源、引导社会资本投向、制定相关政策的重要依据。以国家级专项规划为例，从规划定位看，其要围绕国家发展总体规划在特定领域提出的重点任务，制定细化落实的时间表和路线图，提高针对性和可操作性。从规划范围看，国家级专项规划原则上限定于关系国民经济和社会发展全局且需要中央政府发挥规划引导和干预作用的政府公共职责领域和市场失灵的少量领域，主要包括基础设施建设、重要资源的开发保护、公共事业和公共服务以及需要政府扶持或者调控的产业[1]。从编制进程看，国家级重点专项规划由国务院有关部门编制，其中国家级重点专项规划报国务院审批（党中央有明确要求的除外），严格限定在编制目录清单内，与国家总体发展规划同步部署、同步研究、同步编制、同步实施。

（三）区域规划

即以特定区域发展为主要内容的规划，是指导特定区域发展和制定相关政策的重要依据。以国家级区域规划为例，从规划定位看，主要是细

---

[1] 《国务院关于加强国民经济和社会发展规划编制工作的若干意见》。

化落实国家发展规划对特定区域提出的战略任务。从规划范围看,国家级区域规划主要以国家发展规划确定的重点地区、跨省级行政区且经济社会活动联系紧密的连片区域以及承担重大战略任务的特定区域为对象,以贯彻实施重大区域战略、协调解决跨行政区重大问题为重点,突出区域特色,指导特定区域协调协同发展。从编制进程看,国家级区域规划由国务院有关部门编制,报国务院审批。

(四)空间规划

即以空间治理和空间结构优化为主要内容的规划,将原有的主体功能区规划、土地利用规划、城乡规划等空间规划融合为统一的国土空间规划,实现空间性规划的"多规合一"[1],是实施国土空间用途管制和生态保护修复的重要依据。以国家级空间规划为例,从规划定位看,主要是细化落实国家发展规划提出的国土空间开发保护要求,为国家发展规划确定的重大战略任务落地实施提供空间保障,强化其在空间开发保护方面的基础和平台功能,对其他规划提出的基础设施、城镇建设、资源能源、生态环保等开发保护活动提供指导和约束。从规划范围看,国家级空间规划主要聚焦空间开发强度管控和主要控制线落地,在全面摸清并分析国土空间本底条件,特别是要在生态资源环境承载力基础上,划定城镇、农业、生态三类空间以及生态保护红线、永久基本农田、城镇开发边界,并以此为载体统筹协调各类空间管控手段,整合形成"多规合一"的空间规划。从编制进程看,全国国土空间规划由自然资源部会同相关部门组织编制,由党中央、国务院审定后印发。省级国土空间规划是由省级政府组织编制,经同级人大常委会审议后报国务院审批。需报国务院审批的城市国土空间总体规划,由市政府组织编制,经同级人大常委会审议后,由省级政府报国务院审批。

主体功能区规划。全国主体功能区规划,是根据不同区域的资源环境承载能力、现有开发密度和发展潜力,统筹谋划未来人口分布、经济布局、国土利用、生态保护和城镇化格局,将国土空间划分为优化开发、重点开发、限制开发和禁止开发四类,确定主体功能定位,明确开发方向,控制

---

[1] 《中共中央　国务院关于建立国土空间规划体系并监督实施的若干意见》。

开发强度,规范开发秩序,完善开发政策,逐步形成人口、经济、资源环境相协调的空间开发格局。①

二、"三级四类"规划体系的构成

规划体系是从不同领域谋划、不同角度表述,内容相互衔接、相互补充、相互影响的各级各类规划的有机结合体。

2005年,国务院首次提出了"三级三类"规划体系②。即国家、省(自治区、直辖市)、市县级的总体规划、专项规划、区域规划,首次明确了"三级三类"规划的审批编制主体、功能定位、规划范围、衔接协调机制等。国民经济和社会发展规划按行政层级分为国家级规划、省(自治区、直辖市)级规划、市县级规划;按对象和功能类别分为总体规划、专项规划、区域规划。国家总体规划和省(自治区、直辖市)级、市县级总体规划分别由同级人民政府组织编制,并由同级人民政府发展改革部门会同有关部门负责起草;专项规划由各级人民政府有关部门组织编制;跨省(自治区、直辖市)的区域规划,由国务院发展改革部门组织国务院有关部门和区域内省(自治区、直辖市)人民政府有关部门编制。

2018年,党中央、国务院明确了"三级四类"规划体系③。通过理顺国家发展规划和国家级专项规划、区域规划、空间规划的相互关系,坚持下位规划服从上位规划、下级规划服务上级规划、等位规划相互协调,在强化国家总体发展规划统领作用基础上,推动专项规划从"条"上进行深化、区域规划从"块"上予以细化、空间规划从"地"上加以落实,形成定位准确、边界清晰、功能互补、统一衔接的规划体系。

其中,国家总体发展规划是统领。作为居于规划体系最上位的规划,国家发展规划是社会主义现代化战略在规划期内的阶段性部署,统筹重大战略和重大举措的时空安排,为各类规划系统落实国家发展战略提供

---

① 《国务院关于编制全国主体功能区规划的意见》。
② 《国务院关于加强国民经济和社会发展规划编制工作的若干意见》。
③ 《中共中央 国务院关于统一规划体系更好发挥国家发展规划战略导向作用的意见》。

总遵循。国家级专项规划、区域规划、空间规划,均须依据国家发展规划编制。空间规划是基础。国家级空间规划要细化落实国家发展规划提出的国土空间开发保护要求,以空间发展治理和空间结构优化为主要内容,为国家发展规划确定的重大战略任务落地实施提供空间保障。同时,加快形成"多规合一"的空间规划,为空间开发保护活动提供底图,更好地发挥对专项规划的空间性指导和约束作用。专项规划和区域规划是支撑。国家级专项规划、区域规划分别落实国家发展规划对特定领域、特定区域提出的战略任务,是国家发展规划在特定领域、特定区域的延伸和细化。省级、市县级规划依据国家总体发展规划制定,既要加强与国家级规划的衔接、形成全国"一盘棋",又要因地制宜,符合地方实际、突出地方特色。

第二节　规划体系的形成

自 20 世纪 50 年代初开始编制第一个五年计划至今已经接近 70 年,在这个过程中,随着我国经济体制的不断改革和完善,我国的规划种类逐渐增多、规划层级日益清晰、规划关系渐次理顺,以五年规划(计划)为核心的规划体系逐步形成。回顾历史我们可以看到,制定和实施五年规划(计划),是我们党和国家领导、组织和推动经济社会发展的一种重要方式,也是我国社会主义制度的一个独特模式,正在引起越来越多国家和机构的广泛关注和研究。以五年规划(计划)为核心的规划体系的演化过程是同整个经济体制紧密联系在一起的。从"一五"计划到"十三五"规划,我国经历计划经济体制、计划经济体制向社会主义市场经济体制转轨、社会主义市场经济体制基本建立以后等不同时期。特别是在改革开放之后,在经济体制和社会治理的深刻变革中,规划(计划)体制本身也经历了重大改革,规划体系的内涵、功能与作用方式等发生了很大变化。其中,五年规划(计划)作为国家经济社会各方面发展的总方针和总政策,是我国调控的重要手段,在我国规划体系中居于主导地位。

一、"一五"计划(1953—1957年)

这一时期,"一五"计划处于计划经济的绝对核心地位。为配合"一五"计划的实施,特别是重大项目布局建设,还同步出台了年度计划、地方计划、行业计划、城市和区域规划等辅助性计划或规划,初步形成了以"一五"计划为核心、配套计划为辅助支撑的计划体系和模式。

新中国第一个综合的全国国民经济计划是1950年的年度计划[①],当时的中财委在《关于制定1950年国民经济计划的指示》中,按照工业计划、农业计划、交通运输及邮电通信计划、基本建设计划、劳动计划、成本计划、零售商品周转计划、文化建设计划、保健及体育计划等9个方面提出了具体要求,实际上主要是一些指标的控制数字。随着社会主义经济在国民经济中主导作用和地位的不断加强,随着我国人民民主专政制度的日益巩固,为实行计划经济制度开辟了道路,并需要着手制定发展国民经济的长期计划。[②]

编制"一五"计划的重要背景是我国外部环境偏紧、计划经济和工业化正处于起步阶段。1952年,现代工业在工农业总产值中只占26.6%,重工业在工业总产值中只占35.5%。许多重要工业产品的人均产量,不仅远远落后于工业发达国家,也落后于1950年的印度。[③] 为改变这种落后的状况,加快把我国从一个经济落后的农业大国逐步建设成为工业国,优先发展重工业,适当安排农业、轻工业和其他事业发展就成为建国初期的必然选择。

"一五"计划的制定,是我国第一次编制全国性的大规模建设计划,

---

① 刘国光主编:《中国十个五年计划研究报告》,人民出版社2006年版,第52页。

② 李富春:《关于发展国民经济的第一个五年计划的报告——在一九五五年七月五日至六日的第一届全国人民代表大会第二次会议上的报告》,全国人大财政经济委员会办公室、国家发展和改革委员会发展规划司:《建国以来国民经济和社会发展五年计划重要文件汇编》,中国民主法制出版社2008年版,第615页。

③ 如钢产量,中国人均为2.37公斤、印度为4公斤、美国为538.3公斤;发电量,中国人均为2.76度、印度为10.9度、美国为2949度。

也是我国第一次编制全面的中长期发展计划。① 1951 年,中央决定自 1953 年起实施第一个五年计划,要求政务院(后改称国务院)着手进行计划编制准备工作。1952 年 7 月,"一五"计划轮廓草案形成,同年 8 月,中国政府代表团访问苏联,征求苏联对轮廓草案的意见并依此作为向苏联提出援建项目的具体谈判基础。从 1953 年 1 月起,"一五"计划一方面初步编制并开始执行,一方面继续不断讨论修改,先后历时近四年,五易其稿。"一五"计划定案之后,经 1955 年 3 月党的全国代表会议讨论同意,于 1955 年 7 月经一届全国人大二次会议审议通过。②

"一五"计划的指导方针和基本任务主要是根据党在过渡时期的总路线③确定的。主要包括集中主要力量发展重工业,建立国家工业化和国防现代化的初步基础;相应地发展交通运输业、轻工业、农业和商业;相应地培养建设人才;有步骤地促进农业、手工业的合作化,继续进行对资本主义工商业的社会主义改造;保证在发展生产的基础上逐步提高人民物质生活和文化生活的水平。④

"一五"计划以实施 156 项重大工程为关键,为我国实现社会主义工业化奠定了初步基础。"一五"计划规定,五年内国家用于经济和文化建设的投资总额达 766 亿元,这在我国历史上是空前的。全部基本建设投资的 58.2% 用于工业基本建设,其中又把 88.8% 用于重工业建设。通过苏联援建的 156 项工业项目⑤,我国在能源、机械、原材料等重工业领域

---

① 刘国光主编:《中国十个五年计划研究报告》,人民出版社 2006 年版,第 54 页。

② 房维中:《心情最舒畅的是第一个五年计划》,载于中国经济导报社、中国战略新型产业杂志社:《值得珍藏的历史记忆——从"一五"计划到"十二五"规划重大事件点滴回顾》,中国市场出版社 2019 年版,第 12 页。

③ 从中华人民共和国成立到社会主义社会建成,这是一个过渡时期。1953 年党中央提出党在过渡时期的总路线,是"一化三改""一体两翼"的总路线。"一化",即逐步实现国家的社会主义工业化,这是主体;"三改",即逐步实现对农业、手工业和资本主义工商业的社会主义改造,这是"两翼"。

④ 《中华人民共和国发展国民经济的第一个五年计划》第一章"第一个五年计划的任务"。

⑤ 1955 年第一个五年计划确定的 156 项工程,由于赣南电站改为成都电站,航空部陕西 422 厂重复统计,实际为 154 项。其中,第二汽车制造厂、第二拖拉机制造厂由于选址问题,陕西潞安一号立井、山西大同白土窑立井因地质问题未建设,实际正式施工的项目为 150 项。

的发展迈出一大步,奠定了我国形成独立自主工业体系的基础①。从经济增长数字看,"一五"计划相当成功②,国民收入年均增长率为 8.9%,农业、工业产出年均增长 3.8%、18.7%,较 20 世纪前半叶中国经济年均 2% 的增长,"一五"计划具有决定性的加速作用。

年度计划的出台及制度化。由于"一五"计划在 1955 年通过时已经实施两年半的时间,再加上社会主义改造提前完成并超出初期,我国配合制定了 1953—1957 年的五个年度计划。1953 年度的国民经济计划是我国"一五"时期的第一个年度计划,随着编制程序的相关文件陆续出台③,年度计划作为落实总体计划的重要抓手逐步走上轨道。

地方计划的配套编制。1949 年 1 月,东北计划委员会成立后着手试编 1949 年东北国民经济建设初步计划,这是新中国第一个地方综合计划。地方五年计划的编制缓于中央步调,1951 年 11 月召开的全国计划工作会议首次向各地布置了编制地方长期计划的任务,1954 年中央要求加快开展五年计划编制工作④。由于工业计划主要集中在中央政府,这一时期地方计划的工作重点主要在农(牧)业。

部门及行业计划的配套编制。1949 年,东北人民政府农林部编制的《东北解放区 1949 年农业生产建设计划》,是最早编制的部门经济计划。为配合落实五年计划和年度计划,国家先后制定了农业计划、工业生产计划、商业流转计划、基本建设计划、财政金融计划、劳动工资计划等。1955 年,一届全国人大二次会议在审查批准"一五"计划的同时,也审查通过了《关于根治黄河水害和开发黄河水利的综合规划的报告》,这是新中国

---

① 陈先:《"一五"计划中的 156 个项目》,载于中国经济导报社、中国战略新型产业杂志社:《值得珍藏的历史记忆——从"一五"计划到"十二五"规划重大事件点滴回顾》,中国市场出版社 2019 年版,第 20 页。

② [美]R.麦克法夸尔、费正清编:《剑桥中华人民共和国史》(上卷 革命的中国的兴起 1949—1965 年),中国社会科学出版社 1990 年版,第 141 页。

③ 1952 年 9 月,中财委发出《关于编好 1953 年全国人民经济建设计划的程序规定》,首次明确了年度计划的编制程序。1953 年 8 月,中共中央批准试行国家计委制定的《关于编制国民经济年度计划暂行办法(草案)》,是第一个比较具体的年度计划编制办法。

④ 《中共中央关于进一步作好编制地方经济五年计划纲要的工作的指示》,1954 年 12 月 3 日。

得到全国人大正式审查通过的第一个专门领域的规划。

城市规划和区域规划的提出。1952 年 9 月,当时的中财委召开了新中国成立以来第一次城市建设座谈会,要求城市建设根据国家的长期计划,有计划、有步骤地进行新建或改建,加强规划设计工作,以适应大规模经济建设的需要①。为配合"一五"计划的 156 项重大工程,"一五"期间也按照"重点建设、稳步推进"的城市建设方针,将西安、太原、兰州、包头、洛阳、成都、武汉和大同等八大重点城市作为国家重点投资建设的一批新工业城市,相应进行了初步城市规划②。这个时期城市规划的最主要特征是"国民经济计划的继续和具体化",落实工业项目建设和经济发展计划。规划编制内容主要围绕工业区建设以及与之相配套的工人住宅区、各项公共服务和市政设施等"厂外工程"而展开。洛阳的避开旧城建设新城、兰州的多中心组团结构、包头的分散式布局、西安的保护旧城及汉唐遗址等在空间布局上都有鲜明特色。同时,国务院在 1956 年 5 月作出《关于加强新工业区和新工业城市建设工作几个问题的决定》,提出"要积极开展区域规划",指明"区域规划就是在将要开辟为新工业区或新工业城市的地区,根据当地的自然条件、经济条件和国民经济的长远发展计划,进行全面规划",也体现了区域规划为落实总体发展计划、服务工业化发展的鲜明特点。③

从上述文献和描述中我们可以看到,尽管在概念上并没有计划体系的正式提法,但在实际计划工作中,总体计划、年度计划、专项计划、区域地方计划和城市规划相互支撑并构成一个整体的框架已经基本成型。

---

① 段娟:《新中国成立初期陈云对城市规划和建设的思考与探索》,《兰州商学院学报》2014 年第 4 期。

② 李浩:《八大重点城市规划——新中国成立初期的城市规划历史研究(一)》,《城市规划通讯》2016 年第 21 期。

③ 胡序威:《地理所为何一度由中科院和国家计委共同领导——兼谈加强国土与区域空间规划的重要性》,《值得珍藏的历史记忆——从"一五"计划到"十二五"规划重大事件点滴回顾》,中国市场出版社 2019 年版,第 59 页。

二、"二五"计划至"五五"计划（1958—1980 年）

这一时期,在社会主义改造和"一五"计划取得重大胜利的背景下,我国开启了建设社会主义道路的艰辛探索,是我国试图健全单一公有制和计划经济的阶段。受多方面因素的干扰和影响,该时期没有一个五年计划正式经法定程序通过,都属于草案、建议或初步设想,计划内容比较粗、指标未经严格测算、缺乏落实措施。1968 年的年度计划都未能制定,重点领域计划、城市规划、区域规划等基本处于停滞状态,更谈不上计划体系的统筹考虑和谋划了。

中央以建议的方式指导五年计划编制。1956 年 9 月,《中国共产党第八次全国代表大会关于发展国民经济的第二个五年计划一九五八年到一九六二年的建议》对"二五"计划时期国民经济的发展和改造进行了部署并提出了工农业主要产品产量的计划数字。1957 年 2 月,国务院正式接受党的八大提出的第二个五年计划建议,并责成国家计划委员会开始进行"二五"计划草案的编制工作。① 考虑到"一五"时期党中央最高领导层通过指示、会议等方式直接指导五年计划的编制,这是首次以中央提出"建议"的方式,在党的决策层面形成共识并提出指导方针及方向,从而系统指导五年计划的编制。

在五年计划基础上着手考虑更长期的计划。1956 年,国家计划委员会提出了《国民经济十五年远景规划纲要》②,这是第一个十年以上的国民经济系统性长期计划。按照这个十五年计划远景的考虑,准备在第一个五年计划期内完成对农业、手工业和资本主义工商业的半社会主义改造,在第二个五年计划期内基本完成全社会主义改造。事实上,在 1956 年我国就提前完成了社会主义改造,该长期计划未能发挥效用。1966 年之后,由于"文化大革命"等多方面的影响和冲击,编制长期计划的任务基本被搁置。直到 1975 年四届全国人大一次会议后,邓小平同志主持研

---

① 刘国光主编:《中国十个五年计划研究报告》,人民出版社 2006 年版,第 128 页。
② 中华人民共和国国家经济贸易委员会:《中国工业五十年》第三部,中国经济出版社 2000 年版,第 1344 — 1374 页。

究编制《1976—1985 年发展国民经济十年规划纲要（草案）》,对第五、第六两个五年计划进行了设想。1975 年 3 月,国家计划委员会召开长远计划工作会议,重新开始编制自 1956 年后中断 20 年的全国性的长远计划工作。

相关领域中长期计划有所谋划但较为凌乱,缺乏相互配合支撑。为配合"四个现代化"目标任务①,伴随着"三五"计划的制定,1963 年、1964 年相继制定了科学②、教育③、农业、工交等中长期计划。1964 年后,为贯彻"以战备为中心"、加强"三线"建设的要求,相应起草了有关"三线"建设的计划。④ 同时,对钢铁这个重要战略物资进行了专门计划。⑤ 1973 年,国务院召开第一次全国环境保护工作会议,确定了我国第一个关于环境保护的"全面规划"方针⑥,到 1975 年国务院环保领导小组编制了第一个环境保护规划,提出了"5 年内控制、10 年内基本解决环境污染问题"的总体目标。⑦

三、"六五"计划至"十五"计划（1981—2005 年）

这一时期,在党的十一届三中全会以后,我国计划管理的基础发生变化,特别是 1992 年我国确立了社会主义市场经济的改革目标并逐步建立

---

① 1954 年,周恩来同志在一届全国人大一次会议上作《政府工作报告》,首次明确提出"现代化的工业、现代化的农业、现代化的交通运输业和现代化的国防"四个现代化。1964 年 12 月,周恩来同志在三届全国人大一次会议上提出"全面实现农业、工业、国防和科学技术的现代化"的目标。

② 中共中央和国务院原则批准中央科学小组、国家科委关于 1963 年至 1972 年科学技术发展规划的报告、科学技术发展规划纲要及科学技术事业规划。

③ 中共中央、国务院转发《教育部关于中小学教育和职业教育七年（1964—1970）规划要点（初步草案）》。

④ 1967 年,国家计委、国家建委、国防工业办公室向中共中央和国务院联合提出《关于小三线当前建设情况和今后三年补充规划的报告》。

⑤ 国家计委向周恩来同志报告《关于第三个五年计划地方小钢铁厂发展规划和产品分配问题》。

⑥ 确定的方针为"全面规划、合理布局、综合利用、化害为利、依靠群众、大家动手、保护环境、造福人民"。

⑦ 王金南等:《改革开放 40 年与中国生态环境规划发展》,《中国环境管理》2018 年第 6 期。

起体制基本框架,以五年计划为代表的计划管理模式由以指令性计划指标为主转为更接近实际的以指导性计划指标为主①,土地、城市、专业领域等各类计划规划相继恢复并走上工作正轨,围绕小康战略目标和经济体制改革方向,规划之间的衔接性、支撑性、互动性有所增强。

从"六五"计划开始,我国进入改革开放时期的规划编制,五年计划及各类计划规划从制定到实施都发生了巨大变化。"六五"计划到"九五"计划是在由传统的计划经济体制向社会主义市场经济体制转变的过程中制定的,"十五"计划是在社会主义市场经济体制初步建立的环境下制定和实施②,是落实"三步走"战略部署的第一个中长期计划③。这与党的十一届三中全会以后我国经济体制改革和发展道路转轨分不开。我国的经济和社会发展开始从过去以单一公有制和计划经济为基础转变为以多种经济成分并存和市场经济为基础;从急于求成、追求高速度转变为经济增长指标宽松、留有余地;从优先发展重工业的倾斜战略转变为农轻重并举的均衡发展战略;从完全立足国内的自我积累、进口替代战略转变为积极利用外资和国外市场的"两个利用"战略;从过分注重区域生产力布局和区域均衡发展转变为以"两个大局"为标志的梯度发展。④

"小康"成为五年计划及各类长期计划的核心总体目标。1979年12月,邓小平同志在会见日本首相大平正芳时,首次提出了"小康"概念和20世纪末中国经济要达到的目标,即人均国民生产总值达到800美元。这个思想经过完善,形成了明确的"三步走"战略,并得到全党的认同,从而将中国的"四个现代化"目标落到了比较实在的基础上,消除了长期以来"急于求成"的思想根源,使均衡发展和提高人民生活水平成为可能。⑤

---

① 刘国光主编:《中国十个五年计划研究报告》,人民出版社2006年版,第3—4页。

② 曾培炎:《市场经济环境下的第一个五年规划——国家计委主任曾培炎谈"十五"规划编制》,《政策与管理》1999年第8期。

③ 本刊特约记者:《新世纪我国第一个中长期规划——权威人士谈"十五"计划》,《紫光阁》2000年第9期。

④ 武力:《新中国实施十一个五年计划和规划的历史经验》,《党的文献》2009年第4期。

⑤ 武力:《试论我国实施五年计划的历史经验》,《中共党史研究》2006年第6期。

1980 年 10 月,邓小平同志在与中央负责人谈话时就指出:"年度计划、五年计划、十年规划,中心和重点不要多考虑指标,而要把人民生活逐年有所改善放在优先的地位"。由此之后的数个五年计划均把建设小康社会作为最为重要的战略目标,以此谋划经济增长、产业发展、人民生活等各方面重点任务,指导相关领域专项规划、区域规划等的编制。围绕同一总体目标成为相关中长期规划计划紧密联系的重要纽带。

针对国民经济和社会发展中的关键领域与薄弱环节,提出重点专项规划。重点专项规划是"十五"计划体系中的重要组成部分,是"十五"计划工作的一个创新①。从 2001 年起,国家发展计划委员会在制定国民经济与社会发展计划的过程中,将计划的内容分解为计划纲要、重点专项规划、行业规划三大部分,这一划分得到理论界和地方政府的高度关注。2001 年,国家发展计划委员会共提出了 10 个重点专项规划②,包括城镇化发展、人口、就业与社会保障、科技与教育、生态与环境保护、水利发展、综合交通体系发展、能源发展、西部开发、信息化发展等。各地也结合实际制定了本地的重点专项规划,如北京市制定了三十多项专项规划,涵盖城市基础设施、旅游业、高新技术、房地产、金融、人才、教育等各领域。③

环境规划作为重要的专项规划被提出并得到加强。"六五"计划期间,环境保护首次作为独立篇章纳入五年计划。不同地区和城市开始编制环境规划,如山西能源重化工基地环境保护规划、济南市环境保护规划、长春市环境保护规划。"七五"计划时期,国家制定了首个五年环境保护规划。考虑到当时环境污染以点源为主,环保的重点是开展废水、废气、废渣等工业"三废"治理。"九五"时期我国开始接受联合国可持续发

---

① 国家发展计划委发展规划司:《汪洋同志在全国"十五"计划座谈会闭幕会的讲话(根据记录整理,未经本人审阅)》,《发展规划研究》2000 年第 12 期(总第 48 期)。

② 重点专项规划具体编制工作从 1999 年年底开始起步,按照国务院办公厅发文要求,由国家计委会同有关部门负责编制重点专项规划。

③ 杨伟民主编:《规划体制改革的理论探索》,中国物价出版社 2003 年版,第 176—178 页。

展的概念,并提出走可持续发展道路,并在"十五"环保规划中得到加强。①

　　土地利用规划逐步形成,对土地用途管制形成刚性约束。20 世纪 80 年代的土地制度改革和随后的住房制度改革,使得土地本身的价值开始显现,释放出巨大的财富效应,成为地方发展的重要杠杆。② 1986 年 3 月,中共中央、国务院印发《关于加强土地管理、制止乱占耕地的通知》,提出"十分珍惜和合理利用每寸土地,切实保护耕地"的基本国策,决定成立国家土地管理局,统筹管理全国土地和城乡政策,组织编制土地利用总体规划成为土地管理部门的重要职责之一。同年颁布的《中华人民共和国土地管理法》规定各级人民政府组织编制土地利用总体规划。1998 年,《中华人民共和国土地管理法》再次修订,第一次将土地利用总体规划列为专章,对规划编制、审批、实施、修改及相关法律责任等做了明确规定③,土地利用规划对于城市规划的刚性约束明显增强,使得土地利用规划与城市规划的关系发生了根本性的变化④。

　　伴随着法律制度的完善,这一时期的土地总体规划编修了两轮。《全国土地利用总体规划纲要(1986—2000 年)》是第一轮编制,主要是协调各业用地、保护耕地、合理开发利用后备土地资源等。规划对全国东、中、西三大经济带进行划分,将沿海和沿长江作为一级"T 字形"开发轴线,把沿海的长三角、珠三角、京津唐、辽中南、山东半岛、闽东南地区,以及长江中游的武汉周围、上游的重庆—宜昌一带均列为综合开发的重点地区,对国家空间开发格局产生深远影响。《全国土地利用总体规划纲要(1997—2010 年)》是第二轮修编,确立了"指标加分区"的土地利用

---

　　① 　王金南等:《改革开放 40 年与中国生态环境规划发展》,《中国环境管理》2018 年第 6 期。

　　② 　王磊、沈建法:《五年计划/规划、城市规划和土地规划的关系演变》,《城市规划学刊》2014 年第 3 期。

　　③ 　汪昭兵、杨永春:《新中国成立以来我国宏观空间规划的演变——以城市总体规划为出发点》,《现代城市研究》2012 年第 5 期。

　　④ 　张京祥、林怀策、陈浩:《中国空间规划体系 40 年的变迁与改革》,《经济地理》2018 年第 7 期。

总体规划编制模式。

城市规划成为空间规划体系探索中的主体①。1988 年年底,全国的城市、县城总体规划全部完成,深圳、珠海等建设任务大的沿海开放城市,还进一步编制了详细规划和各种专业规划。1990 年,《中华人民共和国城市规划法》正式颁布实施,形成了一套由城镇体系规划、城市总体规划、分区规划、控制性详细规划、修建性详细规划构建起来的空间规划体系,初步形成了以城市为中心的空间规划体系。1994 年建设部发布《城镇体系规划编制审批办法》,城镇体系规划成为城市规划的必要组成部分。同年,广东省编制了《珠江三角洲经济区城市群规划》,对跨行政区的城市群、都市圈、城镇密集区等规划的编制起到了推动作用。

四、"十一五"规划至"十二五"规划(2006—2015 年)

这一时期,我国处于可以大有作为的重要战略机遇期,加入世界贸易组织后深度参与全球化进程,经济保持高速增长,五年规划编制程序更加规范科学,"三级三类"的规划体系正式形成,规划编制的协调衔接机制、社会参与和论证制度、审批管理、评估调整机制更趋完善。

"十一五"规划编制时有了"规方程",完整的发展规划体系的概念正式形成。"十一五"开始将"五年计划"更名为"五年规划",更加准确地体现社会主义市场经济条件下规划的定位、性质和作用。"十一五"规划首次提出了主要发展指标表,划分了预期性指标和约束性指标,更加突出结构优化和投入效益以及人文社会、城乡区域、资源环境、公共服务等领域的政府职责。首次在规划编制完成后,对规划的主要目标和重点任务进行分解,以增强约束性,确保规划的实施落到实处。

为探索建立与社会主义市场经济相适应的规划体制,在编制"十一五"规划纲要过程中,同步对规划理念、规划定位、规划体系、编制程序等

---

① 张京祥、林怀策、陈浩:《中国空间规划体系 40 年的变迁与改革》,《经济地理》2018 年第 7 期。

进行了专题研究,最终形成了《国务院关于加强国民经济和社会发展规划编制工作的若干意见》,文件首次明确了"三级三类"的规划体系、规划编制的协调衔接机制、规划编制的社会参与和论证制度、规划的审批内容和审批权限、规划的评估制度以及调整和修订制度。这对于确立层次分明、功能清晰、相互协调的规划体系,完善民主化、规范化的编制程序,建立责任明确、有效实施的规划实施机制发挥了重要指导和促进作用。①

"十一五"时期首次拟定国家专项规划的编制计划和审批计划,进一步规范专项规划的编制和审批行为。2006 年,国务院要求建立专项规划备案制度,部门审批的规划要向国务院备案,抄送国家发展改革委。2007年,国家发展改革委印发了《国家级专项规划管理暂行办法》,将国家级专项规划的编制范围原则上限定在关系国民经济和社会发展全局的重要领域、需要国务院审批或核准重大项目以及安排国家投资数额较大的领域、涉及重大产业布局或重要资源开发的领域、法律行政法规和国务院要求的领域等四个领域。对规划文本要求一般包括现状、趋势、方针、目标、任务、布局、项目、实施保障措施以及法律、行政法规规定的其他内容。

"十一五"时期提出主体功能区,与城市规划、国土规划一起构建了引导和约束相结合的空间政策框架。②"十五"计划中期评估发现,规划实施的空间约束不强,导致规划实施与预期目标存在偏差,"十一五"前期研究提出划分主体功能区的概念,将整个国土空间划分为优化开发区、重点开发区、限制开发区和禁止开发区四类空间,作为加强空间规划的重要手段。通过将主体功能区植入五年规划之中,对全国全覆盖的空间发展进行分类指导,并配套制定相应的财政、投资、产业、土地、人口管理、财税、绩效评价和政绩考核政策。2010 年,国务院印发第一部全国性空间开发规划《全国主体功能区规划》。2015 年,《生态文明体制改革总体方案》提出建立国家、省、市(县)三级的空间规划体系,力图构建层次清晰

---

① 国家发展改革委发展规划司:《新理念、新思路和新举措——"十一五"规划〈纲要〉亮点透视》,《中国经贸导刊》2006 年第 21 期。
② 王磊、沈建法:《空间规划政策在中国五年计划/规划体系中的演变》,《地理科学进展》2013 年第 8 期。

的空间规划体系。

2005 年,住建部开始组织编制《全国城镇体系规划纲要(2005—2020年)》,2014 年,《国家新型城镇化规划(2014—2020 年)》出台,我国城市和城镇化规划体系也逐步完善。出于努力协调与缓解国家"既要吃饭,又要发展"矛盾的考虑,为了统筹考虑建设用地、耕地和生态用地,2008年 10 月,国务院原则通过第三轮土地利用总体规划,即《全国土地利用总体规划纲要(2006—2020 年)》,主要是建设规划管理信息系统,完善规划指标体系和土地用途分区,这是我国第三轮土地利用总体规划的具体实践。

这一时期,住房与城乡建设部门的城市规划、国土资源部门的土地利用规划更多是城市内部土地利用结构的优化配置,区域规划和功能区划和欧美的综合区域规划有很大的相似性,是具有一种宏观性、战略性和政策性的空间发展干预工具。[①]

五、"十三五"规划(2016 年至今)

这一时期,在习近平新时代中国特色社会主义思想的指引下,伴随着"十三五"规划的实施,我国将全面建成小康社会,即将站在全面建设社会主义现代化国家的新起点上。按照发挥国家发展规划的战略导向作用的要求,我国中长期规划更加突出战略性、方向性和引导性,规划体系从"三级三类"转变为"三级四类",空间规划的制定和实施更加统一有效。

空间规划"多规合一"。2018 年,党中央发布《深化党和国家机构改革方案》,强调着力解决空间规划重叠的问题,将国土资源部的土地利用规划、国家发展改革委的主体功能区规划、住房和城乡建设部的城乡规划管理职责,统一交由新成立的自然资源部承担。党的十九届三中全会进一步强调,强化宏观管理部门制定国家发展战略、统一规划体系的职能,更好发挥国家发展规划战略导向作用。通过机构改革,将分散在多个部

---

① 王磊、沈建法:《空间规划政策在中国五年计划/规划体系中的演变》,《地理科学进展》2013 年第 8 期。

门的空间规划职能都划归到新组建的自然资源部,建构国家空间规划体系,统一行使对所有国土空间的用途管制,着力解决空间规划重叠等问题。

明确了国家发展规划与空间规划是上下位关系。从法律规定看,《宪法》明确要求国务院编制国民经济和社会发展规划;《土地管理法》第十七条、《城乡规划法》第五条明确规定,土地利用规划、城乡规划要以同级国民经济和社会发展规划为依据;《全国主体功能区规划》也明确提出以国家发展规划为依据。从功能定位看,国家发展规划主要阐明国家战略意图、明确政府工作重点、引导市场主体行为,是经济社会发展的宏伟蓝图,是全国各族人民共同的行动纲领;空间规划则是指导国土空间用途管制和生态保护修复的重要依据。从规划内容看,国家发展规划依据中共中央关于制定五年规划的建议编制,是对国民经济和社会发展在时间和空间上的战略部署及具体安排,其中也包括空间结构优化方向和管控原则;空间规划则限于国土空间治理和空间结构优化。从编制审批看,国家发展规划由中央全会提出建议,国务院组织编制,全国人民代表大会审查批准,这也决定了其在统一规划体系中的核心权威地位。

形成"三级四类"规划体系。中央文件明确提出,建立以国家发展规划为统领,以空间规划为基础,以专项规划、区域规划为支撑,由国家、省、市(县)各级规划共同组成,定位准确、边界清晰、功能互补、统一衔接的国家规划体系。

第三节　不同规划间的关系

不同类型规划、不同层级规划的作用对象、政策重点、政策工具、政策目标等方面既有一定联系,又存在明显差异,为形成规划合力,需要在编制起草、进度安排、核心指标、重点任务等方面进行有效衔接协调。

一、国家发展规划与其他规划

中央文件明确要求,要建立健全规划编制目录清单管理制度。一是报请国务院批准的国家级专项规划、区域规划,由国务院发展改革部门会同有关部门统筹协调后制定编制目录清单或审批计划,报国务院批准实施。二是报请国务院批准的国家级空间规划,由国务院自然资源主管部门会同发展改革部门制定编制目录清单,报国务院批准实施。三是国务院各部门自行编制或批准的各类规划,须报国务院发展改革部门备案。四是对未列入目录清单、审批计划的规划,除党中央、国务院有明确要求外,原则上不得编制或批准实施。属各部门日常工作或任务实施期限少于3年的,原则上不编制规划。

规划衔接协调的重点。报请党中央、国务院批准的规划,须事先与国家发展规划进行统筹衔接。衔接重点是规划目标特别是约束性指标、发展方向、总体布局、重大政策、重大工程、风险防控等,必要时由国务院发展改革部门会同规划编制部门组织开展审查论证。省级发展规划须按程序报送国务院发展改革部门进行衔接。加强国家级专项规划、区域规划与空间规划的衔接,确保规划落地。

二、国家规划与地方规划

省(自治区、直辖市)级总体规划草案在送本级人民政府审定前,应由省(自治区、直辖市)发展改革部门送国务院发展改革部门与国家总体规划进行衔接,必要时还应送国务院其他有关部门与国家级专项规划进行衔接。

三、不同专项规划之间

国家级专项规划的发展方针、目标、重点任务要与国家总体规划保持一致,相关规划之间对发展趋势的判断、需求预测、主要指标和政策措施要相互衔接。国家级专项规划草案,应由编制部门送本级人民政府发展改革部门与总体规划进行衔接,送上一级人民政府有关部门与其编制的专项规划进行衔接,涉及其他领域时还应当送本级人民政府有关部门与其编制的专项规划进行衔接。同级专项规划之间衔接不能达成一致意见的,由本级人民政府协调决定。

同时,应由发展改革部门与有关部门共同组织论证并委托规划专家委员会、有资质的中介机构或组织专家组进行论证。

四、地方规划之间

省(自治区、直辖市)级总体规划草案在送本级人民政府审定前,应由省(自治区、直辖市)发展改革部门送相关的相邻省(自治区、直辖市)人民政府发展改革部门与其总体规划进行衔接。相邻地区间规划衔接不能达成一致意见的,可由国务院发展改革部门进行协调,重大事项报国务院决定。

国家级区域规划编制中,应当加强与国家总体规划、全国主体功能区规划和重大国家战略的衔接,符合全国国土规划纲要、全国中期财政规划等国家层面规划的总体要求和基本方向,特别要与有关约束性指标相衔接。加强与国家级专项规划的衔接,充分考虑土地利用、城乡、环境保护等空间规划要求,在目标、任务、政策措施等方面相互协调。①

---

① 《国家发展改革委关于印发〈国家级区域规划管理暂行办法〉的通知》。

第五章　总体规划

新中国成立以来,我国共编制实施了 13 个总体规划。在社会主义革命和建设的不同历史时期,通过一个个总体规划的接力实施,社会主义现代化战略持续推进,我国从一个积贫积弱的穷国,发展成为世界第二经济大国;从一个落后的农业国发展成为世界第一制造大国;从一个低收入国家发展成为上中等收入国家,并向高收入国家行列迈进。实践证明,总体规划在促进我国经济持续发展和社会全面进步,建设社会主义现代化国家的进程中,发挥了重要历史作用。

第一节　总体规划

一、概念性质

总体规划,即国民经济和社会发展五年规划(计划)纲要①,是社会主义现代化战略在一个规划期内的阶段性部署和安排,是国家经济社会发展的宏伟蓝图,是全国各族人民的共同愿景,也是政府履行职责的重要依据。

具体而言,总体规划是对规划期内国家经济社会发展在时间和空间上的部署和安排。所谓时间上的部署,是指统筹制定到规划期末的经济社会发展目标,以及为实现目标而采取的发展战略、重点任务、制度安排、配套政策和重大工程等;所谓空间上的安排,是指为完成规划目标任务而

---

① “十一五”前简称“五年计划”,“十一五”及以后简称“五年规划”,亦简称“纲要”。

提出的空间战略格局、空间结构优化方向、空间管控原则和重大生产力布局等。

总体规划依据中共中央关于制定国民经济和社会发展五年规划（计划）的建议（以下简称"建议"）编制。由党中央提出"建议"，中央人民政府组织编制"纲要"，全国人民代表大会审议批准，将党的发展主张转变为全国人民的共同意志，是我们党治国理政的一个鲜明特点，也是中国特色社会主义的制度优势。"建议"是"纲要"的基础，"纲要"是"建议"的细化和落实，两者存在明确分工。"建议"主要确立发展理念，明确发展方向、主要原则、重点任务和重大举措；"纲要"落实"建议"要求，对"建议"提出的目标任务作出具体部署和安排。一次总体规划的编制，一般形成"建议"和"纲要"两个文本。

总体规划以经济社会发展为规划对象，具有以下性质。

宏观性。总体规划根据国际环境变化和国内发展状况，在对国家未来发展进行科学预测、对国民经济总量进行综合平衡的基础上，对今后五年经济社会发展作出全局性判断，并提出经济社会发展方针、预期目标，以及宏观政策、重点任务和重大项目，为经济社会发展提供宏观引导。

战略性。总体规划着眼于国家未来发展方向和愿景，全面阐述国家战略意图，提出今后一段时期经济社会发展的战略方向；对实现主要目标、完成主要任务作出时间及空间上的战略部署，明确战略重点和战略举措，为经济社会发展作出战略安排。

政策性。总体规划围绕经济社会发展的目标和任务，结合国家行政、财政、税收和金融等资源和手段，按科技、产业、区域、社会和生态环境等领域提出发展政策、实施步骤和相关措施，为经济社会发展提供政策环境或政策依据。

总体规划提出的战略方向和发展目标，为各类主体提供明确的导向，因而总体规划具有指导性；总体规划提出的属于政府职责的任务和约束性指标，需要政府组织公共资源努力完成，因而总体规划又具有约束性。另外，从"十一五"起，总体规划充实了国土空间开发方面的内容，统筹国土开发保护和经济社会发展，对规划提出的目标任务在空间上作出安排；

对重要流域、经济区域、城市群及都市圈,以及边境地区、生态地区等的发展提出相关政策,因而总体规划还具有空间性。

二、规划演变

70年来,伴随着经济社会发展和经济体制改革的深化,总体规划从名称到性质、从内容到形式,都发生了深刻变化,引领经济社会发展的战略导向作用不断增强。

总体名称有过两次主要变动。第一次改变是"六五"计划,将以往的国民经济发展五年计划更名为国民经济和社会发展五年计划。这一变动是出于对经济发展和社会发展之间关系认识上的深化而作出的。经济发展以社会发展为目标,社会发展以经济发展为前提。两者应该协调发展。作为国家中长期发展规划(计划),五年规划(计划)不仅促进经济增长,更应促进社会进步。所以,在五年规划(计划)中相应增加了社会发展方面的内容,对人口、劳动就业、居民收入和消费、城乡建设、社会福利、文化、卫生、体育、环境保护和社会秩序等各个方面作出安排。第二次改变是"十一五"规划。从"十一五"起,将延续了五十多年的"计划"改为"规划",虽然只是一字之差,但却充分反映出我国经济体制、发展理念和政府职能等方面的重大变革。当时,我国已经初步建立起了社会主义市场经济体制,市场开始在资源配置中发挥基础性作用,计划不再是配置资源的手段。由"计划"改为"规划",表明政府更加注重市场在资源配置中的基础性作用,更加注重政府对经济社会发展方向的引导。

性质经历两次变化。在计划经济时期,五年计划的主要作用是推进工业化,促进经济增长,奠定社会主义物质基础。计划实施依靠行政命令,资源配置依赖政府计划。五年计划的性质是指令性的,各项任务必须执行,各项指标必须完成。改革开放后,我国经济体制开始由计划经济向社会主义市场经济过渡,五年计划也由指令性向指导性转变,计划指标也由指令性向预测性、指导性转变。1993年,我国确立社会主义市场经济体制的改革目标后,市场经济条件下五年规划(计划)的定位和性质逐渐清晰。"九五"计划提出要突出战略性、宏观性和政策性,"十五"计划进一步明确了政府和市场各自的职责。在对"十五"计划进行中期评估后，大家逐步形成新的共识。即在市场经济条件下，五年计划的功能定位是阐明国家战略意图，明确政府工作重点，引导市场主体行为，其性质应该是"三性"加"两性"，即宏观性、战略性、政策性，以及约束性和指导性。对规划（计划）本身而言，是战略性、宏观性、政策性的；对政府工作而言，主要是约束性的；对市场主体而言，主要是指导性的。"十一五"规划突出了这一定位和性质，在内容和形式上都进行了创新。此后，五年规划的这一性质定位一直延续到今天。

内容不断充实完善。随着社会主义现代化建设的逐步深入，中国特色社会主义事业总体布局由"三位一体"向"五位一体"逐步展开。相应地，总体规划的内容也不断完善和充实。"六五"计划增加了社会发展方面的内容，社会发展类指标也有明显增加；"七五"计划增加了社会主义精神文明建设和民主法制的内容，并且提出了经济体制改革的目标和任务。"九五"计划提出实现"两个根本转变"，强化了科技教育和人口资源环境内容。"十三五"规划根据党的十八大生态文明建设的要求，提出生态文明建设的目标任务。这些都标志着总体规划在内容上对经济建设、政治建设、文化建设、社会建设和生态文明建设五个方面进行全面安排和部署。此外，如"十一五"规划还充实了政府履行职责的内容，明确政府加强宏观调控、健全公共服务、保护生态环境等工作重点；充实了空间发展的内容，增加了规范国土空间开发秩序、优化国土空间开发结构等空间部署的内容，提出了国土空间开发方向和格局；完善了规划指标，将规划指标分为预期性和约束性。这些变化使总体规划重点更明确，易实施、可检查、能评估。

编制程序逐步规范。首先，在规划决策层面，逐步走向制度化、规范化、法制化。"一五"计划由中共中央直接组织编制。计划草案由第一届全国人民代表大会第二次会议审议批准。从"二五"计划到"五五"计划，由于国内形势变化，五年计划的编制或由中央提出编制"建议"，或由计划部门提出"初步设想""汇报提纲"和"计划纲要草案"。虽然这些计划都付诸实施了，但未能形成正式文本向社会公布。从"七五"起，恢复由中共中央提出编制五年计划建议的做法。1985年9月,中国共产党全国代表会议讨论通过了《中共中央关于制定国民经济和社会发展第七个五年计划的建议》。自此,形成了由中央全会提出建议,国务院组织编制,全国人民代表大会审查批准的决策制度。其次,在规划编制层面,逐步形成了规范的编制程序。1999年,国务院办公厅转发了国家发展计划委员会《关于"十五"规划编制方法和程序的若干意见》,首次对编制程序和方法作出规范。2005年国务院发布的《关于加强国民经济和社会发展规划编制工作的若干意见》进一步对编制程序和方法作出规定。经过多年的研究和探索,目前形成了从上一个五年规划中期评估开始,经过前期研究、基本思路、起草框架、编制草案、征求意见、专家论证、审议批准到发布实施的完整规范的编制程序,使规划编制成为发扬民主、集思广益、科学决策的过程,成为汇集众智、反映民意、凝聚共识的过程。五年规划的科学性和有效性大大提高。

规划形式日益丰富。前十个总体规划,形式比较单一。文本通篇由大段文字和系列数字构成,可读性差,不利于查阅和理解。从"十一五"起,在规划表现形式上做了一些探索,力求语言生动、语意准确、方便阅读、通俗易懂,使五年规划成为老百姓能看得懂的规划。第一个做法是,规范语言文字。减少华而不实的口号式语言和语义不清的词汇,如减少"大力""加快""积极""切实"等词汇;减少缺乏政策含义的语言,如"大中小协调发展"等,增加生动、准确的语言。第二个做法是,全篇以正文加专栏的形式展开。正文主要阐明发展方向和政策;专栏展示指标数字、工作重点、重大工程和其他解释性内容,使文字简洁清晰,专栏明确具体,内容安排有序,原则、任务、政策等相关内容易于查找,可读性大大提高。第三个做法是,在文本中插入图表,实现了总体规划文本图文并茂。比如,在"十二五"规划中,对专栏进行了美化,用颜色区分专栏属性。以红色表示总结性专栏,用蓝色表示规划性专栏。同时,用规划图的方式直观表示国土空间开发格局和重大交通基础设施布局。

实施机制逐步健全。改革开放后的一段时期内,规划工作存在重编制、轻实施的现象。社会上也存在"规划好看不好用""规划规划,墙上挂挂"等看法。从"十五"开始,在对规划体制改革的探索中,对强化规划实施机制进行了重点探索并取得了成果。"十五"计划首次对保障规划实施作出明确安排,要求创新规划实施机制,保障实现规划目标。"十一五"规划提出实现规划的目标和任务,主要依靠发挥市场配置资源的基础性作用。同时,政府要正确履行职责,调控引导社会资源,合理配置公共资源,保障规划顺利实施。"十二五"规划对规划实施提出了进一步要求,要求明确规划实施责任,实行综合评价考核,加强规划监测评估。"十三五"规划提出要加强规划协调管理,强化财力保障,充分调动全社会积极性,形成规划实施合力。出台《关于建立健全国家"十三五"规划纲要实施机制的意见》,初步建立起了系统完整的实施机制。此外,还在规划编制实施过程中采取措施保障规划实施。比如,在规划编制过程中加强"条块"衔接协调,使规划尽可能广泛凝聚共识;在规划开始实施后,逐年开展年度监测评估;在规划实施中期,开展中期评估,评估结果提交全国人大;在规划期结束之际,对规划实施情况开展总结评估。目前,已经形成了包括中期评估、年度监测评估和总结评估在内的规划实施情况全程动态监测。同时,加强财政预算与规划实施的衔接协调,强化规划实施的财力保障。此外,从"十三五"规划起,还紧盯规划落实抓手,探索形成了规划明确的重大工程监督推进机制。

三、规划功能

总体规划由国家组织编制实施,面向政府,面向市场主体。无论是在计划经济时期,还是在社会主义市场经济时期,总体规划在促进实现国家战略目标、调整重大比例关系、有效配置公共资源等方面都发挥了重要作用。

阐明国家战略意图。总体规划是对规划期内国家经济社会发展的总体部署,体现了国家对长远发展战略的阶段性安排。比如,"一五"计划以毛泽东同志"没有工业,便没有巩固的国防,便没有人民的福利,便没有国家的富强"的指示为指导思想,体现的国家战略意图就是"采取积极的工业化的政策,即优先发展重工业的政策,其目的就是在于求得建立巩固的国防、满足人民需要和对国民经济实现社会主义改造的物质基础"。改革开放以后,我们党逐步形成了社会主义现代化"三步走"的发展战略,此后的每一个总体规划都针对不同发展时期的特点,对这一战略意图作出了具体阐述。例如,"七五"计划的主要奋斗目标是"争取基本上奠定有中国特色的新型社会主义经济体制的基础,大力促进科学技术进步和智力开发,不断提高经济效益,使一九九〇年的工农业总产值和国民生产总值比一九八〇年翻一番或者更多一些。"[①]"九五"计划的主要奋斗目标是,"全面完成现代化建设的第二步战略部署","为下世纪初开始实施第三步战略部署奠定更好的物质技术基础和经济体制基础"。"十一五"规划根据全面建设小康社会总体要求,提出了经济社会发展主要目标和任务。"十二五"规划按照与到2020年实现全面建设小康社会奋斗目标紧密衔接的要求,提出了今后五年经济社会发展的方向。"十三五"规划按照全面建成小康社会新的目标要求,对今后五年经济社会发展作出了安排。这些都鲜明地体现了国家发展战略意图。

明确政府工作重点。编制并组织实施总体规划,既是政府的重要职责,也是政府有效发挥作用的重要手段。总体规划以经济社会发展为对象,规定了政府在规划期内应当开展的工作和预期实现的目标,是政府在规划期内经济社会发展领域的施政纲领。在计划经济时期,政府通过计划管理经济活动、配置社会资源。五年计划中的各种产品产量指标和各项工作任务都需要政府组织完成。一部五年计划就是政府经济工作计划。比如,"一五"计划中明确的投资分配、生产指标、基本建设、工农业产品产量和成本控制指标等,都是政府的重要工作内容,政府据此组织公共力量完成与实现。在社会主义市场经济体制下,政府和市场有各自的边界和职能,两者相辅相成、相互促进、互为补充。总体规划提出的政府工作目标和任务,规定了政府的工作范围和内容。比如,"十三五"规划明确了构建发展新体制、全力实施脱贫攻坚、提高民生保障水平和加快改

---

① 《中共中央关于制定国民经济和社会发展第七个五年计划的建议》。

善生态环境等政府工作重点,以及民生福祉、资源环境方面的约束性指标。其中,工作重点是政府履行职责的依据,必须全力推进;约束性指标是对政府的工作要求,必须努力完成。由此可见,总体规划虽由政府制定,但也约束规范政府行为。从十三个总体规划实施情况看,政府按照规划明确的工作重点,组织落实各项政策,配置各类社会资源,有力地促进了经济社会发展。

引导市场主体行为。在计划经济时期,国家实行大一统管理,对生产资料实行计划调拨,对工农业产品实行计划收购和计划供应。政府按照五年计划安排的生产计划和购销计划分配物资和产品。在社会主义市场经济体制下,市场在资源配置中起决定性作用。总体规划给出引导方向和导向政策,使市场主体按照预期的方向发展经济、创造财富,使政府按照规划的导向,引导社会资源向国家战略指明的方向配置。总体规划中的预期性指标、产业发展和结构调整等的目标任务,主要依靠市场主体自主行为来实现。比如,"九五"计划是我国确立社会主义市场经济体制后编制的第一个五年计划,强调突出宏观性、战略性和政策性。在计划内容上,注意区分市场和政府的边界,给出了政府宏观调控目标和政策;在政策措施上,注重深化改革和培育市场,提出"把政府的经济管理职能,真正转变到制定和执行宏观调控政策"。此后,随着我国社会主义市场经济体制逐步完善,从"十五"计划一直到"十三五"规划,总体规划引导市场主体行为的导向作用不断增强,为培育良好市场环境、释放市场主体活力发挥了重要的推动作用。

第二节　规划内容

随着社会主义建设和改革开放的深入,总体规划的内容呈现了变与不变的特点。变,指的是具体内容随发展阶段变化而变化。不变,指的是规划框架基本没有变,一般会包括环境分析、指导方针、发展目标、主要任务和规划实施等。

一、环境分析

正确分析发展环境,准确判断发展趋势,才能科学提出发展目标和任务。在总体规划中,第一部分都是环境分析。主要回顾上一个五年发展成就,论述发展基础,分析面临的形势和存在的问题,预测未来发展趋势。比如,"一五"计划一开篇就明确,"以工人阶级为领导的中华人民共和国的成立和经济命脉归国家掌握,就使得我们有可能根据建设社会主义的目标,来有计划地发展和改造国民经济,以便逐步地把我国由落后的农业国变成先进的社会主义的工业国"。同时,还分析了当时的发展条件,指出"我国曾经是半殖民地半封建国家,经济是很落后的,小农经济占绝对优势,资本主义经济占相当大比重"。通过对经济基础和经济成分的论述,客观地分析了当时的发展基础。"二五"计划的编制经历了多次反复,1956年党中央提出的"二五"计划编制建议是实事求是的,但由于后来对发展环境和发展条件作出了过高估计,导致形成"二五"计划时提出了不切实际的过高指标,造成计划无法完成。"十三五"规划第一章就是发展环境,指出"十三五"时期是全面建成小康社会的决胜阶段,世界经济在深度曲折中复苏,国内经济长期向好的基本面没有改变,但提质增效、转型升级要求更加迫切,经济发展进入新常态。基本任务是以供给侧结构性改革为主线,坚持稳中求进,统筹推进各领域发展,确保如期全面建成小康社会。十三个总体规划的实施,证明了分析发展环境、预测发展前景对于科学制定总体规划的极端重要性。

二、指导方针

指导方针是根据国家总体发展战略,在对国内外发展环境和发展趋势分析判断的基础上,提出的未来五年发展的指导思想和主要原则,是国家总体发展思路的概括和提炼,是国家战略意图的具体体现。十三个总体规划的指导方针都鲜明地给出了战略导向,为规划的实施提出了明确的方向。比如,"一五"计划指出,"我们把重工业的基本建设作为制定发展国民经济第一个五年计划的重点,并首先集中力量进行苏联帮助我国设计的 156 个工业单位的建设,而在这个主要基础上来继续利用、限制和改造国民经济中的资本主义成分,保证不断地巩固和扩大国民经济中的社会主义成分"。这一思想贯穿了"一五"计划始终,体现了当时国家期望快速推进社会主义工业化的意图和愿望。总的来看,"一五"计划到"五五"计划的指导方针更多地体现了推进工业化、加快经济发展的主观理想。从"六五"起,总体规划的指导方针越来越理性务实,强调立足国情和遵循规律,解决现实发展中的问题。比如,为开始实施现代化建设第三步战略部署,解决产业结构不合理、地区发展不协调的问题,"十五"计划提出把"坚持把发展作为主题","坚持把结构调整作为主线"作为指导方针之一。"十一五"规划针对发展不全面不协调不可持续的问题,把全面贯彻落实科学发展观作为规划的指导思想,并提出了"六个立足"。"十三五"规划从破解发展难题、增强发展动力出发,设专章论述发展理念和发展主线。总体规划指导方针的变化,也体现了国家对于发展认识的深化过程。

三、发展目标

发展目标是指整个国家或某些领域,通过发展实践期望达到的程度和标准。设定发展目标,是为了顺利实现国家发展战略,展望美好未来,引导全国各族人民共同努力奋斗。十三个总体规划都根据需要和可能,提出了今后五年或更长时期的发展目标。发展目标包括定性描述和定量指标。不同的发展时期,发展目标的定性描述不同,定量指标性质也不同。计划经济时期,五年计划是指令性的,定量指标也是指令性的,以产品产量和建设规模的指标为主;在计划经济向社会主义市场经济过渡时期,五年计划是指导性的,定量指标是预测性的;在社会主义市场经济体制下,五年规划是宏观性、战略性和政策性的,定量指标是预期性或约束性的。比如,"一五"计划的目标是建设社会主义工业化基础,定量指标分列于工农业生产、基本建设和科学教育文化等章节中;"九五"计划的主要奋斗目标是,"全面完成现代化建设的第二步战略部署","为下世纪初开始实施第三步战略部署奠定更好的物质技术基础和经济体制基础",定量指标在各领域发展目标中分述;"十三五"规划的目标是,确保如期全面建成小康社会,为实现第二个百年奋斗目标、实现中华民族伟大复兴的中国梦奠定更加坚实的基础,定量指标用专栏形式按经济发展、创新驱动、民生福祉和资源环境四类集中显示。从我国70年总体规划的实践可以看出,在规划(计划)中设立明确的发展目标,起到了提振信心、汇聚民意、促进共同奋斗的作用。

四、主要任务

主要任务是为了实现总体规划确定的目标而提出的重点工作,是实施总体规划的举措和抓手,主要包括基本任务、重大战略、重大政策和重大工程等。在十三个总体规划中,不同发展阶段,都提出过不同任务。计划经济时期,主要任务是要完成工农业生产指标和基本建设投资。在计划经济向社会主义市场经济过渡时期,主要任务是保持社会总需求与社会总供给基本平衡;扭转农业与工业、基础工业与加工业比例失调;增加国家财政收入,保持合理信贷规模结构。在社会主义市场经济体制下,主要任务更加丰富,比如优化工业结构、加强基础设施建设、实施西部大开发战略、控制人口增长、完善社会主义市场经济体制,以及推进新型城镇化、促进区域协调发展,等等。比如,"一五"计划按照工业、农业、商业、运输和邮电、基本建设等,逐个领域提出工作任务,并指出逐步完成我国"重工业的新建设,将使我国能够在社会主义大工业的物质基础上改造我国国民经济的原来面貌"。"八五"计划提出,以提高经济效益为中心,促进经济的适度增长,突出抓好经济结构调整,有重点地推进现有企业技术改造,加强环境保护工作,防止环境污染和生态环境的恶化。"十三五"规划提出,构建发展新体制,优化现代产业体系,健全现代市场体系,促进产业结构转型升级,全力实施脱贫攻坚,提升全民教育和健康水平,提高民生保障水平,强化规划实施保障等任务。70年来,在政府组织下,在市场引导下,各类主体积极开展工作,努力完成总体规划提出的各项主要任务,使我国经济发展和现代化建设不断取得新的进步。

五、规划实施

编制规划的目的是更好地实施规划,实现规划确定的目标和任务。在不同发展阶段,不同经济体制条件下,总体规划中"规划实施"部分的内容和要求也不同。在计划经济时期,计划的实施主要依靠政府力量,通过党的号召、计划安排、工作部署和政策支撑,来确保计划得到实施。这就要求计划内容要更加明确,对计划实施要提出具体要求。比如,"一五"计划要求根据实际情况适时调整计划,指出"在执行计划的过程中,我们必须随时地注意计划工作同实际的发展情况相结合,从而根据实际的经验,根据广大群众的创造性经验,不断地使计划能够比较准确和比较完善"。同时,对于个别工作任务,提出要制定具体办法予以落实,指出为了保障石油供给,"在积极地大力发展石油工业的同时,必须由国家规定关于节约使用石油和使用代用品的办法,并在全国范围内严格地实施这些办法"。在社会主义市场经济体制下,规划的实施主要依靠制定实施年度计划、完善各项政策、分解约束性指标、安排政府投资、编制实施专项规划和区域规划等方式,保障规划目标任务得到落实。在实施主体上,总体规划依内容不同而有不同的实施要求。比如,"十一五"规划指出,对于规划提出的农业、工业、服务业等的发展方向,利用外资、对外贸易等的发展重点,是对市场主体的导向,主要依靠市场主体自主行为实施;对于规划确定的保持经济平稳较快发展、转变经济增长方式、调整优化经济结构等重点任务,主要通过完善市场机制和利益导向机制努力实现;对于规划确定的义务教育、公共卫生、社会保障、社会救助、促进就业等公共服务领域的任务,是政府的承诺,各级政府要切实履行职责,运用公共资源全力完成。总体来看,尽管十三个总体规划的实施力度各有不同,但在规划中都有相应的内容和要求,以保证规划得到有效实施。

第三节　规划作用

新中国成立70年来,无论国际风云如何变幻,国内发展道路怎样曲折,社会主义现代化战略目标始终没有变。从实现社会主义工业化,到实现四个现代化;从解决温饱问题、达到小康生活水平,到全面建设小康社会和全面建成小康社会,通过一个接一个五年规划(计划)的实施,一代人接一代人的努力奋斗,把社会主义现代化持续向前推进,使我国成为初步繁荣的社会主义国家。实现这一切,总体规划都发挥了重要作用。

一、经济持续发展

发展经济是历次总体规划的首要目标,只不过不同历史时期侧重点不同。在计划经济时期编制的前五个五年计划,主要通过安排工农业生产和基建投资规模、确定各领域发展速度,全力推进国民经济各领域建设。尽管受到"大跃进"和"文化大革命"的干扰,国民经济发展几经周折,但在社会主义建设的部分领域仍然取得了一定进展。"四五"期末的1975年,工农业总产值比1970年实际增长42.7%。"五五"计划的绝大部分指标都完成或超额完成,国民经济重大比例失调问题得到了较好解决,为以后的社会主义建设奠定了经济基础。在计划经济向社会主义市场经济过渡时期,"六五"计划和"七五"计划的实施,对缓解农产品和消费品匮乏发挥了积极作用;"八五"计划和"九五"计划的实施,使我国告别了短缺经济,人民生活总体达到小康,人均GDP达到850美元,进入下中等收入国家行列,实现了现代化建设前两步战略目标。在社会主义市场经济时期,通过四个五年规划的实施,我国综合国力和国际影响力大幅提升,不仅经济总量稳居世界第二,而且对世界经济增长贡献达到30%。

二、工业化进展显著

工业化是社会主义现代化的必由之路。新中国成立以来连续制定实施的十三个总体规划,成为我国工业化的重要牵引。计划经济时期编制的前五个五年计划,中心任务是优先发展重工业,推进社会主义工业化。以苏联援助的156项重点工程为标志,"一五"计划的实施初步奠定了我国工业化基础;"三五"计划至"五五"计划的实施,为建立独立的比较完整的工业体系和国民经济体系作出了巨大贡献,使我国经济实现了以农业主导向工业主导的跨越。从"六五"开始,为了解决国民经济结构严重失衡问题,开始着手调整工业化战略,由优先发展重工业逐步转向推进以消费需求为导向的工业化。至"九五"末,基本走完了工业化初级阶段。"十五"计划提出"以信息化带动工业化","十一五"规划提出"切实走新型工业化道路",使我国工业化进入了以信息化带动工业化的新型工业化发展阶段。经过这两个五年规划(计划)的实施,我国快速走完了工业化中期阶段。"十三五"更是有力推动了新型工业化进程,建成了门类齐全、独立完整的现代产业体系,工业规模跃居世界第一,成为产业产品门类最完整的世界第一制造大国。

三、城镇化快速发展

伴随着工业化进程,我国城镇化曲折发展。前五个五年计划,主要通过布局工业化项目和"三线"建设等方式,以产业发展间接影响城镇化发展,形成了一些工业城市和资源型城市,如中西部地区的十堰、攀枝花、六盘水、白银等。1958年建立的户籍制度阻碍了我国城镇化进程,"四五"至"五五"时期正值"文化大革命",城镇化基本陷入停滞。至1978年,我国城镇化率为17.9%,25年间城镇化率年均仅增长0.2%。改革开放以后,虽然从"六五"计划到"九五"计划都没有直接提出城镇化的任务和目标,但是随着改革开放的深入,逐步放松农业人口流动限制,发展轻纺工业和服务业,鼓励乡镇企业发展,间接推动了城镇化快速发展。"十五"计划首次提出实施城镇化战略,并提出了具体任务和举措。以后每次五年规划都明确提出城镇化发展目标任务,在政策上鼓励有条件的农业转移人口进城落户,在布局上以城市群为主体形态,推动我国城镇化走上了以人为核心的新型城镇化道路。从1978年至2018年年底,我国城镇常住人口由1.7亿人增加到8.3亿人,城镇化率从17.92%提升到59.58%,城市数量从193个增加到672个,建制镇数量从2176个增加到21297个。

四、农业现代化水平显著提高

我国是千年农业大国,农业在我国经济发展中始终居于基础性地位。

推进农业现代化始终是十三个总体规划的基本任务之一。"一五"计划提出"试办农业机械化,推进合作化,为'二五'和'三五'时期逐步实现农业机械化开辟道路"。"三五"计划提出工业支援农业,为农业提供化肥、电力和农业机械。"四五"计划提出"加速农业机械化的进程"。"五五"计划明确提出了包括农业现代化的"四化"目标,要求到 1980 年基本实现农业机械化。改革开放后,实行了家庭联产承包责任制,使农业生产面貌发生了巨大变化,农业生产效率大大提高,到"七五"末基本解决粮食短缺问题。"八五"计划把"进一步加强农业,全面发展农村经济"作为首要任务。从"九五"计划起,逐步扩大了工作覆盖范围,从农业生产、农业科技到新农村建设,都作出全面部署。到 2018 年,我国农业现代化建设跃上新水平,国家粮食安全得到有效保障,农业发展方式深刻转变,农业综合生产能力稳定在 1 万亿斤以上,农业科技进步贡献率达到 57.5%,农作物耕种收综合机械化率达到 68%。

五、社会走向全面进步

虽然"一五"计划总体上是展开工业布局的计划,但也设有专章对"培养建设干部,加强科学研究工作"作出安排,对"提高人民的物质生活和文化生活的水平"作出部署。从"二五"计划到"五五"计划,也都提出了科技教育和人民生活领域的投资安排和目标任务。从"六五"计划起,随着名称增加了"社会"两个字,五年计划对从科技、教育到人口,从文化、体育到社会秩序都提出了发展方向和要求。同时,还首次提出了保护环境的要求。"七五"计划增加了精神文明建设章节,提出在经济领域提倡职业道德、树立企业信誉,在思想领域不能重犯"左"的错误。"八五"计划以后,每个总体规划都对社会发展、民主法制和社会建设作出部署。经过十三个总体规划近 70 年的努力,我国社会面貌焕然一新,科技、教育、文化、体育、卫生等迅速发展,人民生活水平大幅提高。2018 年全国居民人均可支配收入达到 28228 元,比 1978 年实际增长 24.3 倍。全国农村贫困人口从 1978 年的 7.7 亿人减少到 2018 年的 1660 万人,贫困发生率从 1978 年的 97.5%降低到 2018 年的 1.7%,中国对全球减贫贡献率超过了70%。全国城镇居民人均可支配收入从1978年的343元增加到2018年的39251元。

六、生态环境逐步好转

我们党对生态环境的认识有一个逐步深化的过程。有一段时期曾经认为烟囱林立是工业化的标志。前五个五年计划均没有对环境保护提出要求。从"六五"计划起,增加了环境保护的内容。以后历次五年规划(计划),都对保护修复生态、加强污染治理作出具体安排。"八五"计划提出开展国土开发整治和环境保护,有重点地对大江大河大湖进行治理。"九五"计划提出加强对工业污染的控制,逐步从末端治理转到生产全过程控制。"十五"计划提出加强生态建设,保护和治理环境。"十一五"规划要求建设资源节约型、环境友好型社会,提出了单位国内生产总值能耗降低20%左右、化学需氧量和二氧化硫两项主要污染物排放总量减少10%的约束性指标。"十二五"规划提出积极应对全球气候变化,大力发展循环经济,将实施总量控制的污染物扩大至化学需氧量、氨氮、二氧化硫、氮氧化物四种主要污染物,提出四项主要污染物排放总量分别减少8%、10%、8%、10%的约束性指标。"十三五"规划提出注重绿色发展,加强生态文明建设,继续将化学需氧量、氨氮、二氧化硫、氮氧化物四种主要污染物排放总量下降作为约束性指标。通过"六五"计划以后的七个五年规划(计划)的实施,我国经济发展和生态环境保护逐步走向协调统一,生态环境逐步好转。2018年,全国化学需氧量、氨氮、二氧化硫和氮氧化物排放量均比上年下降,全国338个地级及以上城市中有121个城市大气环境达标,全年空气优良天数比率为79.3%。全国10大流域Ⅰ—Ⅲ类水质断面比例有所提高,扭转了生态环境恶化趋势。

第六章 主体功能区规划

推进形成主体功能区,就是要根据不同区域的资源环境承载能力、现有开发强度和发展潜力,统筹规划人口分布、经济布局、国土利用和城镇化格局,确定不同区域的主体功能,并据此明确开发方向、完善开发政策、控制开发强度、规范开发秩序,逐步形成人口、经济、资源环境相协调的国土空间开发格局。主体功能区规划是推进形成主体功能区的基本依据,是科学开发国土空间的行动纲领和远景蓝图,是国土空间开发的战略性、基础性和约束性规划。

第一节 编制主体功能区规划的背景

主体功能区规划的思想,是在总结我国国土空间开发存在的问题,借鉴发达国家国土空间开发经验的基础上,在科学发展观提出中逐步形成的。

一、主体功能区概念的提出

早在 2002 年 12 月,当时的国家发展计划委发展规划司提出,规划体制改革的主要任务就是"树立新的规划编制理念,结合协调发展、可持续发展和人的全面发展,确立空间平衡与协调的原则,增强规划的空间指导和约束功能"。据此,在确定"十一五"规划前期研究课题指南中,提出了"协调空间开发秩序和调整空间结构研究""区域经济划分及不同区域经济发展支撑条件研究"两个课题,要求论证按功能区划分区域的可行性和必要性。

2003年,国家发展改革委发展规划司在开展"十五"计划实施情况中期评估工作时,发现我国区域发展存在不协调问题。评估报告认为,地区协调发展是指全国的人口分布、经济分布在各地区之间要适当,并与当地的资源环境承载能力相适应,不单是经济即国内生产总值的分布在各个地区之间要均衡。缩小地区差距,主要不是缩小行政区之间国内生产总值的差距,重点是缩小人均国内生产总值和城乡居民收入的差距,最终是使不同地区的人民享有大体相当的生活水平,享有普遍平等的公共服务。但由于对区域协调发展缺乏全面的认识,加之政绩考核、财政支出的压力以及缺乏统筹协调和引导区域发展的区域规划等,致使行政区经济有所强化。有些地区对地区协调发展和缩小地区差距缺乏全面理解,无论是省级行政区,还是市县;无论是生态脆弱地区,还是其他不具备大规模开发条件的地区,都要在本辖区实现翻两番、实现赶超。有的地区,尽管开发密度已经很高,仍不顾及未来发展空间以及资源短缺和环境容量已经很小的状况,用拼地价甚至零地价的方式换取一时的增长。这必然会强化不合理的行政区经济,加剧经济增长与水资源、土地资源、矿产资源短缺的矛盾,破坏生态环境,并助长了招商引资中的过度竞争、地区间的产业趋同和低水平重复建设。

2003年9月,时任国家发展改革委发展规划司司长杨伟民同志在长江三角洲经济与民营企业发展论坛上发表演讲时,首次公开提出了主体功能区的概念。他提出,长三角应该结束"春秋战国"时代,走出各自为政、盲目开发、过度竞争的行政区经济时代。从区域范围内整合资源配置,合理划定各种主体功能区,统筹规划好城镇布局、产业聚集区、基础设施网络和生态环境。

2004年,国家发展改革委发展规划司在对市县规划体制进行深入研究的基础上,选择了江苏省苏州市、福建省安溪县、广西区钦州市、四川省宜宾市、浙江省宁波市和辽宁省大连市的庄河市等6个市县,进行市县规划体制改革试点。主要思路是,结合"十一五"规划编制工作,在市县总体规划中增强城镇发展布局、土地功能分区、生态环境保护等空间规划的内容,使市县经济社会发展的方向和任务落实到具体的地域空间上,探索编制将经济社会、城乡、基础设施、土地、生态环境、公共服务等融为一体的经济社会发展总体规划,切实发挥市县规划的引导空间布局和加强公共服务的功能。也就是说,针对过去规划不落地、越发展越破坏生态的问题,提出了增强空间约束性的改革方向。

2004年8月,国家发展改革委向国务院报送了关于"十一五"规划编制工作有关问题的请示,其中明确提出,国家应该通过主动地引导经济布局,间接地引导人口移动,通过人口移动,实现各个区域的经济、人口与资源环境的协调。初步考虑,划分四类区域:一是优化整合区域。对长三角、珠三角等开发密度已经较高的区域,要限制低水平盲目开发和占地多、污染大、耗能高的产业,使其保留必要的绿色空间。二是重点开发区域。对资源环境承载力较好、具备在一定程度上集聚经济和人口的区域,应明确为重点开发区域,在中西部地区再形成几个次一级的经济和人口密集区。三是生态环境脆弱区域。对资源环境承载力较差、不具备继续大规模增加人口的区域,如退耕还林还草地区、天然林保护地区、草原"三化"地区、重要水源保护地区、水资源严重短缺地区、自然灾害频发地区、污染物不易排放地区等,要通过对开发建设活动进行必要的引导和调控来促进人口平稳有序地转移出去。四是自然保护区域。对依法设立的资源、湿地、动物、文物等保护区以及风景名胜区、森林公园等,要通过法律法规实施强制性保护,严禁不符合自然保护区功能定位的开发建设活动,除旅游和为旅游服务的少数人口外,逐步引导从事其他经济活动的人口实现必要的转移。这四类区域的划分,成为后来主体功能区四类区域的雏形。

2005年年初,国家发展改革委向国务院上报了"十一五"规划基本思路,正式提出"构建以主体功能区为框架的区域发展新格局"。提出在坚持实施区域发展总体战略的基础上,要根据不同地带内部次一级区域的资源环境承载能力和现有开发密度,进一步划分为四类主体功能区,明确主体功能定位、发展内容和政策取向。这一思路中还正式提出了优化开发区域、重点开发区域、限制开发区域、禁止开发区域四类区域的划分,明确了各类主体功能区的发展方向。

中央"十一五"规划编制起草组采纳了关于推进形成主体功能区的思路,2005年10月,党的十六届五中全会通过关于"十一五"规划建议,明确提出,"各地区要根据资源环境承载能力和发展潜力,按照优化开发、重点开发、限制开发和禁止开发的不同要求,明确不同区域的功能定位,并制定相应的政策和评价指标,逐步形成各具特色的区域发展格局"。

2005年11月,根据国务院领导指示精神,国家发展改革委起草上报了《按主体功能区构建区域发展格局的政策体系现状及对策建议》《我国优化开发区域的现状分析及对策建议》《我国重点开发区域的现状分析及对策建议》《我国限制开发区域的现状分析及对策建议》《我国禁止开发区域的现状分析及对策建议》等报告,成为明确主体功能区基本框架和各类区域开发保护方向的基本依据。

2006年3月,十届全国人大四次会议审议通过的"十一五"规划纲要明确提出了推进形成主体功能区的战略任务和基本框架。"十一五"规划纲要中明确了四类主体功能区的定义和发展方向;提出了分类管理的区域政策的方向和绩效评价的不同侧重点;提出了大小兴安岭森林生态功能区等22个限制开发区域及其功能定位和发展方向;明确了把国家级自然保护区等五类区域作为禁止开发区域。

与此同时,在规划体制改革和"十一五"规划基本思路研究过程中,国家发展改革委发展规划司组织对德国、荷兰等国进行了考察学习,以汲取发达国家在空间规划方面的经验。如,考察了解了德国的规划体系、规划编制程序和方法、规划内容重点、规划约束力等,学习了斯图加特区域规划的详细规定等。通过对照总结,完善了加强我国空间规划的思路,为提出主体功能区的构想提供了有益借鉴。

以上,是主体功能区概念提出和形成的主要脉络。可以看到,主要是在思想形成的过程中不断进行提炼,加强对国内新情况新问题的跟踪,从国际做法和经验中汲取营养,逐渐推动主体功能区从概念上升到中央决策。

二、编制实施主体功能区规划的重大意义

编制实施主体功能区规划,对于推进国土空间科学开发意义重大,对

于在全国实现科学发展也有深远历史意义。

(一)适应我国国土空间特点的必然要求

我国国土空间的特点是：第一，不是所有的国土空间都适宜大规模、高强度地进行工业化城市化开发，必须根据国土空间的自然属性，合理开发、有序开发。第二，虽然我国国土辽阔，但由于人口众多，不适宜工业化城市化开发的面积很大，人均拥有适宜开发的国土空间并不大，必须节约空间、集约开发。第三，不是所有国土空间都应当承担同样的功能，必须因地制宜、区分功能、分类开发、分类考核。

实施主体功能区规划，说到底就是要使人们的思想、活动适应和遵循经济规律、自然规律和人类社会发展规律，改变所有区域都试图加大经济开发力度的思维定式，转向根据国土空间承载能力进行开发；改变不同区域为追求经济发展采取雷同的产业结构、城市结构和形态的开发模式，转向根据国土空间的主体功能进行开发；改变各个区域重视自身开发、忽视总体开发需要的单体开发，转向根据总体开发要求协调区域开发的综合国土开发；改变重视当代人、忽视后代人的短视开发，转向兼顾当前利益与长远利益的永续开发，从而开辟一条科学开发利用国土空间的有效途径。

(二)实现科学发展的重大举措

第一，有利于全面贯彻落实以人为本的发展理念。彻底改变"只见物、不见人"的发展理念，以促进人的全面发展为中心，实现人口、经济、资源环境的协调，在满足人们物质需要的同时满足人们对环境、生态、健康的需要。

第二，有利于促进城乡之间、区域之间的协调发展。通过推进形成主体功能区，就是要树立顺应自然规律、遵循经济规律、按经济区域谋发展的理念，有利于使国家西部大开发、东北振兴、中部崛起、东部率先的区域发展总体战略得到细化、实化、深化，突破地区行政分割，在全国统一市场下，促进地区间人流、物流、资金流、信息流的顺畅流动，进而破除行政区经济，促进各地区根据不同的资源禀赋和比较优势，发展各具特色的区域经济，构造市场经济条件下新型区域经济关系，形成东中西互动、优势互补、相互促进、共同发展的新格局。

第三，有利于推进经济发展方式转变、加快结构优化升级。通过明确不同区域的主体功能定位和结构调整方向，有利于把转变方式、调整结构、提高竞争力的各项要求落实到具体的地域上，有利于约束不合理的开发行为，规范开发秩序，使各地区不仅知道自己"想干什么"，还知道"能干什么""让干什么""不让干什么"，有利于形成合理的产业导向，提高资源空间配置效率，推动产业结构优化升级，实现资源节约集约发展、清洁发展和安全发展，进而加快经济发展方式的转变。

第四，有利于提高经济社会永续发展的能力。按照推进形成主体功能区的要求，把人口分布、经济发展与国土空间开发有机地结合起来，形成在一个空间单元使三者均衡布局、协调发展的理念和原则，对于实现可持续发展至关重要。只有这样，才能使有限的国土空间不仅成为当代人的发展基础，也成为后代人的发展条件，使当代人的发展不仅不损害后代人发展，还能为子孙后代留下绿水青山，留下发展空间和发展潜力，从而为实现中华民族的永续发展提供可持续的支撑能力。

（三）进行科学调控的重要基础

推进形成主体功能区，有利于建立健全科学调控体系，为实施差别化的区域政策、统一衔接的规划体系、各有侧重的绩效评价以及精细及时的空间管理提供了一个可操作、可控制、可监管的基础平台。

第一，开发依据。发展是我们党执政兴国的第一要务，但在不同的主体功能区，发展的内容不同，首要任务不同。划分主体功能区，全国2800多个县级行政单位都能清楚自己的主体功能定位、发展内容、发展方式和发展方向。

第二，政策单元。划分主体功能区，可以为各项涉及区域发展和国土空间开发的各项政策提供一个统一、公平的政策平台。按地理位置，即东、中、西来划分的区域政策，由于各个县的自然条件不同、主体功能不同，实行同样的政策显然是不公平的。因此，区域政策应该根据主体功能定位来制定。

第三，规划基础。空间性规划作为约束社会行为的"第二准则"，必须增强各级各类规划间的一致性、整体性以及规划的权威性、有效性。划分主体功能区,可以为整合各空间性规划、衔接协调各级各类规划、理顺规划间的关系、完善国家规划体系提供基础。省级主体功能区规划、市县空间发展规划以及土地利用、城市规划、生态环境保护等规划,也就有了衔接协调的基础。

第四,管理平台。划分主体功能区,为建立一个覆盖全国、统一协调、更新及时、反应迅速、功能完善的国土空间管理系统提供了平台。若每平方公里国土空间的功能定位都十分清晰,并能落实具体的范围,完全可以采用对地观测技术,在计算机上进行精细化管理。特别是,明确不同地区的主体功能定位,就可以实行各有侧重的绩效评价和政绩考核,其客观性、公正性将大大增强。

第二节　主体功能区规划编制过程

在主体功能区规划的编制过程中,主要开展了以下工作。

一、厘清基本思路和进行具体部署

"十一五"规划纲要通过后,时任国家发展改革委主任马凯同志要求发展规划司抓紧编制全国主体功能区规划。2006 年 10 月,报请国务院办公厅印发了《关于开展全国主体功能区规划编制工作的通知》,明确了规划编制的组织机构、工作步骤和具体要求,成立了由 15 个部门组成的全国主体功能区规划编制工作领导小组及办公室,为做好规划编制工作提供了组织保障。2007 年 1 月,马凯同志主持召开的规划编制工作领导小组第一次会议,明确了下一步工作的基本原则和主要任务。2007 年 5 月,国家发展改革委在广东召开了全国主体功能区规划编制工作会议,时任国家发展改革委副主任陈德铭同志部署各地区发展改革委开展规划编制工作,并深入讨论了若干重大问题。与此同时,根据马凯同志要求,时任国家发展改革委副秘书长杨伟民同志组织发展规划司研究提出了《推进形成主体功能区的基本思路》。

经反复研究讨论,2007 年 7 月,国务院下发了《关于编制全国主体功能区规划的意见》,明确了推进形成主体功能区的重大意义、指导思想和原则、主要任务和工作要求,为主体功能区规划编制工作的顺利开展奠定了较好的基础。2007 年 9 月,国务院召开了全国主体功能区规划编制工作电视电话会议,时任国务院副总理曾培炎同志全面部署了主体功能区规划编制工作。

二、组织开展基础研究

2006 年 12 月,国家发展改革委办公厅下发了《关于委托开展全国主体功能区规划重大课题研究的函》,正式委托开展主体功能区课题研究工作。主要是组织中科院、国家基础地理信息中心等单位,就国土空间评价指标体系、技术方法等进行研究。

其间,召开了十几次工作会议及专家咨询会,确定了由十个方面、近三十个要素构成的国土空间评价指标体系,并以县为单元或按公里网格,对全国国土空间进行了全面评价;研究主体功能区政策,组织国务院发展研究中心、清华大学等单位,财政部、国土资源部、建设部、人口计生委等部门,研究提出了推进形成主体功能区的政策措施,形成了约 200 万字的研究报告;深入开展实地调研,先后赴浙江、广东、广西、重庆、四川、青海等地,对各类主体功能区的自然状况、经济社会发展现状、现行政策、能源资源布局等进行调研并形成了调研报告。

三、规划编制和衔接协调

2007 年 4 月,杨伟民同志带领以国家发展改革委发展规划司同志为主的起草组,在深入研究的基础上起草了规划提纲,并召开国家规划专家委员会会议,就基本思路、战略目标和框架结构听取了意见,其后又召开了部门会议等各种形式的会议,广泛听取各方面意见。

2008 年年初,起草形成规划初稿,召开了国家规划专家委员会会议、部门会议,并听取了意见,提请国家发展改革委主任办公会议进行了审议。4 月,时任国家发展改革委副主任朱之鑫同志在河北主持召开地方会议,听取了各省、自治区、直辖市发展改革委的意见。9月,国家发展改革委再次召开会议,国家发展改革委党组讨论并原则通过了《全国主体功能区规划》初稿。

规划正式进入起草后,起草组根据相关研究的不断深入,对一些重要内容进行了调整深化,并提出了一些全新的概念。如,在原有优化开发、重点开发、限制开发、禁止开发四类分区的基础上,为避免有的地方在理解和落实上出现偏差,进一步研究提出了城市化地区、农产品主产区和重点生态功能区的新分类,并系统阐述了两个分类的关系,使各区域的开发保护方向和功能定位更好融合。再如,在对建设用地使用情况进行系统分析的基础上,研究提出了开发强度的概念,以便更好地进行国际比较,也为控制不合理开发行为提供更科学的指标;在对城乡用地结构情况进行系统分析的基础上,提出了"三多三少"的判断,进而研究提出了空间结构的概念,使调整优化空间结构逐渐成为发展的重要内容之一;在传统的生态补偿基础上,研究提出了生态产品的概念,从理论上解决了生态产品价值问题,使对生态功能区的转移支付不再是"补偿"而是支付其保护生态的价格;等等。

规划编制过程中,还与土地利用总体规划、能源规划、矿产资源规划和相关区域的区域规划进行了充分的衔接。2009年3月,还将规划印送各省、自治区、直辖市和有关部门征求意见。6月,召开国家规划专家委员会会议,对规划进行了咨询论证,并形成了专家论证报告。7月,国家发展改革委向时任国务院副总理李克强同志汇报了全国主体功能区规划编制情况,按照李克强同志的指示精神,国家发展改革委领导带队于8月和10月分别赴陕西、内蒙古以及四川、云南、贵州进行了专题调研。在多次调研和深入研究的基础上,对主体功能区规划又进行了修改完善,形成了《全国主体功能区规划》(送审稿)。

为做好主体功能区规划编制工作,国家规划专家委员会共召开了三次全体会议,分别对规划思路、规划框架和规划稿进行了比较深入的集中研讨,并提出了论证报告。

2010年6月,国务院常务会议审议《全国主体功能区规划》(送审稿),时任国家发展改革委主任张平同志做了汇报。会议原则通过了该规划。根据会议要求,规划再次征求了各省、自治区、直辖市的意见并进行了修改完善。2010年年底,国务院正式印发了《全国主体功能区规划》。

四、省级主体功能区规划编制

在国家层面主体功能区规划编制过程中,同步启动和推进了省级主体功能区规划编制工作。2006年10月,国家发展改革委办公厅下发了《关于开展省级层面主体功能区规划基础研究工作的通知》,部署浙江、江苏、辽宁、河南、湖北、重庆、新疆、云南等八个省(自治区)先期开展省级层面主体功能区规划研究工作。经过总结经验,形成了《省级主体功能区划分技术规程》。

2010年7月,国家发展改革委下发了《关于请报送省级主体功能区规划的通知》,要求各省、自治区、直辖市编制完成并报送省级主体功能区规划。2010年9月,召开了全国省级主体功能区规划编制工作座谈会,强调了做好省级主体功能区规划编制工作的必要性和紧迫性,明确了规划编制和衔接的有关要求。2011年6月,再次召开全国省级主体功能区规划编制工作座谈会,强调要抓紧完成省级主体功能区规划。

经过反复衔接协调和修改,各省级政府陆续完成了本地区规划编制工作,31个省、自治区、直辖市全部发布实施了省级主体功能区规划。

第三节　全国主体功能区规划的主要内容

《全国主体功能区规划》共六篇十三章,系统阐述了我国国土空间开发的基本理念、总体布局、开发保护原则和政策体系。其中的内容要点和主要考虑如下。

一、国土空间评价和问题分析

在研究形成主体功能区规划过程中,对全国陆地国土空间土地资源、水资源、环境容量、生态系统脆弱性、生态系统重要性、自然灾害危险性、人口集聚度以及经济发展水平和交通优势度等因素进行了综合评价。从当时的数据看，传统的"地大物博、资源丰富"的简单说法，已经不能全面深入地概括我国国土空间的基本情况。经过评价，从工业化城镇化开发角度，我国国土空间具有以下特点：一是陆地国土空间辽阔，但适宜开发的面积少。二是水资源总量丰富，但空间分布不均。三是能源和矿产资源丰富，但总体上相对短缺。四是生态类型多样，但生态环境比较脆弱。五是自然灾害频繁，灾害威胁较大。

国土空间的开发利用，一方面有力地支撑了国民经济的快速发展和社会进步；另一方面也出现了一些必须高度重视和着力解决的突出问题。在规划编制时，这些问题已经显得非常突出而严峻。一是耕地减少过多过快，保障粮食安全压力大。二是生态损害严重，生态系统功能退化。三是资源开发强度大，环境问题凸显。四是空间结构不合理，空间利用效率低。五是城乡和区域发展不协调，公共服务和生活条件差距大。

二、主体功能区分类

实施主体功能区规划，首先要将我国国土空间划分为主体功能区：按开发方式，分为优化开发区域、重点开发区域、限制开发区域和禁止开发区域；按开发内容，分为城市化地区、农产品主产区和重点生态功能区；按层级，分为国家和省级两个层面。

优化开发区域、重点开发区域、限制开发区域和禁止开发区域，是基于不同区域的资源环境承载能力、现有开发强度和未来发展潜力，以是否适宜或如何进行大规模高强度工业化城市化开发为基准划分的。

城市化地区、农产品主产区和重点生态功能区，是以提供主体产品的类型为基准划分的。城市化地区是以提供工业品和服务产品为主体功能的地区，也提供农产品和生态产品；农产品主产区是以提供农产品为主体功能的地区，也提供生态产品、服务产品和部分工业品；重点生态功能区是以提供生态产品为主体功能的地区，也提供一定的农产品、服务产品和工业品。

优化开发区域是经济比较发达、人口比较密集、开发强度较高、资源环境问题更加突出，从而应该优化进行工业化城市化开发的城市化地区。

重点开发区域是有一定经济基础、资源环境承载能力较强、发展潜力较大、集聚人口和经济的条件较好，从而应该重点进行工业化城市化开发的城市化地区。优化开发和重点开发区域都属于城市化地区，开发内容总体上相同，但开发强度和开发方式不同。

限制开发区域分为两类：一类是农产品主产区，即耕地面积较多、农业发展条件较好，尽管也适宜工业化城市化开发，但从保障国家农产品安全以及中华民族永续发展的需要出发，必须把增强农业综合生产能力作为发展的首要任务，从而应该限制进行大规模高强度工业化城市化开发的地区；一类是重点生态功能区，即生态系统脆弱或生态功能重要，资源环境承载能力较低，不具备大规模高强度工业化城市化开发的条件，必须把增强生态产品生产能力作为首要任务，从而应该限制进行大规模高强度工业化城市化开发的地区。

禁止开发区域是依法设立的各级各类自然文化资源保护区域，以及其他禁止进行工业化城市化开发、需要特殊保护的重点生态功能区。国家层面禁止开发区域，包括国家级自然保护区、世界文化自然遗产、国家级风景名胜区、国家森林公园和国家地质公园。省级层面的禁止开发区域，包括省级及以下各级各类自然文化资源保护区域、重要水源地以及其他省级人民政府根据需要确定的禁止开发区域。

三、规划目标和战略任务

主体功能区规划是对我国未来发展空间格局的长远谋划，是可以管50年、100年乃至更长时间的。按照到2020年主体功能区布局基本形成的总体要求，实施主体功能区规划的中期目标是：空间开发格局清晰、空间结构得到优化、空间利用效率提高、区域发展协调性增强、可持续发展能力提升。从建设富强民主文明和谐美丽的社会主义现代化国家以及中华民族永续发展出发，推进形成主体功能区，要着力构建我国国土空间的"三大战略格局"。

一是构建以"两横三纵"为主体的城市化战略格局。这一战略的提出,实质上是要形成一种"集中·均衡"式的国土空间开发模式。根据我国人多地少的基本国情,我国的空间开发必须走节约集约开发的道路。所谓集中,是指在较小区域范围内集中开发,促进产业集聚发展,人口集中居住,城市密集布局,以较少的国土空间承载大规模高强度的工业化城市化活动,提高空间利用效率。所谓均衡,是指在全国范围内,形成若干个人口经济密集的城市化地区,并在全国国土空间上相对均衡分布,形成带动区域发展的新增长极,逐步缩小区域差距。

二是构建以"七区二十三带"为主体的农业战略格局。这一战略的提出,主要考虑到东北平原、黄淮海平原等 7 个区域是我国粮食主产区和重要的商品粮基地,也是优势农产品产业密集区,农业生产基础较好,具有发展粮棉油等大宗农产品的优势。同时提出 23 个优势农产品产业带,主要是从优化我国农业生产布局出发,引导不同地区发展不同特点的优势产品,促进农业区域化布局、专业化生产和规模化经营。以"七区二十三带"为主体的农业战略格局,既结合了我国农业自然资源状况的特点和基础,也体现了近年来我国主要农产品向优势产区集中的新变化。确定以"七区二十三带"为主体的农业战略格局,突出这些区域的农业地位,对于保障全国耕地数量质量和农产品供给安全是至关重要的,对于进一步增强农业政策的针对性也将发挥重要的导向作用。

三是构建以"两屏三带"为主体的生态安全战略格局。这一战略构想,把国家生态安全作为国土空间开发的重要战略任务和发展的内涵,充分体现了尊重自然、顺应自然的开发理念。这些区域,要么是关系国家生态安全的区域,要么是关系大的区域生态安全的区域,青藏高原生态屏障甚至关系着全球的气候变化。如果这些区域也实行大规模高强度的工业化城市化开发,后果是不堪设想的,不仅无法解决当地人民的富裕问题,而且由此带来的生态破坏可能是灾难性的。因此,从中华民族长远发展的需要出发,必须把这些区域切实保护好,使生态功能得到恢复和提升,同时通过多种途径,解决好不断提高当地人民生活水平的问题。

四、定位和发展方向

按照国土空间开发的战略格局,在规划编制中进一步明确了国家层面优化开发、重点开发、限制开发和禁止开发四类主体功能区的功能定位、发展方向和开发管制原则。其实质是根据不同区域的资源环境、经济结构特点和未来发展潜力,对不同区域提出了不同的开发模式和空间结构调整方向,明确了转方式的侧重点。

优化开发区域,要建设成为提升国家竞争力的重要区域,带动全国经济社会发展的龙头,全国重要的创新区域,我国在更高层次上参与国际分工及有全球影响力的经济区,全国重要的人口和经济密集区。

重点开发区域,要建设成为支撑全国经济增长的重要增长极,落实区域发展总体战略、促进区域协调发展的重要支撑点,全国重要的人口和经济密集区。

限制开发的农产品主产区,要建设成为保障农产品供给安全的重要区域,农村居民安居乐业的美好家园,社会主义新农村建设的示范区。

限制开发的重点生态功能区,要建设成为保障国家生态安全的重要区域,人与自然和谐相处的示范区。

禁止开发区域,要依法实施强制性保护,严格控制人为因素对自然生态和文化自然遗产原真性、完整性的干扰,严禁不符合主体功能定位的各类开发活动。

五、区域政策

推进形成主体功能区,科学地促进区域协调发展,明确发展战略固然重要,但更重要的是确立一套各级政府、各类市场主体能自觉自愿实施这一战略的机制和体制,这就需要对一些政策和制度进行改革。

(一)财政政策

主要考虑:(1)实行以县级行政区为单元的上解财政收入和确定支出规模的财政体制。(2)将以专项财政转移支付为主体的财政转移支付体系调整为以一般性财政转移支付为主体的体系。(3)统筹目前各类生态环境保护方面的专项转移支付,设置更为综合的"生态环境修复"转移支付,主要用于增强国家限制开发区域提供生态产品的能力建设。(4)建立地区间生态补偿机制。

规划实施以来,中央财政通过转移支付对重点生态功能区予以生态补偿,转移支付资金从 2012 年的 371 亿元增加到 2018 年的 721 亿元。同时,对重点生态功能区保护修复情况进行跟踪督察,逐步完善了生态保护成效与资金分配挂钩的激励约束机制。财政部门还制定横向生态补偿机制办法,以地方补偿为主,中央财政给予支持,在一些地方开展了有益的试点。

(二)投资政策

主要考虑:将政府预算内投资分为按领域安排和按主体功能区安排两个部分,实行按领域安排与按主体功能区安排相结合的政府投资政策。(1)按主体功能区安排的投资,就是将每五年政府投资总规模的一部分按区域来安排。中央投资主管部门根据各主体功能区的区域规划,根据预算的可能决定每个区域每五年的投资补助规模。在该区域资金总规模中具体在哪些领域安排多少资金等由地方决定。(2)按领域安排的政府投资,也应符合各区域的主体功能定位和发展方向。

规划实施以来,国家发展改革委出台了《贯彻落实主体功能区战略推进主体功能区建设若干政策的意见》,明确把投资支持等激励政策与空间管制等限制、禁止性措施相结合,明确支持、限制和禁止性政策措施。如,对重点开发区域,政府投资侧重于改善基础设施和对产业结构调整的引导,鼓励发展战略性新兴产业、高技术产业;加大对农产品主产区和重点生态功能区的投资支持力度,对国家支持的建设项目适当提高中央政府补助比例,逐步降低市县级政府投资比例等。

(三)产业政策

主要考虑:产业政策应该更精细,既要针对每类主体功能区实行有差别的产业政策,也要针对每个主体功能区的资源环境承载能力的大小实行有差别的产业政策。(1)要调整制定产业政策的出发点和思路,从内外资不同,转向内外资统一;从既鼓励又限制,转向仅提出限制和禁止的,不再提出鼓励的;从全国统一的,转向区域性的,提出不同类型主体功能区以及各重点开发区域、优化开发区域中每个区域限制的产业。(2)提出所有禁止开发区域的限制和禁止的产业。(3)提出所有限制开发的重点生态功能区的限制产业,同时,针对不同类型的生态功能区,进一步明确限制和禁止的产业。(4)对每一个城市化地区,无论是优化开发的还是重点开发的,都要提出针对特定区域的限制产业,没有明确限制或禁止的,就是允许的。

党的十八届五中全会明确提出,重点生态功能区实行产业准入负面清单。国家发展改革委在此基础上出台了《重点生态功能区产业准入负面清单编制实施办法》,推动在所有重点生态功能区因地制宜制定限制和禁止发展的产业目录,并从严提出了管控要求。

(四)土地政策

主要考虑:根据不同区域的主体功能定位分配建设用地的指标,而不是过去那种按以往占地的基数和行政区分配。严格控制优化开发区域建设用地的增量,适当扩大重点开发区域建设用地规模,严格控制农产品主产区的建设用地,严禁重点生态功能区改变生态用地用途。实施"三个挂钩"的土地政策:(1)实行城乡之间用地增减规模挂钩的政策,城市建设用地增加的规模要与本地区农村建设用地减少的规模挂钩。(2)实行城乡之间人地挂钩的政策,城市建设用地增加的规模要与吸纳农村人口进入城市定居的规模挂钩。(3)实行地区之间人地挂钩的政策,城市化地区建设用地增加的规模要与吸纳外来人口定居的规模挂钩。

规划实施后,当时的国土资源部先后与东中西多个省、自治区、直辖市签订合作协议,"一省一策"实施差别化的土地管理政策,开展土地管理制度改革。党的十八届五中全会明确提出,推动京津冀、长三角、珠三角等优化开发区域逐年减少建设用地增量。在促进京津冀协同发展工作中,对北京市控制建设用地提出了严格要求,北京正在实现减量发展。在成都、重庆等地试点的基础上,建设用地增减挂钩工作有序推进,为扶贫工作提供了有力支撑。"增存挂钩"机制已经建立,将有效消化闲置土地、提高土地利用效率,人地挂钩机制也正在研究之中。

（五）人口政策

主要考虑：使经济布局适应于自然条件，而不是反过来，通过改变自然条件使之适应于经济的布局；使人口分布与经济布局相适应，而不是反过来，使经济布局适应于现状人口分布。（1）城市化地区要增强集聚人口的能力建设，同时，要破除限制人口转移的制度障碍，鼓励外来人口迁入和定居。（2）农产品主产区和重点生态功能区，要加强义务教育、职业教育与劳动技能培训，增强劳动力跨区域转移就业的能力，鼓励人口到重点开发和优化开发区域就业并定居。（3）对自然保护区等禁止开发区域核心区的人口，要改变人口转移的内涵，将空间转移变为职业转移，即经培训后将这些原来以农牧林业为生的人口就地转为自然保护区的管护人员。

规划实施以来，结合新型城镇化工作的深入推进，在"十二五"规划中提出了稳步推进农业转移人口转为城镇居民的要求，在"十三五"规划中进一步明确了常住人口城镇化率和户籍人口城镇化率的指标。各地相继放宽放开农民工落户城市条件，越来越多的农民工得以落户城市。通过政府购买服务方式，探索将精准脱贫和生态保护结合起来，2016—2017年选聘生态护林员37万余人。

（六）绩效评价

主要考虑：应根据不同区域的主体功能定位，实行各有侧重的绩效评价和政绩考核。对优化开发区域，应强化对经济结构、资源消耗、环境保护、自主创新以及外来人口公共服务覆盖面等的评价，弱化对经济增长速度、招商引资、出口等的评价。对重点开发区域，应综合评价经济增长、吸纳人口、质量效益、产业结构、资源消耗、环境保护以及外来人口公共服务覆盖面等，弱化对投资增长速度等的评价。对限制开发区域，分为限制开发的农产品主产区和重点生态功能区两类，分别实行农业优先和生态优先的绩效评价。对禁止开发区域，应根据法律法规和规划要求，按照保护对象确定更细致的评价内容，主要评价自然文化资源等保护对象的原真性和完整性。

规划实施后，中组部下发了《关于改进地方党政领导干部班子和领导干部政绩考核工作的通知》,建立了针对不同主体功能区的差异化政绩考核评价体系。党的十八届三中全会提出,对限制开发区域和生态脆弱的国家扶贫开发工作重点县取消地区生产总值考核,进一步减轻了这些地区对增长速度的压力。近年来,又相继出台了生态文明建设目标评价考核办法、党政领导干部生态环境损害责任追究办法、领导干部自然资源资产离任审计暂行规定等文件,进一步完善和引导了地方保护生态的绩效导向。

第四节　主体功能区规划的作用

主体功能区是我国的首创,全国主体功能区规划也是我国的首创,是具有重大理论创新意义的规划,融合了经济学、社会学、地理学等学科,创造性地在经济社会发展中加入空间元素;创造性地将人口、经济和资源环境放在空间单元统筹;创造性地将开发、保护的原则辩证地放到不同空间单元落实。规划发布实施以来,对我国经济社会发展和生态文明建设起到了重要的推动作用。

一、引领了发展理念变革

主体功能区在理论上的独创性,为国家经济社会发展理论的深化提供了思想基础。在规划的编制和实施过程中,提出了要尊重自然规律谋发展、树立空间思维等思想,形成了空间发展、空间均衡、空间结构、生态产品、开发强度等一系列概念。这些思想和概念,后来都陆续在中央重大文件中得到体现,习近平总书记在关于生态文明建设的一些重要讲话中也用到了主体功能区的有关概念。如2014年中央财经领导小组第五次会议时提出的治水思路十六字方针中就包括"空间均衡",2015年中央经济工作会议提出"促进区域发展,要更加注重人口经济和资源环境空间均衡"等。这些,都成为新发展理念的重要组成部分,成为指导经济社会发展的重要理念。

二、为完善国家治理体系奠定了重要基础

主体功能区规划编制实施的过程,也是统一各方面思想、从上到下逐步形成共识的过程。随着主体功能区理念深入人心,各级政府越来越认识到,一定的国土空间,增长是有极限的,发展是有天花板的,需要统筹考虑经济布局、生态系统,而不是把生态环保孤立地、割裂地作为一项业务工作,这为中央提出生态文明奠定了重要的思想认识基础。主体功能区的许多构想,需要通过制度来落实,在推动规划实践的过程中,很多做法不断趋于规范化、法治化。目前,主体功能区制度已经成为生态文明制度体系"四梁八柱"中的一项重要制度,成为国家治理体系的重要组成部分。

三、为完善国家人口和经济生态战略布局指明了方向

主体功能区规划明确的三大战略格局,从空间上明确了整个国家空间发展的"大格局",是可以管 100 年的布局。规划的优化和重点开发区域,有效引导了城镇化和区域发展方向,促进人口和经济布局更趋合理化、更符合自然和经济规律。近年来中央先后研究提出京津冀协同发展、长三角一体化、粤港澳大湾区等重大区域战略,与主体功能区规划关于优化开发区域的发展方向和定位是一脉相承的。今后规划各个城市群发展,以及确定每个城市群的功能定位和空间结构,都应按照主体功能区规划明确的方向进行。

四、有效引导了发展方式转变

主体功能区规划提出的分类指导的区域政策,以及差异化的绩效评价体系,很好地纠正了政绩观中的误区,解决了过去区域政策单元过大、针对性不强以及所有地方都按一个方向谋发展的问题。通过划小政策实施的空间单元,使国家政策得以更加精细化地落到每一个县级行政区,也使自然本底和资源禀赋相对不好的地区不用再尽力去和条件好的地区拼增速,"不以 GDP 论英雄""因地制宜谋发展""生态保护优先"等真正得

到了落实。规划的出台实施,也切实保护了一批关系全局生态安全的重点生态功能区,维护了一批关系全局粮食安全的农业主产区的生产能力,有利于从根本上维护国家生态安全。

五、为构建空间规划体系奠定了基础

主体功能区规划开创了空间规划理论和实践的全新领域,系统梳理总结了我国在规划领域中存在的问题,提出了构建规划体系的设想。随着各方对规划问题的认识越来越能达成共识,构建空间规划体系被提上了中央议事日程。在习近平总书记的亲自指导和部署下,明确了"一张蓝图干到底"的思想,开展"多规合一"工作。在新一轮机构改革中,空间规划职能进行了统一,从体制上为真正建立空间规划体系打好了基础。

第五节 党的十八大以来主体功能区的深化

党中央高度重视主体功能区工作,规划发布实施后,主体功能区战略定位不断提升,实施成效不断深化。特别是党的十八大以来,随着中央大力推进生态文明建设,主体功能区的地位和作用进一步凸显。

党的十八大确立了"五位一体"的总体布局,系统阐述了生态文明的理念和任务。其中第一项任务就是优化国土空间开发格局,提出"加快实施主体功能区战略,推动各地区严格按照主体功能定位发展,构建科学合理的城市化格局、农业发展格局、生态安全格局"。这就将主体功能区上升到战略层面,与区域发展总体战略相辅相成,共同构成我国国土空间开发的完整战略。

党的十八届三中全会提出建立系统完整的生态文明制度体系,其中一个重要内容就是"坚定不移实施主体功能区制度,建立国土空间开发保护制度,严格按照主体功能区定位推动发展"。这就将主体功能区上升到制度层面,成为国家治理体系的重要制度之一。

党的十八届五中全会把"加快建设主体功能区"作为绿色发展部分的一项重要任务,明确要"发挥主体功能区作为国土空间开发保护基础制度的作用,落实主体功能区规划,完善政策,发布全国主体功能区规划图和农产品主产区、重点生态功能区目录,推动各地区依据主体功能定位发展。以主体功能区规划为基础统筹各类空间性规划,推进'多规合一'"。此外,还创造性地提出"以市县级行政区为单元,建立由空间规划、用途管制、领导干部自然资源资产离任审计、差异化绩效考核等构成的空间治理体系"。这充分说明了主体功能区制度的基础性作用,同时也为未来的改革指明了方向。

2017 年 8 月,中央全面深化改革领导小组审议通过《关于完善主体功能区战略和制度的若干意见》。该意见指出,建设主体功能区是我国经济发展和生态环境保护的大战略。完善主体功能区战略和制度,要发挥主体功能区作为国土空间开发保护基础制度作用,推动主体功能区战略格局在市县层面精准落地,健全不同主体功能区差异化协同发展长效机制,加快体制改革和法治建设,为优化国土空间开发保护格局、创新国家空间发展模式夯实基础。

党的十九大强调要"构建国土空间开发保护制度,完善主体功能区配套政策,建立以国家公园为主体的自然保护地体系。"党的十九大以来,中央继续加大生态文明体制改革力度,推动主体功能区等制度深化落实。

从以上过程可以看出,主体功能区从规划到战略再到制度,是思路、理念一脉相承的演变过程。主体功能区工作在党的十八大以后,加大了实施力度。特别是 2015 年中央制定出台《生态文明体制改革总体方案》后,主体功能区的许多概念、构想和政策得到体现,并以制度的形式明确下来,在推动制度建设的过程中不断得到落实。如,在禁止开发区域的基础上开展了国家公园体制试点工作,划定了若干国家公园,将一部分国土还给大熊猫、东北虎,使人与自然的关系更加和谐。再如,推动建立中国的空间规划体系,大力推进"多规合一",在一个市、一个县,形成一本规划、一张蓝图,实现"一张蓝图干到底",等等。

总之,目前主体功能区规划对国家发展发挥了极为重要的作用,未来还将持续发挥更大的作用,推动我国走向更加科学合理的空间发展和空间治理之路。

第七章 专项规划

第一节 专项规划及其由来

一、专项规划的由来

专项规划作为一种特定规划类型最早于"十五"时期提出。1999 年，国务院办公厅转发了国家发展计划委员会《关于"十五"规划编制方法和程序的若干意见》，明确了"十五"规划由三个层次的规划组成，即全国"十五"计划纲要、重点专项规划及行业规划和地区规划。编制重点专项规划是"十五"计划的一个创新，共编制了"城镇化发展、人口就业和社会保障、科技教育发展、生态建设和环境保护、水利发展、综合交通体系发展、能源发展、西部开发、信息化发展、加入世界贸易组织提高国际竞争力"等 10 个重点专项规划。

"十五"之前，国家和地方层面也编制了很多以特定领域为对象的专项规划，但大都不是以专项规划命名的，多是部门计划或行业规划。部门计划的起源很早，"一五"时期就开始编制，多为年度计划，主要包括农业计划（始于《东北解放区 1949 年农业生产建设计划》）、工业生产计划（1951 年首先从国营工业占绝对优势的重工业开始编制）、商业流转和对外贸易计划（从国营商业开始编制，1952 年开始编制供销合作社计划）、基本建设计划（1953 年开始编制，1957 年基本建设计划的范围包括国务院所属中央各部和直属机关，各省、自治区、直辖市人民委员会所属专县级以下的 14 个行业的建设工程和筹备工作，以及购买固定资产的活动）、财政金融计划、劳动工资计划等。行业规划是以特定行业（产业）为对象编制的规划,主要包括生产和基本建设两部分内容,如"七五"农业计划、"七五"国家科技攻关计划等。

"十一五"时期,专项规划工作进入发展期,将以往的行业规划、专题规划、发展建设规划、重大工程建设规划等都归于专项规划,但不区分重点专项规划和其他专项规划。据不完全统计,"十一五"时期国务院批准或经国务院同意印发的专项规划有 139 个。"十二五"时期,对重点专项规划和其他专项规划进行了区分。据不完全统计,"十二五"时期国务院批准或经国务院同意印发的专项规划有 149 个,其中重点专项规划 17 个。"十三五"时期经国务院批准的重点专项规划共 22 个。

二、专项规划的定义

自"十五"时期提出将专项规划作为一种特定规划类型以来,相关文件根据特定时期的发展需要,对专项规划做了相应界定。1999 年,国务院办公厅转发的国家发展计划委员会《关于"十五"规划编制方法和程序的若干意见》提出,重点专项规划是以关系我国改革开放和社会主义现代化建设的关键领域、薄弱环节等重大问题为对象编制的规划。2005 年发布的《国务院关于加强国民经济和社会发展规划编制工作的若干意见》提出,专项规划是以国民经济和社会发展特定领域为对象编制的规划,是总体规划在特定领域的细化,也是政府指导该领域发展以及审批、核准重大项目,安排政府投资和财政支出预算,制定特定领域相关政策的依据。2007 年国家发展改革委发布的《国家级专项规划管理暂行办法》提出,国家级专项规划是指国务院有关部门以经济社会发展的特定领域为对象编制的、由国务院审批或授权有关部门批准的规划。2018 年发布的《中共中央　国务院关于统一规划体系更好发挥国家发展规划战略导向作用的意见》提出,国家级专项规划是指导特定领域发展、布局重大工程项目、合理配置公共资源、引导社会资本投向、制定相关政策的重要依据。

概括起来讲,专项规划是以国民经济和社会发展的某一特定领域为对象编制的规划,是总体规划在特定领域的延伸和细化,是指导特定领域发展、布局重大工程项目、合理配置公共资源、引导社会资本投向、制定相关政策的重要依据。

三、专项规划的类型

专项规划涉及领域广泛、类型多样,根据不同的划分标准,可以有以下几种类型。

一是按规划性质,可以分为两类:一类是作为政府履行职责依据的专项规划;一类是引导市场行为方向的专项规划。第一类专项规划,主要集中在政府职责范围的领域,如土地利用、资源开发、生态保护、环境治理等,其规划成果作为政府履行职责的依据,表现为对资源的直接配置和对行为主体的直接规范,具有强制性和约束性。第二类专项规划,主要集中在单纯依靠市场会产生"市场失灵"或市场机制难以做好的领域以及关系全局的关键环节和薄弱领域,政府通过编制专项规划,预测和展望发展环境和市场需求,阐明政府意图,引导资源配置方向,以规范和引导市场主体行为,谋求社会利益最大化。

二是按规划期,可以分为两类:一类是与五年规划纲要相配套的专项规划;一类是规划期相对灵活的专项规划。其中,第一类专项规划,起止年限与总体规划相一致,在专项规划中占大多数,主要是将五年规划纲要提出的特定领域发展目标任务进行细化和延伸,发挥补充完善总体规划的作用。第二类专项规划,起止年限不要求与总体规划相一致,规划期可以短于五年也可以超过五年,短于五年规划期的专项规划,往往是为完成特定时期的重大任务,根据完成时限需要编制的专项规划;超过五年规划期的专项规划,主要集中在需要长远谋划或涉及空间布局的特定领域,如"十一五"时期编制的国家防震减灾规划(2006—2020年)、国家战略物资储备十年规划(2006—2015年);"十二五"时期编制的全国造林绿化规划纲要(2011—2020年)、周边基础设施互联互通总体规划(2014—2035年)等。

三是按涉及范围,可以分为两类:一类是涵盖全国范围特定领域发展的专项规划;一类是针对部分区域范围特定领域发展的专项规划。第一类专项规划占绝大多数,如全国教育发展专项规划、水利发展专项规划等。第二类专项规划致力于解决特定领域的特定问题,如"三江三河"环境污染治理规划、渤海碧海行动计划、晋陕蒙生态治理和保护规划、黄土高原生态保护规划、青海三江源生态建设规划、丹江口库区及上游水污染防治和水土保持"十三五"规划等。

四是按审批层级,可以分为两类:一类是各级政府审批的专项规划;一类是各级政府的组成部门审批的专项规划。第一类专项规划,主要是指由政府审批并以政府文件或政府办公厅文件印发的专项规划,如国家层面就是国务院审批并以国务院或国务院办公厅文件印发的专项规划。第二类专项规划,主要是指经政府同意由主管部门印发的专项规划,如国家层面就是经国务院同意由发展改革部门单独或会同有关部门印发实施的专项规划。一般而言,以关系全局的关键领域、薄弱环节等重大问题为对象编制的重点专项规划由各级政府审批并印发实施。

四、专项规划的作用

总体上看,编制和实施特定领域的专项规划,主要有以下几个方面的作用。

一是落实中央部署、细化总体规划对特定领域提出的战略任务,发挥对总体规划实施的重要支撑作用。由于篇幅所限,总体规划在每个特定领域只能抓大抓总,而专项规划针对具体领域,细化提出明确的发展目标、具体的重大工程和协调配套的政策举措,形成专项领域切实的抓手和有效的举措,从而对总体规划的编制和实施起到支撑作用。

二是布局重大工程项目、引导国家投资和社会资本投向,促进基础设施完善和经济转型升级。一方面,专项规划对政府直接进行的资源配置和再配置进行统筹安排,从而有序完成一些具有公共品特性的社会经济项目,为社会各主体创造有利的发展环境;另一方面,专项规划对微观主体的战略制定和经营策略发挥导向作用,实现通过规划引导资源配置、发展方式转型的目的。

三是为合理配置公共资源、制定相关政策、约束社会行为提供重要依据,发挥弥补市场失灵的作用。专项规划通过规划成果和规划制定过程来协调各部门、各地区甚至是不同企业之间的协作关系和资源配置关系,协调各种经济手段在调控宏观经济和引导微观经济活动中的相互关系。通过协调凝聚的共识是进一步规范和约束各类主体活动的重要依据,也是政府采取干预行为弥补市场失灵的行为准则。

四是政府相关部门履行职责、进行绩效考核的重要依据。在市场经济条件下,政府依然有责任提供具有公共品特性的社会经济项目,如基础设施的发展、落后地区的开发、生态环境的治理、对中小企业研究开发活动的支持、克服社会经济发展的薄弱环节等。通过编制专项规划,实际上细化明确了政府在相关领域一定时期内必须完成的约束性指标,重要工程、项目、行动等,为政府各部门履责提供明确纲领,也为对其进行考核提供明确依据。

第二节　专项规划的演变历程

从"十五"时期提出专项规划这一特定规划类型以来,专项规划的编制、审批、管理、实施等方面发生了很大变化,总体上处于不断完善过程中。

一、"十五"时期

"十五"时期首次提出编制重点专项规划,但针对特定领域发展的规划还包括行业规划,是重点专项规划和行业规划并存的阶段。

在专项规划编制领域方面,印发了新中国成立以来关于规划编制工作的第一个规范性文件,即1999年,国务院办公厅转发的国家发展计划委员会《关于"十五"规划编制方法和程序的若干意见》,直接提出了编制城镇化发展、人口就业和社会保障、科技教育发展、生态建设和环境保护、水利发展、综合交通体系发展、能源发展、西部开发这8个重点专项规划,后在编制过程中又增加了信息化发展、加入世界贸易组织提高国际竞争力2个重点专项规划。

在概念范畴方面,"十五"时期的专项规划既包括重点领域的规划(即当前规划体系中的专项规划),也包括重点区域的规划(即当前规划体系中的区域规划),如《"十五"西部开发总体规划》。

在规划编制程序方面,《关于"十五"规划编制方法和程序的若干意见》提出了思路研究、规划草案、衔接论证、上报审定4个阶段具体程序,并规定重点专项规划须在"十五"计划纲要审议批准后公布。

在规划编制审批管理方面,"十五"时期的10个重点专项规划,由国家发展计划委员会或国家发展计划委员会会同有关部门、地方政府负责编制,报请国务院原则同意后,由国家计委印发。

二、"十一五"时期

"十一五"时期,国家对规划体系做了进一步规范,专项规划编制、审批,管理逐步规范化、制度化。2005年,国务院印发了《国务院关于加强国民经济和社会发展规划编制工作的若干意见》,提出建立三级三类规划管理体系。国民经济和社会发展规划按行政层级分为国家级规划、省(自治区、直辖市)级规划、市县级规划;按对象和功能类别分为总体规划、专项规划、区域规划。2007年,国家发展改革委印发了《国家级专项规划管理暂行办法》,对编制实施专项规划的总体要求、立项、起草、衔接和论证、报批、备案和公布、实施等方面提出了具体规范。

在规划编制领域方面,《国务院关于加强国民经济和社会发展规划编制工作的若干意见》提出严格编制国家级专项规划的领域,编制国家级专项规划原则上限于关系国民经济和社会发展大局、需要国务院审批和核准重大项目以及安排国家投资数额较大的领域。《国家级专项规划管理暂行办法》提出,国家级专项规划要突出指导性、预测性、宏观性。规划的编制要坚持政企分开的原则,突出政府职能,充分发挥市场配置资源的基础性作用。能够以指导意见等形式引导发展的领域,一般不编制规划。国家级专项规划的编制原则上应限于以下领域:关系国民经济和社会发展全局的重要领域;需要国务院审批或核准重大项目以及安排国家投资数额较大的领域;涉及重大产业布局或重要资源开发的领域;法律、行政法规和国务院要求的领域。

在概念范畴方面,按照《国务院关于加强国民经济和社会发展规划编制工作的若干意见》,以往的行业规划、专题规划、发展建设规划、重大工程建设规划等都属于专项规划,不再单独提行业规划概念。同时,不同于"十五"时期,"十一五"时期将区域规划单列为一类,专项规划更加聚焦特定领域。

在规划审批管理方面,"十一五"时期,建立了专项规划年度审批计划管理制度。《国务院关于加强国民经济和社会发展规划编制工作的若干意见》提出,关系国民经济和社会发展全局、需要国务院审批或者核准重大项目以及安排国家投资数额较大的国家级专项规划,由国务院审批;其他国家级专项规划由国务院有关部门批准,报国务院备案。需由国务院批准的专项规划,要拟定年度计划,由国务院发展改革部门商有关部门报国务院批准后执行。《国家级专项规划管理暂行办法》进一步细化了年度审批计划的具体管理制度,提出:需由国务院批准的专项规划,要拟定年度计划。编制部门应在已确认的立项基础上,于每年10月向发展改革部门提出下一年度国家级专项规划报批建议。发展改革部门商有关部门在此基础上拟定国家级专项规划年度审批计划,于每年12月前报国务院,经国务院批准后执行。基础工作不深入,不能保证在一年内完成上报程序的规划,不应列入年度审批计划。各部门应按照审批计划有序报批。未列入审批计划的,原则上不予受理。

"十一五"时期还明确了专项规划在项目审批领域的作用,即专项规划是"审批、核准重大项目,安排政府投资和财政支出预算"的重要依据。2004年发布的《国务院关于投资体制改革的决定》对专项规划在投资领域的作用作出了具体规定,提出:国务院有关部门要依据国民经济和社会发展中长期规划,编制教育、科技、卫生、交通、能源、农业、林业、水利、生态建设、环境保护、战略资源开发等重要领域的发展建设规划,包括必要的专项发展建设规划,明确发展的指导思想、战略目标、总体布局和主要建设项目等。按照规定程序批准的发展建设规划是投资决策的重要依据。

三、"十二五"时期

"十二五"时期在国家规划体系、专项规划编制领域、专项规划概念范畴等方面,基本沿用了"十一五"时期形成的既定规范,但重点加强了专项规划审批管理的制度建设,建立了专项规划整体预案制度,实行"整体预案+审批计划"的管理模式。针对"十一五"时期年度审批计划执行效果不佳,很多年份完成报批的规划数量不足 50% 的情况,国家发展改革委进行了研究分析,认为原因是拟定审批计划的前置性立项确认程序不完备,加上各有关部门对规划编制的准备不充分及难度估计不足,未能按预定计划上报。为此,"十二五"时期,国家发展改革委组织拟定了专项规划整体预案,并将其作为国家级专项规划立项确认,以及年度审批计划拟定的重要依据和基础。"十二五"时期经国务院同意后印发的专项规划整体预案包括了 17 个重点专项规划和 78 个其他专项规划。整体预案印发后,拟定年度审批计划时,不再进行立项确认,而是将整体预案内编制进展好、能做到在下一年度上报的规划列入,从而确保审批计划的执行效果。

"十二五"时期专项规划编制程序进一步规范,2007 年印发的《国家级专项规划管理暂行办法》中关于规划编制的立项、起草、衔接和论证、报批等的具体程序要求在"十二五"时期得以全面执行。立项环节,主要把住编制国家级专项规划的"准入关",明确了规划编制部门提出的规划编制工作方案是立项的依据,发展改革部门对规划编制部门提出的工作方案统筹协调后,提出列入年度审批计划的建议,最后报请国务院审定。起草环节,主要提出了起草规划前要认真做好前期研究工作,同时对规划文本内容、深度提出了具体要求。衔接和论证环节,对衔接领域、衔接内容、衔接方式、衔接时间提出了具体要求,并提出国家级专项规划草案由发展改革部门与有关部门共同组织论证,参加论证的其他相关领域专家不少于专家总数的1/3;论证报告除专家组长签字外,还要附每位专家的论证意见。报批环节,一是要求发展改革部门拟定国务院年度专项规划审批计划,这是上报国务院审批的依据;二是要求报批时必须附有规划编制说明和论证报告,并明确了编制说明应该包括的主要内容;三是明确了报批程序,上报国务院审批的国家级专项规划要会签发展改革部门,或与发展改革部门联合上报。

四、"十三五"时期

"十三五"时期,专项规划的预案管理制度进一步优化,分别编制了重点专项规划预案和其他专项规划预案,降低了预案编制难度,缩短了预案编制周期。

"十三五"时期对专项规划在项目审批领域作用的认识也发生了转变,2016年发布的《国家发展改革委关于印发"十三五"重点专项规划预案的通知》提出,专项规划要在加强重大项目论证基础上,着力做深做实规划内容,突出针对性和可操作性。列入规划的重大项目,需要具备替代项目审批或核准的基本条件和工作基础。专项规划在项目审批领域的作用,从"审批、核准重大项目,安排政府投资和财政支出预算"的重要依据,转变为"布局重大工程项目、引导社会资本投向"的重要依据。

"十三五"中期,中共中央、国务院印发了《关于统一规划体系更好发挥国家发展规划战略导向作用的意见》,对国家规划体系进行了重新界定,对专项规划的编制领域、概念范畴、编制审批管理等也作出了进一步规范,将专项规划界定为指导今后一段时期专项规划事业的重要纲领性文件。在编制领域方面,提出国家级专项规划原则上限定于关系国民经济和社会发展全局且需要中央政府发挥作用的市场失灵领域。在概念范畴方面,提出了发展规划、区域规划、专项规划、空间规划的规划体系分类,将整合主体功能区规划、城乡规划、土地利用规划形成的空间规划单列为一类,专项规划的范畴进一步回归"特定领域"这一核心概念。在编制审批管理方面,提出了专项规划编制目录清单制度。具体要求包括:国家级专项规划由国务院有关部门编制,其中国家级重点专项规划报国务院审批,党中央有明确要求的除外。报请国务院批准的国家级专项规划、区域规划,由国务院发展改革部门会同有关部门统筹协调后制定编制目录清单或审批计划,报国务院批准实施。国家级重点专项规划要严格限定在编制目录清单内。除党中央、国务院有明确要求外,未列入目录清单、审批计划的规划,原则上不得编制或批准实施。

第三节　专项规划的内容

《国家级专项规划管理暂行办法》对专项规划内容作出了基本界定,提出:国家级专项规划文本一般包括现状、趋势、方针、目标、任务、布局、项目、实施保障措施以及法律、行政法规规定的其他内容。内容要达到以下要求:符合国家总体规划,发展目标尽可能量化,发展任务具体明确、重点突出,政策措施具有可操作性。对需要国家安排投资的规划,要充分论证并事先征求发展改革和相关部门意见。从具体编制成果看,专项规划的内容构成总体上包括八部分。

一是发展基础。主要总结评估本领域已具有的基础和发展程度,与国外发达国家相比存在的差距,在国际上的地位水平及比较优势等,并对近年来采取的措施以及取得的成绩作出回顾和评价,找出存在的主要问题并分析问题产生的根源。

二是形势分析。主要包括对国内外发展环境变化情况和本领域发展趋势的分析和判断,本领域在国内经济社会发展中的战略地位,编制该专项规划的必要性和重要意义等。

三是总体要求。包括指导思想、基本原则、主要目标指标等。主要在发展基础和形势分析的基础上,根据现实的需要确定本领域发展的主要目标和阶段性目标,建立由速度指标、规模指标、结构指标构成的指标体系,并区分约束性指标和预期性指标,明确政府履职边界和国家战略意图。

四是重点任务。主要针对本领域发展目标以及目前存在的薄弱环节,确定在规划期内可能取得创新和突破的方面,提出各子领域发展的分项目标、重点任务及时间安排。

五是空间布局。主要提出空间布局方面的规划任务。其中,重大基础设施建设类、重要资源开发利用类专项规划的空间布局主要明确设施建设、资源开发的战略节点、骨干线网的布局,例如:《"十三五"现代综合交通运输体系发展规划》对综合运输大通道,综合交通枢纽,铁路,国家高速公路,民用运输机场,内河高等级航道,原油、成品油、天然气管道等布局作出了规划安排。《全国矿产资源规划(2016—2020年)》明确了103个国家能源资源基地和267个国家规划矿区的布局。生态环境保护类、需要国家调控或扶持的关键领域专项规划的空间布局主要明确分区域发展重点,例如:《"十三五"重点流域水环境综合治理建设规划》划分了长江流域、黄河流域、珠江流域、松花江流域、淮河流域、海河流域、辽河流域、近岸海域—环渤海地区、其他流域等9个重点治理区域,并提出了每个区域的治理重点。《全国海洋经济发展"十三五"规划》提出进一步优化我国北部、东部和南部三个海洋经济圈布局,推进海岛开发与保护,拓展深远海空间等优化海洋经济布局任务。

六是重大项目。主要明确保障目标任务实现的重大工程、重大项目及其具体内容。主要集中在重大基础设施建设类、重要资源开发利用类、生态环境保护类,以及国防、公共安全、科技创新、社会事业和公共服务体系建设类规划。例如:《国家重大科技基础设施建设"十三五"规划》提出了空间环境地基监测网、大型光学红外望远镜等10个建设项目。《"十三五"生态环境保护规划》提出组织实施25项重点工程,包括工业污染源全面达标排放等11项环境治理保护重点工程和国家生态安全屏障保护修复等14项山水林田湖生态工程。《防震减灾规划(2016—2020年)》提出了国家地震烈度速报与预警工程、农村民居地震安全工程、防震减灾基础设施建设与公共服务工程、防震减灾基础探查与科技创新工程等4项重点工程和重点项目。

七是体制改革。主要提出保障目标任务实现的重大体制机制改革方向。例如:《水利改革发展"十三五"规划》提出了改革完善水治理体制、全面推进水价改革、积极探索建立水权制度、创新水利投融资机制、深化水利工程建设与管理改革等5方面体制机制改革要求。

八是配套措施。主要提出保障目标任务实现的配套政策措施。一方面通过经济手段、法律手段、行政手段和组织分工等建立规划实施的保障措施体系,并通过程序化、标准化和激励、约束机制实现对规划实施过程进行控制;另一方面对需要政府投资的领域,厘清资金来源为各方面投入做好安排。

第八章　区域规划

区域规划是我国国民经济和社会发展规划体系的重要组成部分,新中国成立后,随着国民经济和社会发展计划(规划)的演进,区域规划也不断发展,并在国家区域治理中发挥着重要作用。

第一节　区域规划的概念及内涵

一、区域规划的概念

区域规划是以跨行政区的特定经济区域或地理区域为对象,针对特定问题,为了完成特定任务,以国家的总体规划、区域发展战略和上级的指导文件为依据,由上级政府或行政主管部门组织编制的战略性综合规划。

区域规划从所规划区的基础条件和发展趋势出发,明确经济和社会发展方向和目标,对土地利用、城镇建设、基础设施和公共服务设施布局、环境保护等作出总体部署,并提出比较长远而全面的实施政策和发展构想,以加强地区之间的协调和合作,打破行政区界限,促进各地区扬长避短、优势互补,使"行政区经济"走向区域经济,实现区域经济的一体化,提升区域整体竞争力。

从整个规划体系来看,国民经济和社会发展规划是总体规划,行业专项规划属于"条条"的规划,各行政区的规划则是属于"块块"的规划,在"条条"和"块块"的规划中出现需要协调解决的问题时,区域规划应运而生。

区域规划具有很强的实践性,其内涵和表现形式在历史发展过程中,随着规划实践的发展不断发生着变化。新中国成立以来,出现过以流域治理为目的的江河流域规划、以工业生产力具体布局为中心的区域规划、以综合开发整治为特征的国土规划和土地利用规划、服务于城市规划要求的城镇体系规划、强调大城市或城市群带动作用以城市发展为主线的城镇群和都市圈规划,以及"十一五"后以空间理念为主的综合性的区域规划,它们在不同的历史阶段对区域经济发展起到了应有的促进作用。

二、区域规划的基本特点

区域规划是国民经济和社会发展规划在特定空间的落实,具有战略指导性、跨行政区性、地域特色性、特定目的性和系统综合性等基本特点。

(一)战略指导性

区域规划是一项带有战略性的发展布局工作,需要站在未来回看现在的角度,依据国家总体规划和区域发展战略,以区域的资源环境承载能力为基础,以区域内亟须解决的问题为导向,有预见性地提出区域功能定位和长远而全面的发展构想。因此,区域规划的期限更长,一般都在五年以上,其规划目标也分为近期目标和远期目标,近期目标具有可操作性,远期目标则具有导向性。随着区域外部环境和内部发展状况的变化,规划目标也需要及时进行调整。如《广西北部湾经济区发展规划》对北部湾经济区的战略定位是:立足北部湾、服务"三南"(西南、华南和中南)、沟通东中西、面向东南亚,充分发挥连接多区域的重要通道、交流桥梁和合作平台作用,以开放合作促开发建设,努力建成中国—东盟开放合作的物流基地、商贸在地、加工制造基地和信息交流中心,成为带动、支撑西部大开发的战略高地和开放度高、辐射力强、经济繁荣、社会和谐、生态良好的重要国际区域经济合作区。2014年,在对该规划进行中期评估后,根据深化中国与东盟合作、推进21世纪海上丝绸之路建设、打造西南中南地区开放发展新的战略支点、全面深化改革、新型城镇化发展等要求进行了修订,使之更具有现实针对性。

（二）跨行政区性

以行政区划为界的发展，虽然有利于调动各级政府的积极性，但按照行政区组织经济活动容易割裂区际经济联系，在基础设施大连接、市场大流通大融合、各类要素大流动、生态圈联系更紧密的形势下，如何处理好单个的行政区与开放型市场经济之间的关系，突破行政区划对跨区域经济融合发展带来的阻隔，进而构筑更大范围、更加高效的产业分工体系、资源配置体系、市场经济体系以及更加公平均衡的公共服务体系，越来越成为各级政府治理体制改革的一个重大挑战，因此作为政府重要治理手段的区域规划，需要将相邻的一个或多个行政区或者地域作为整体加以考虑，这对于打破行政壁垒、促进生产要素自由流动、提升区域整体竞争力，意义尤为重大。

（三）地域特色性

区域规划的空间属性决定了它总是与一定的地域联系在一起。各地区在自然、地理、资源、环境、地域分工及经济活动方面的差异，必然导致区域间经济发展的不平衡，未来发展的诉求也不一致，因而也就决定了区域规划具有鲜明的地域性。跨省区的区域规划重点协调区域性的重大问题，省内区域规划虽然也涉及区际问题，但以解决区域内的空间发展问题为主。近年来，随着发展的需要，沿海经济发达地区的区域规划更着重从经济国际化的角度，围绕其在全球及区域性分工中的地位和强化核心竞争力进行区域总体空间布局，而中西部地区的区域规划则以加快工业化和城镇化为主要目标，协调好经济社会发展与资源和生态环境的关系。

（四）特定目的性

区域规划的题目都是在实施国家总体战略或区域发展战略中，为实现特定的目的而提出的。比如《西南和华南部分省区区域规划纲要》就是要统筹规划西南和华南六省区经济开发和对外开放中的重大问题，发挥区域内沿海开放城市的优势，打通西南出海大通道，改变区域内"南北不畅"的状况，依托大西南的资源优势，建设西南工业走廊，形成新的经济增长极。《西部大开发"十二五"规划》就是在认真总结前面十年的经验基础上，进一步明确了深入实施西部大开发战略部署的基本思路。

《长江三角洲地区区域规划》就是为了形成以上海为核心,沿沪宁和沪杭甬线、沿江、沿湾、沿海、沿宁湖杭线、沿湖、沿东陇海线、沿运河、沿温丽金衢线为发展带的"一核九带"空间格局,推动区域协调发展;《陕甘宁革命老区振兴规划》则是为了推动老区实现振兴,使老区走出一条生态环境良好、能源资源集约开发、人民生活富裕的科学发展之路;《京津冀协同发展规划纲要》则重在疏解北京非首都功能;《粤港澳大湾区发展规划纲要》目的是促进规则衔接,推动生产要素流动和人员往来便利化。

(五)系统综合性

相对而言,国民经济和社会发展规划纲要是国家进行中长期宏观调控的主要依据和行动纲领,原则性较强,主要起着导向作用。而地方规划和产业规划则侧重于微观层面具体项目的布局和任务措施的制定,内容更加具体,约束性更强。区域规划则属于中观层面的规划,既比地方规划更具有宏观指导性,又比国家总体规划更具操作性。随着科学发展观、"五个统筹""新发展理念"等重要战略思想的提出,编制区域规划时一方面要以各专项规划为基础,另一方面又要在更高层次上进行综合协调,既体现国家意志,又兼顾地方利益诉求,从历史基础、现状特征、未来的变化趋势、各"条条"与各"块块"之间关系的角度进行系统的分析和考虑,为不同区域及其发展阶段确定规划的总体目标和具体目标,并通过对地域空间的综合协调,统筹安排区域宏观性的、全局性的、关键性的重大事项和重大项目,遴选出使区域各方相对满意的规划方案。

三、区域规划的编制原则

鉴于区域规划不同于国家总体规划、地方规划等各类规划的特点,在编制区域规划时应遵循以下基本原则。

(一)统筹兼顾原则

编制区域规划时,一定要从我国的基本国情和所在区域的实际情况出发,建立"全国一盘棋"的框架思维,统筹兼顾,综合平衡,既要服从和落实上一级规划,又要做到"跳出区域来规划区域",将区域放到以市场为纽带的更大区域范围的经济大系统中考虑,抓准本地区发展优势,同时与区域周边的发展规划相互衔接,协调区域内外各方发展需求,避免产业结构趋同、重复建设和同质竞争,形成由战略到战术、由战术到战斗层层递进的关系和合力。

(二)区域聚焦原则

区域规划不能包罗万象、面面俱到,要以区域内亟须解决的重大问题为导向,针对特定区域、特定时段、特定背景的要求,设定有限的目标、可操作性强的路径。譬如《广西北部湾经济区发展规划》的编制是为了使广西沿海地区尽快成为经济新高地、发展新一极,在规划中就没有包含玉林和崇左的产业布局,只将玉林和崇左的交通和物流纳入其中,考虑整个北部湾经济区的协同发展问题。2016年5月国务院批复的《长江三角洲城市群发展规划》确定长三角城市群在上海市、江苏省、浙江省、安徽省的26个城市范围内,建设面向全球、辐射亚太、引领全国的世界级城市群,辐射泛长三角地区,但规划范围并不包括这三省一市的全境,该规划的最大亮点也是最核心之处,是明确了长三角的区域布局,通过发挥核心城市之间以及卫星城市强强联合的引领带动作用,并在更大范围、更宽领域、更高层次开展区域分工合作,助推长三角地区更高质量的一体化发展。

(三)环境友好原则

社会化大工业生产和资源的大量开发导致生态破坏和环境污染问题日益突出,人与自然之间的矛盾愈加尖锐,因此,在编制区域规划时,要坚持绿色发展理念,建设以资源环境承载力为基础、以自然规律为准则、以可持续发展为目标的资源节约型、环境友好型社会,突出绿色、循环、低碳发展。譬如《长江经济带发展规划纲要》以共抓大保护、不搞大开发为导向推动长江经济带发展,走出一条生态优先、绿色发展之路,让中华民族母亲河永葆生机活力,真正使黄金水道产生黄金效益,从大力保护长江生态环境、加快构建综合立体交通走廊、创新驱动产业转型升级、积极推进新型城镇化、努力构建全方位开放新格局、创新区域协调发展体制机制、保障措施等方面描绘了长江经济带发展的宏伟蓝图。

（四）动态调整原则

区域规划具有强烈的时代属性，影响区域发展的自然环境、资源条件、经济基础等因素不一，国家给予的政策和发展期待不同，区域经济发展不同时期面临的任务也不同，规划中所提出的近期、中期、远期发展指标，相对国民经济和社会发展总体规划来说具有更大的弹性，我们可以通过及时评估、动态调整不同时期的区域发展目标，促进地区经济逐步由非平衡发展向实现较长历史时期的相对均衡发展，缩小落后地区与发达地区之间的差距，为下一阶段的区域发展规划布局提供足够的经济基础和社会条件。

四、区域规划的主要内容

不同的区域规划由于所规划区域的特点和规划目的任务的不同，其内容有所增减，但基本内容仍是较稳定的，可概括为以下几个主要方面。

（一）提出发展战略

在对各区域进行具体规划时，要遵循全国国民经济和社会发展长期规划的总目标和区域发展战略布局，首先要对全国、本区域和区域周边地区经济发展形势进行预测分析，对外部环境和发展大局有正确的认识和把握，对该区域自身的优势和劣势、机遇和挑战、资源和缺陷、使命和个性、有利和不利因素等"家底"有准确、明细的掌握，从而提出区域发展的功能定位和战略目标，并结合区域实际，明确各行政区之间的协调机制，提出参与国际竞争的路径选择等。

（二）合理谋划空间

区域发展最终要落到空间上，不论以什么问题为侧重点的空间规划，都必须对空间进行相应谋划。在不超越资源和环境承载能力的条件下，根据劳动力、资本、土地等资源禀赋和发展需要，从战略的高度，划定区域发展的"三区三线"，对区域内各市县的城市、工业、农业、旅游区、生态保护区、基础设施、休闲娱乐和公共服务设施等各种功能区在空间上进行划分，提出大的框架性空间布局概念，明确各类区域空间结构、土地使用和开发建设的基本原则，挖掘空间功能价值最大化的利用形式，同时对远期利用作出展望和安排。这部分主要回答总体上"哪些空间可以干什么，不可以干什么；在哪里，做什么；现在做什么，将来做什么"的问题。

（三）确定产业布局

产业在区域发展规划中，要么是需要谋划的重点，要么是需要考虑的影响因素。区域发展离不开产业带动，因此需要根据空间总体布局所确定的功能分区，结合规划区域的产业结构、产业特点、地域分工状况、产业竞争力分析和未来发展趋势，确定各功能分区主导产业的远景发展方向和目标、重点企业培育和集群的构建、产业发展的政策环境设计、重点项目布局的基本原则和具体方案，促进第一、二、三产业的有机结合。这部分主要回答"区域内怎么分工，发展哪些产业，发展到多大规模，在什么地方发展"的问题。需要注意的是，新时期的区域规划必须紧跟信息化这一新形势，通过遥感技术、GIS 技术等现代手段，使区域规划涉及的产业和重大项目建设布局落实到空间上。

（四）布点基础设施

基础设施是区域和城市开发的强大引擎，对生产力和城市的发展与空间布局有重要影响，其建设应与社会经济发展同步或者适度超前。在区域规划中，要对交通运输、邮电通信、给排水、供电供气、能源仓储等生产性基础设施和商业服务、文化教育、医疗卫生、金融贸易、园林绿化等社会性基础设施进行现状分析，并根据人口和社会经济发展的要求，预测未来对各种基础设施的需求量，按照区域化、生态化、网络化的原则，合理确定各种设施的数量、等级、规模及空间分布。

（五）明确环保策略

在新的区域发展格局下，需要统筹考虑区域发展和环境保护的关系，实现区域经济发展和环境保护之间的协调共赢。由于环境问题的地域性特征十分明显，因此在制定区域规划时必须"因地制宜"，深入分析我国"四大板块"①的经济与环境发展形势，剖析资源环境问题产生的深层次原因，以社会经济为基础，以环境容量和生态功能区划为重要依据，研究

---

① 四大板块，是指西部地区、东北地区、东部地区和中部地区。

提出差别化的生态环境保护策略,如东部地区重在提高资源利用效率,遏制环境污染加剧的趋势;中部地区注重加强生态敏感脆弱区的生态建设与保护;西部地区要加强环境政策创新,推进实施生态补偿政策;东北地区则要抬高环境准入门槛,调整产业结构。

(六)提出区域政策

区域规划的"干货"就在于提出有针对性的特殊政策,对地区来讲,产业布局政策、财政政策、税收政策、土地政策、开放政策等宏观政策十分重要,同时,诸如用工政策、物流政策、价格政策、人才政策等具体政策也更加直接。为了保障区域规划的实施,要通过制定区域发展政策,扶持不同类型的地域,为规划区域创造适合自己的、有地方特色的发展条件。

第二节　区域规划的演进和探索

新中国成立 70 年来,完成了由传统社会主义计划经济体制向社会主义市场经济体制的转变。经济体制和区域发展战略发生了很大的变化,区域规划也在不断地变革。以改革开放为界,其演进大致可分为两个时期。

一、探索社会主义道路进程中的区域规划(1949—1978 年)

新中国成立初期,百废待兴,经济处于发展的初始阶段,总体水平低下,当时效仿苏联模式,选择了由上至下高度集权的传统计划经济体制,政府在资源配置中发挥着决定性的作用。经过 1949—1952 年三年的艰苦努力,我国的国民经济得到迅速恢复和初步发展。作为国民经济和社会发展计划的具体化和重要补充,区域规划经历了从迅速开展到基本停顿再到艰难复苏的曲折前进过程。

"一五"(1953—1957 年)时期确定的一项基本任务是集中主要力量,进行以苏联帮助我国设计的 156 个大型建设项目为中心、由 694 个大中型建设项目组成的工业建设,建立我国社会主义工业化的基础。结合这些任务,以资源开发、工业企业和城市布局为重点的区域规划在部分城市和省区开展。

1956年国家建委召开的全国基本建设会议作出了《关于开展区域规划工作的决议》，并进一步拟订了《区域规划编制和审批暂行办法（草案）》。① 同年，国务院出台《关于加强新工业区和新工业城市建设工作几个问题的决定》，提出迅速开展区域规划的工作，并以茂名、个旧、兰州、湘中、包头、昆明、大冶、河西走廊等8个地区为第一批试点进行区域规划工作。这一时期的区域规划对国民经济计划在生产力具体配置上与组织生产协作上起了一定的积极作用②，为以后城市和工业区的发展打下了良好的基础。

1952年10月，毛泽东同志视察黄河时叮嘱"要把黄河的事情办好"，揭开了治理黄河的序幕。从1954年起，我国先后开始编制黄河、长江等中国七大江河及一些重要河流的流域综合规划。1955年7月，第一届全国人大二次会议审议通过了中国历史上第一部大江大河的综合规划《关于根治黄河水害和开发黄河水利的综合规划的决议》。1959年，长江流域规划办公室编制提出了《长江流域综合利用规划要点报告》。这些流域综合规划都具有区域规划的性质，从防洪的要求出发，结合水资源综合利用，提出了各流域骨干枢纽工程布局规划。

1958年，党的第八届全国代表大会第二次会议确定了"鼓足干劲、力争上游、多快好省地建设社会主义"的总路线，客观上要求更广泛地开展区域规划工作。1960年在郑州地区和徐州地区开展了第二批区域规划试点。由于各地的区际差异性比较明显，中央政府在全国设立了东北、华北、华东、中南（由华中区和华南区合并）、西南和西北六大经济协作区，以贯彻国家的发展计划。此时的区域规划已经开始注意到地区经济发展中的各种关系，其内容扩大到以省内经济区（或地区）为区域范围的整个经济建设的总体规划。

---

① 《国家建设委员会召开全国基本建设会议讨论了设计、建筑、城市建设工作的初步规划和基本措施》，《人民日报》1956年3月8日。
② 建筑科学研究院区域规划与城市规划研究室编：《区域规划编制理论与方法的初步研究》，建筑工程出版社1958年版，第1页。

　　"二五"(1958—1962年)时期,区域规划工作进入一个高潮期。据统计,1958年,全国共有贵州、河北、内蒙古、江西、安徽和吉林等11个省、自治区、直辖市进行了全省的或部分地区的区域规划。"二五"计划的前三年,在河北、山西、内蒙古、江苏、安徽、四川、贵州等省和自治区,共有39个地区编制了区域规划①。其中,四川、贵州、河北、内蒙古4个省、自治区以划分省内经济区的方式,进行了全省、自治区范围的区域规划。但受当时急于求成和盲目乐观思想的影响,许多区域规划工作存在脱离实际的倾向。

　　针对区域规划工作存在的问题,1960年,国家计划委员会召开第九次全国计划会议,提出"三年不搞城市规划",全国规划机构普遍精简,规划任务开始减少。1961年1月召开的党的八届九中全会决定从当年起,在两三年内对国民经济实行"调整、巩固、充实、提高"的八字方针,大批可不建或缓建的基本建设项目纷纷下马。1964年毛泽东同志提出,要考虑打仗,要有战略部署,要建立战略后方。根据集中力量建设"三线"这一全国战略后方基地的部署,新的工业区和新的城市在西部地区出现。"三线"建设客观上初步改变了中国东西部经济布局不均衡的状况,但由于过分强调"三线"企业都要"靠山、分散、进洞",忽视了现代化和长期生产的要求,区域发展出现了很大的盲目性,加之后来经历十年"文化大革命",区域规划发展陷入停顿。

　　1976年7月28日唐山大地震后,国家建委组织规划人员帮助编制《唐山市恢复建设总体规划》,区域规划工作开始局部恢复。

　　总体而言,从1949年新中国成立并进行社会主义革命和建设至改革开放前的29年间,为了实现"赶超"型发展战略,实行中央集权的计划经济体制,政府不仅管理宏观经济,而且对微观经济进行直接干预,对经济起了一定的积极推动作用,为改革开放积累了重要的思想、物质和制度条件。区域规划处于从计划到建设的关键环节,更多的是全国计划指令性

---

　　①　张器先:《我国第二批区域规划试点工作追记》,载中国城市规划学会主编:《五十年回眸——新中国的城市规划》,商务印书馆1999年版,第51页。

的分解,管具体项目、管投资和建设、管企业生产等,存在重视行业计划、轻视区域经济的缺陷。

二、改革开放探索中国特色社会主义进程中的区域规划（1979 年以来）

1978 年 12 月党的十一届三中全会召开,把党和国家的工作重点转移到社会主义现代化建设上来,实行改革开放的战略。1982 年 9 月,邓小平同志在《中国共产党第十二次全国代表大会开幕词》中提出"建设有中国特色的社会主义",在改革开放政策及各项经济建设的有力推动下,区域规划开始逐步走上正轨。

（一）计划经济体制向市场经济体制转变时期的区域规划（1979 —2000 年）

改革开放起步及中国经济体制改革的全面推进,大大加快了国民经济稳步发展的步伐,也开启了我国区域规划新的发展阶段,在此过程中出现了以国土开发与整治为主体和以城镇体系发展为重点的区域规划。

"六五"(1981—1985 年)计划中首次专门列出"地区经济发展计划篇",把全国划分为东部沿海、内陆、边远少数民族三种不同类型地区,并提出各类地区的发展方针。在经济总体布局上,纠正过去偏重内陆地区建设、忽视沿海地区发展的倾向,转为一面着重发挥沿海地区的经济技术优势,一面有步骤有计划地开发内陆和少数民族不发达地区的资源,同时积极推进地区之间和各地区内部的横向联合,通过自下而上、平等协商的方式建立众多不同层次的区域性经济组织。

"六五"时期,西南五省六方协作区、沿黄河经济协作区、长江沿岸城市市长联席会议、长株潭经济区等一批多层次、多形式的跨行政区区域合作组织逐步建立,加强了不同行政区之间的物资协作、技术协作和经济联合,促进了区域规划工作的开展。

1978 年,国家领导人出访西欧五国,参照国外经验,中央作出了关于"搞好我国的国土整治"的决定,"六五"计划也规定编制部分地区国土开发整治规划,因此从 1982 年 3 月开始,我国将京津唐、吉林松花湖、湖北宜昌、浙江宁波、新疆巴音郭楞蒙古族自治州、河南豫西地区等6个不同类型的地区作为试点进行区域性国土整治与规划工作。其中,京津唐地区国土开发整治的综合研究成为国土开发和整治规划研究的成功典型。这一时期的区域规划全面系统地摸清了我国的国情和区情,谋划了重点经济带或重点经济区域发展的生产力布局问题,但由于未能适应市场经济发展,加之缺乏必要的法律支撑以及国家机构的调整,导致以国土规划形式出现的区域规划被后来的经济区规划和城镇体系规划所取代。

"七五"(1986—1990年)计划中第一次将全国划分为东部、中部、西部三个经济地带,指出要正确处理我国东部、中部、西部三个经济地带的关系,充分发挥它们各自的优势和发展它们相互间的横向经济联系,逐步建立以大城市为中心的,不同层次、不等规模、各有特色的经济区网络,并提出要进一步推动上海经济区、东北经济区、以山西为中心的能源基地、京津唐地区、西南"四省(区)五方"地区等全国一级经济区网络的形成和发展,形成以省会城市和一批口岸与交通要道城市为中心的二级经济区网络。区域规划的工作重点围绕经济协作区展开,国家先后成立了上海经济区规划办公室、东北经济区规划办公室、以山西为中心的能源基地规划办公室,在一些重大问题上促进了各地区达成基本共识,协调了各行政区之间的利益关系。

与此同时,服务于城市规划要求的城镇体系规划和以大中城市为中心的市域规划及以基本农田保护为核心的土地利用规划,也成为区域规划实践和区域空间结构形成的主要形式。

总体来说,非均衡的发展战略在促进沿海地区迅速崛起的同时又进一步拉大了区域间的经济差距,由于存在行政区的体制障碍,地区之间仍存在重复建设和恶性竞争,区域规划仍然难以实施。

以1992年邓小平同志南方谈话和党的十四大为标志,中国改革开放和现代化建设进入新的阶段。面对区域经济发展失衡引发的诸多负面效应,"八五"(1991—1995年)时期,按照"统筹规划、合理分工、优势互补、协调发展、利益兼顾、共同富裕"的原则,我国进一步改善地区经济结构和合理布局生产力,促进地区经济的协调发展。在《国民经济和社会发展"九五"计划和2010年远景目标纲要》中，明确要求按照市场经济规律和经济内在联系以及地理自然特点，突破行政区划界限，在已有经济布局的基础上，以中心城市和交通要道为依托，逐步形成7个跨省、自治区、直辖市的经济区域。

根据"八五"（1991—1995年）计划和"九五"（1996—2000年）计划的部署，国家开始重视大经济区的规划工作，国家计划委员会先后组织编制了西南和华南部分省区、长江三角洲及沿江地带、东北地区、西北地区、环渤海地区、中部五省及京九铁路沿线地区、东南沿海地区区域经济规划等七大区域发展规划。以经济的自然联系、资源和区位优势互补为主导的、跨省区的区域经济（或经济带）逐步发育、发展，成为国民经济体系中的一个重要层次。

由于区域规划工作由国务院部署开展，国家计划委员会负责牵头组织，各地区都希望通过区域经济联合加快本地区发展，因此有力推动了规划的实施进程。但该时期几大经济区域的政策体系多是一些支持性和鼓励类的口号，针对性和可操作性不强，影响了实施的成效；同时缺乏对规划工作的指导、跟踪、监督机制，影响了对规划实施成效的有效评价。

（二）社会主义市场经济体制进一步完善时期的区域规划（2001—2010年）

进入21世纪，社会主义市场经济发展进入新的阶段，中国加快推进社会主义现代化，在全球化的发展背景下，以中心城市为核心或几个核心城市及周边的城镇组成的城市区域或城市集团已经代替单个城市，成为新的竞争主体；多级合作已经代替单打独斗，成为主要的竞争方式；区域规划成为解决我国区域发展面临的困境、促进区域可持续发展的重要途径。

"十五"（2001—2005年）计划的建议指出，要实施西部大开发战略，加快中西部地区发展，合理调整地区经济布局，促进地区经济协调发展。2002年11月，党的十六大把"地区差别扩大的趋势逐步扭转"作为全面建设小康社会奋斗目标的重要内容。2003年10月，党的十六届三中全会在提出科学发展观的同时，提出统筹区域发展在内的"五个统筹"，把形成促进区域经济协调发展的机制作为未来发展的主要任务之一。"十一五"(2006—2010年)规划提出了"坚持实施推进西部大开发,振兴东北地区等老工业基地,促进中部地区崛起,鼓励东部地区率先发展的区域发展总体战略,健全区域协调互动机制,形成合理的区域发展格局"。

随着区域发展总体战略的实施和区域协调发展要求的不断提高,区域规划的探索和创新也相应进入一个新的阶段,区域规划更加突出空间性和可持续发展。国家发展改革委在部署"十一五"规划编制工作时提出"把区域规划放在突出重要的位置";"区域规划是战略性、空间性和有约束力的规划,不是纯粹的指导性和预测性规划";"区域规划的作用是规划主要功能区的'红线'";"编制区域规划要着眼于打破地区行政分割、发挥各自优势、统筹重大基础设施、生产力布局和生态环境建设,提高区域的整体竞争能力",并要求先期启动京津冀都市圈和长江三角洲地区两个区域规划的前期工作。① 2007年10月,党的十七大报告把"城乡、区域协调互动发展机制"和"主体功能区布局基本形成"纳入到实现全面建设小康社会奋斗目标新要求中来,对推动区域协调发展提出了更高要求,首次将区域的生态环境问题放在了和经济发展同等的位置,关注的对象更加注重增长的质量。

"十五"时期至"十一五"时期,《京津冀都市圈区域规划》《珠江三角洲城镇群协调发展规划(2004—2020)》《长株潭城市群区域规划(2008—2020)》等一系列与国家区域发展战略相衔接的区域规划相继编制,类型多样、时空尺度不同的规划互补并进。区域规划从传统的经济发展规划转向空间发展规划,以区域内大城市或城市群为主体,以城市的影响区域为范围,强调大城市或城市群对整个地区的带动作用和竞争力的提升作用,强调区域的全面协调发展和区域空间的合理配置,以都市圈规划、城市群规划或大都市区战略规划的名义出现,带有明显的自下而上的特征,反映了特定区域内各空间单元(以城市为主)之间强烈的合作联动意向,但由于政府体系内纵向权力划分不明晰,建设部、国土资源部和国

---

① 马凯:《用新的发展观编制"十一五"规划》,《中国经济导报》2003年10月21日。

家发展改革委从各自职能出发,从中央到地方,层层编制各种规划,形成了从上到下的"纵向条条分割"和地区与地区之间的"横向块块分割"的局面①。对于具体的空间地域来说,则出现了内容重复甚至相互矛盾、彼此冲突的不同形式的区域规划,据统计,"十五"计划做完后,全国从中央到县一共有7300多个规划。因此必须从全局的高度,对规划体系进行必要的改革。

(三)全面建成小康社会决战时期的区域规划(2011年以来)

从2012年起,中国经济增速正式告别9%以上的高速增长,经济发展进入了由高速增长向中高速增长过渡并以中高速增长为基本特征的新时期。

2012年11月,党的十八大报告明确提出要继续实施区域发展总体战略,充分发挥各地区比较优势,优先推进西部大开发,全面振兴东北地区等老工业基地,大力促进中部地区崛起,积极支持东部地区率先发展。随着"四大板块+三个支撑带"区域发展战略的升级,区域发展向更注重地域之间联系和区域均衡、多点支撑的一体化发展模式转变。

为适应新时期的发展条件和要求,贯彻可持续发展的精神,党的十八届五中全会提出了"创新、协调、绿色、开放、共享"的五大发展理念,"十二五"(2011—2015年)时期,区域规划的重点在于统筹考虑经济、社会与资源、环境等各种因素,通过发挥市场机制的作用探索一个区域未来如何在经济和社会同人口、资源、生态环境之间保持和谐、高效、有序、优化发展,确保其经济获得稳定增长和社会持续发展的同时,实现人口增长得到有效控制、自然资源得到合理开发利用、生态环境保持良性循环,并对不同类型地区提出相应的分级管治措施和行动计划,以实现优化空间结构、改善生态环境、保证国家与城乡建设的可持续发展的目的。区域规划的空间范围从"四大板块"层面逐步缩小到跨省区以及省级和省内层面,《成渝经济区区域规划》《促进中部地区崛起规划》《长江三角洲地区区域规

---

① 王晓东:《对区域规划工作的几点思考——由美国新泽西州域规划工作引发的几点感悟》,《城市规划》2004年第4期。

划》等一批融合了空间理念、生态理念的综合型、跨行政区域的区域规划,通过上下互动出台,保证了国家战略意图得以落实,也兼顾了地方发展经济的主动性和积极性,但"条条"和"块块"之间的利益分割仍然存在。

2017年10月,党的十九大报告指出:党和国家发展进入全面建成小康社会决胜阶段、中国特色社会主义进入新时代的关键时期。中国特色社会主义进入新时代,我国社会主要矛盾已经转化为人民日益增长的美好生活需要和不平衡不充分的发展之间的矛盾。同时提出实施区域协调发展战略,这是改革开放以来我国区域发展战略的重大提升,是中国特色社会主义新时代必须坚持的重大战略,是化解新的社会主要矛盾的重大举措,也是实现"两个一百年"奋斗目标的重大部署。而要塑造要素有序自由流动、主体功能约束有效、基本公共服务均等、资源环境可承载的区域协调发展新格局,探索规划体制改革创新、建立健全统一衔接的空间规划体系势在必行。

2017年,中共中央办公厅、国务院办公厅印发的《省级空间规划试点方案》为实现"多规合一"提供了改革路径。根据2018年3月十三届全国人大一次会议表决通过的国务院机构改革方案,新组建自然资源部,逐步建立统一的空间规划体系,"多规合一""多规融合"将成为区域规划编制的重要工作途径。

区域规划总是与区域开发和区域体制创新紧密结合。改革开放以来,国家除设立经济特区、开发区外,也设立了多个国家级新区,截至2018年6月,中国国家级新区总数共有20个。此外,还有武汉长江新区、合肥滨湖新区、郑州郑东新区、南宁五象新区等地区在申报中。经济特区、开发区和新区都是所在区域的新经济增长极。至2019年2月《粤港澳大湾区发展规划纲要》的印发实施,彰显出新时期区域规划在加强政府宏观调控、完善区域政策体系、推进产业结构升级、促进生产力空间布局不断优化、推动区域一体化进程和突出人与自然和谐发展等方面发挥越来越重要的作用。

第三节 区域规划的作用

区域规划作为我国国民经济和社会发展规划在特定区域的细化和落实，是同发展市场经济相适应的。积极开展区域规划工作，对于加快我国社会主义现代化建设具有十分重要的意义和作用。

一、实施了国家区域发展战略

新中国成立以来，我国区域经济发展战略布局的总体态势，从促进经济快速增长的均衡发展，到以经济效率为中心的非均衡发展，再到注重公平兼顾效率的协调发展。现阶段，区域协调发展战略与主体功能区战略相结合，形成了更加注重发展效率和结构优化的新区域协调发展战略。

在国家区域发展战略指导下编制的区域规划，保证了国家战略意图得以落实，能够在市场难以发挥作用的如大区域发展战略、大流域综合治理、跨区域资源配置、跨省区资源共享等方面，指导地区间的协调和合作，打破行政区的条块分割，推进资源的有序流动和优化配置，实现总体发展效益最大化，促使"行政区经济"走向区域经济，提高区域综合竞争力。如，20世纪80年代中后期，上海经济区办公室编制的《上海经济区发展战略纲要》明确提出，要充分发挥中心城市作用，打破条块分割，把横向经济联系更好地组织起来，逐步形成以大中城市为依托的、不同规模的、开放式、多层次、网络型的经济区。

二、加强了区域之间的联系

随着改革开放的持续深入和区域经济一体化进程的不断加快，全球范围内的资源配置成为趋势，世界各国、国内各地区之间相互依存、相互融合、相互影响和相互制约达到更高水平。通过编制和实施区域规划，加强区域间的合作，成为提升地区综合竞争能力、推动经济社会全面协调可持续发展的必然选择。

1993年经国务院批复并实施的《西南和华南部分省区区域规划纲

要》是区域规划中打破行政区域壁垒、跨区域调动资源的首次示范,对统筹规划六省区经济开发、对外开放中的重大问题,使分散的、潜存于各省区的经济优势、区位优势很好地结合起来,形成了整体优势,提高整个区域在国际经济中的竞争能力,使对外开放在较短时间内能够有所作为;促使该区域资源开发、经济发展较好较快地登上一个新台阶;很好地发挥该区域在全国经济发展、对外开放大格局中的战略作用。

三、促进了区域科学发展

改革开放以来,针对不同地区实际情况,我国逐步形成了西部大开发、东北振兴、中部崛起、东部率先的区域发展总体战略,区域发展协调性进一步增强。然而,一些深层次问题也逐渐显现。四大板块之间的发展差距依然较大,缺乏连接的战略通道。在新常态下,要确保经济中高速增长,必须拓展发展新空间、培育发展新动力。其中,增强区域发展的内生活力、实现区域协调发展至关重要。而只有通过区域规划手段,将科学发展观贯穿于区域规划之中,才能达到补齐经济发展的短板、增强发展的均衡性、优化资源的空间配置、提高供给效率和潜在增长率的目的。

2015 年 4 月 30 日,中共中央政治局会议审议通过的《京津冀协同发展规划纲要》充分体现了内涵集约发展的新要求。其核心是疏解北京非首都功能,通过体制机制创新来打破条块分割、消除隐形壁垒、破除制约协同发展的深层次矛盾和问题,重点是在交通一体化、生态环境保护、产业转型升级三大领域率先突破。而且,其取得的经验可以为全国区域协调发展体制机制创新提供依据。从谋划京津冀协同发展战略到雄安新区横空出世,京津冀正朝着协同发展的目标有力迈进。经过近五年的协同发展实践,在全国经济下行压力较大的情况下,京津冀地区保持了稳中向好的发展势头。北京市加快"瘦身提质",天津市推动"强身聚核",河北省实现"健身增效",交通一体化、生态环保、产业升级转移等重大领域取得突破。京津冀三地经济结构不断优化,改革开放动力不断增强,协同效应初步显现。

2019 年 2 月印发实施的《粤港澳大湾区发展规划纲要》,重在促进不同规则融合,即要在新时代背景下在一个国家、两种制度、三个关税区、三种货币的条件下建设大湾区,推动形成全面开放新格局,推动"一国两制"事业发展,将粤港澳大湾区建设成为更具活力的经济区、宜居宜业宜游的优质生活圈和内地与港澳深度合作的示范区,打造国际一流湾区和世界级城市群。

四、增强了地方发展活力

与国家区域发展总体战略相衔接的通过上下互动出台的区域规划,增强了地方发展经济的主动性和积极性。《广西北部湾经济区发展规划》就是一个很好的范本。

2008 年 1 月印发实施的《广西北部湾经济区发展规划》标志着广西北部湾经济区的开放开发正式被纳入国家战略,并作为我国第一个"重要国际区域经济合作区"全面拉开建设开发序幕,该规划全面深入分析了区域发展面临的现状、问题、机遇、挑战等环境,认识到广西北部湾经济区最大的机遇是中国—东盟自由贸易区建设,最大的地利是临近珠三角,最大的地区特色是既沿海又沿边,最大的区位优势是连接东部、中部、西部、外部,最大的不足是经济实力弱、产业层次低、功能定位虚,最有持续性的吸引力是经济繁荣的同时仍能保持秀美如画的山海川环境,从而有针对性地提出了该规划方案。这个规划可以说顺应了国家区域发展战略和地方经济发展的双重需求。

从 2006 年发展至今,广西北部湾经济区综合实力显著增强,主要经济指标成倍增长,增速全面领跑广西全区,占全区比重不断提高。2018年,北部湾经济区实现地区生产总值 9860.94 亿元,占全区的 48.45%。2006 年至 2018 年间,北部湾经济区(六市)地区生产总值增长近 4 倍,年均增速 14.1%,财政收入增长 5 倍,进出口总额增长 11 倍;北部湾港货物吞吐量超 2.4 亿吨,增长了近 4 倍,集装箱吞吐量超 290 万标准箱,增长了近 13 倍,呈现出质和量齐头并进的势头,创造了令人瞩目的"北部湾速度",也成为我国沿海经济最具活力、发展最快的地区之一。

第九章　城镇化规划

城镇化伴随着工业化进程,是劳动力从生产效率较低的农业部门向生产效率较高的工业部门转移、人口从农村分散居住向城市集中居住集聚、城市数量和规模不断扩张的过程,是人类社会发展的客观趋势,是国家现代化的重要标志。从世界范围看,发达国家从起步到基本完成城镇化,大都经历了百年以上时间。而在我国,城镇化率仅用了40年就已达到60%,迅速进入城镇化中后期。在城镇化水平快速提高的过程中,为了引导城镇化科学发展,我国在国家层面先后编制了两部规划,以明确未来一段时期国家推动城镇化发展的主要目标、路径和战略任务,统筹相关领域制度发展和政策创新,从宏观上指导城镇化健康发展。这两部规划对推动城镇化的健康发展发挥了重要作用。以编制实施规划方式对城镇化进行谋划和引导,也成为中国独有做法。

第一节　城镇化发展重点专项规划

一、规划编制的历史背景

以1978年改革开放为时点来进行划分,我国的城镇化经历了基本停滞和快速发展两个阶段。

新中国成立之初,伴随着国民经济逐步恢复和工业体系初步建立,农业人口一度大量向城市流动。但为了快速建立起现代化工业体系,"一五"期间建设的156个工程项目均为重工业项目,并不能大量吸纳就业。特别是"大跃进"及其后的三年自然灾害,使整个国家发展陷入困难,更凸显了城市粮食供给的不足。此后,国家几度动员城市人口到农村去,并通过户籍、口粮、就业分配等一系列制度安排,构建了城乡二元分割的体制机制,严格控制农民向城市流动。改革开放前很长一段时间,除参军、入学外,农民基本没有进入城市的可能。城乡分割的制度安排,一方面有利于利用工农业产品剪刀差强化资本积累,快速实现国家工业化目标;另一方面有利于控制城市人口,防止农民盲目流入城市对城市管理造成压力。1949—1978年,我国城镇化水平增长缓慢甚至停滞,城镇化率从10.6%增长至17.9%,30年仅提高7.3个百分点;1978年城市数量为193个,比1957年仅增加17个,城镇化进程远远滞后于工业化进程。

改革开放开启了我国城镇化快速发展的时代,城乡之间曾经坚固的藩篱被打破。

1978年到20世纪80年代中期,随着人民公社逐步解体、农村家庭联产承包责任制全面推开、农业生产效率稳步提高、农村剩余劳动力不断增加,越来越多的农民有意愿、有能力进城务工。同时,乡镇企业蓬勃兴起,带动了"离土不离乡"的农民务工模式。在人口从乡村向城镇流动的供给和需求都日渐旺盛的大背景下,1984年,国务院印发《关于农民进入集镇落户问题的通知》,允许务工、经商、办服务业的农民自理口粮到集镇落户,开启了农村人口合法向城市流动的阀门,城乡二元体制开始松动。1978—1984年间,城镇人口增加1亿多人,城镇化率提高到23%。

1984年以后,国家进一步推进对外开放战略,使经济特区基础上陆续在沿海开放城市和一些内地城市开办经济技术开发区,东部沿海地区"三来一补"企业渐成气候,各类用工需求不断增加,吸引着大量农村剩余劳动力离开家乡到沿海城市务工就业。1988年以后,粮油及副食品价格逐步放开,以户口为依据发放的各类票证陆续取消;国有企业开始改革,在用工方面拥有更多自主权。全国流动人口快速增加,从2000万人左右激增至约8000万人。到2000年,我国城镇化率已提高到36.2%。

这一时期,政策取向上倾向于控制大城市发展,1978年第三次全国城市工作会议提出"控制大城市规模,多搞小城镇",20世纪80年代初提出"小城镇,大战略",制定了"控制大城市规模、合理发展中等城市、积极发展小城市"的城市发展方针,1989 年通过的《中华人民共和国城市规划法》又将城市发展方针调整为"严格控制大城市规模、合理发展中等城市和小城市"。这期间,我国城市数量从 193 个增加至 663 个,其中 54%通过"县改市"设立;建制镇数量则从 2173 个快速增加至 20312 个,83%均是通过"乡改镇"设立。

尽管改革开放后城镇化进程明显加快,但总体上仍严重滞后于经济发展水平和工业化的快速发展,特别是城镇体系的布局、规模、结构合理,缺乏在全球经济中具有较强竞争力的国际性大都市;地区分布很不平衡,广大中西部地区中心城市不足;部分城镇功能不完整,要素集聚、辐射和带动作用不强;小城镇数量偏多、规模偏小,缺乏足够的辐射力。城镇化滞后,还带来或加剧了最终消费不足、农民收入低等问题。当时的研究提出,要解决"三农"问题,出路就在城镇化。

在综合分析当时我国城镇化状况、经济发展和工业化水平及趋势基础上,国家计委在研究"十五"计划基本思路时,向中央做了专门汇报,提出我国已经进入城市化加速发展阶段,应不失时机地实施城市化战略的建议。在中央明确实施城镇化战略后,"十五"计划纲要进一步明确"走符合我国国情、大中小城市和小城镇协调发展的道路",并把编制城镇化专项规划作为十个重点专项规划之一。随后,国家计委会同公安部、民政部、财政部、劳动保障部、国土资源部、建设部、农业部、环保总局、国务院体改办研究制定了《"十五"城镇化发展重点专项规划》。2001 年 8 月,该规划由国务院印发。

二、规划提出的总体要求

规划提出,城镇在国民经济和社会发展中占有举足轻重的地位,推进城镇化既是我国现代化建设必须完成的历史任务,也是经济结构战略性调整的重要任务,是优化城乡结构,促进国民经济良性循环和社会协调发展的重大举措。

规划强调,推进城镇化要遵循客观规律,与经济发展水平和市场发育程度相适应,走符合我国国情、大中小城市和小城镇协调发展的多样化城镇化道路,逐步形成合理的城镇体系。这是对之前城市发展方针的重要调整,是在科学分析我国城镇化发展阶段的基础上提出的新方针。

规划同时强调,城镇化是经济发展和工业化的结果,既要积极,又要稳妥,因势利导,循序渐进,避免一哄而起、遍地开花和盲目扩大城镇规模。这一要求,是基于对城镇化客观规律的把握,也是对前期城镇数量增加而集聚人口能力并未同步增加教训的总结。

尽管在前期研究中进行了大量分析测算,如未来一段时间城镇化可能的速度、在消费就业收入上能够发挥的作用、需要的建设资金等,但这部规划并没有对城镇化率或城市人口规模、设市数量等提出目标要求,所有定量目标均集中在城市基础设施能力提升方面。这充分反映了规划编制者对城镇化问题的认识是清醒而明确的。

三、规划提出的主要任务

规划提出的主要任务包括以下五个方面。

一是完善城镇体系。重点发展大城市还是发展中小城镇的争论长期存在。规划明确"有重点地发展小城镇,积极发展中小城市,完善区域性中心城市功能,引导城镇密集区有序发展,走多样化的城镇化道路"。针对小城镇建设,提出要规模适度、增强特色、强化功能,重点发展县城和部分基础条件好、发展潜力大的建制镇。东部地区重点提高现有城市质量,中西部地区适当增加城市数量。针对中心城市,提出要着眼完善功能,发挥服务、辐射和带动作用,优先完善具有跨省区影响的区域性中心城市,结合西部大开发在中西部现有省域中心城市基础上发展壮大新的区域性中心城市。针对城镇密集区,提出要优化城镇布局,强化产业分工,增强经济联系,进一步发挥带动作用。这是国家层面规划对全国城镇体系布局的首次系统性阐述。

二是发展城镇经济。城镇经济是城镇发展的基础和原动力。规划提出"不断增强城镇的经济实力,提高吸纳农村人口的能力。立足于城镇功能定位,发挥比较优势,形成合理的产业布局和各具特色的城镇经济"。还特别强调,要突破发展经济就是发展工业、建设工业基地的传统观念,把发展第三产业作为产业结构调整的主要着力点。

三是健全城镇功能。健全的城镇功能是城镇健康发展的关键。规划提出"根据城镇的功能定位和规模,面向未来、合理布局、量力而行、完善系统,加强城镇基础设施建设,完善社会服务及居住服务功能"。要增强城镇供水保障能力,建设面向现代化的综合交通体系,建立安全、稳定、高效的城镇能源供应体系,加强城镇现代信息基础设施建设,加强城镇防灾减灾能力建设。加强公共服务基础设施建设,开展面向城镇迁入人口的各类社会服务。在住房方面,提出多渠道扩大住宅供给,落实住房分配货币化政策,建立完善经济适用房和廉租房制度,完成传统住宅管理向现代物业管理的转变。这在当时都是民生领域比较重大的改革举措。此外,规划还专门提出要加强社区建设。

四是改善城镇环境。城镇人居环境的好坏关系到居民的幸福感。规划提出"以创造良好的人居环境为中心,立足当前、注重长远,全面提高城镇生态环境质量"。一方面要加强城市周边地区生态建设和城市绿地建设,另一方面要加强城镇污染综合治理。

五是加强城镇管理。城镇管理是城镇发展的重要一环。规划提出要加强城镇规划管理,更好发挥城镇规划的调控指导作用;加强城镇建设管理,提升建筑品质和建设工程质量;加强流动人口管理,引导人口有序流动、避免社会问题;加强综合管理,增强政府服务意识、提高行政效率、提升管理水平。

这部规划还专门就政策措施进行了部署,提出要通过创新体制、调整政策、强化措施,创造城镇化健康有序发展的环境和机制,并坚持问题导向,对改革户籍管理制度、培育劳动力市场、完善用地制度、建立投融资新体制投资经营回收的良性循环、调整行政区划等提出具体要求。其中不少要求的针对性非常强,比如要求以合法固定住所、稳定职业或生活来源为基本落户条件,调整城市户口迁移政策;又如除个别特大城市外,要改革城乡分割的就业制度,取消各地区针对农民和外地人口制定的限制性就业政策;再如中心城市要有步骤地迁出中心区不符合城市功能定位的工业企业,降低工业用地比例;等等。这些改革举措的逐步落地,为新世纪特别是加入世界贸易组织后我国城镇化的高速发展注入了一剂"强心针",全国城镇化率从 2000 年年底的 36.2% 提高到 2005 年年底的 43%,年均增速近 1.4 个百分点,是我国城镇化速度最快的时期之一。

第二节　国家新型城镇化规划

一、规划编制的背景

"十五"计划期结束后,国家没有立即要求编制新一轮城镇化规划。一是《"十五"城镇化发展重点专项规划》中提出的不少涉及体制机制改革和完善的任务,未能完全落地,需要在更长的时期推动落实;二是传统城镇体系的思路无法解决哪些地方适合发展城镇、哪些地方不宜过度建设的问题,需要通过主体功能区思路在整个国土空间上对城镇化地区进行深化。因此,在 2010 年《全国主体功能区规划》发布并确定城镇化地区后,新的城镇化规划研究才重新启动。《全国主体功能区规划》提出,构建以陆桥通道、沿长江通道为两条横轴,以沿海、京哈京广、包昆通道为三条纵轴,以国家优化开发和重点开发的城市化地区为主要支撑,以轴线上其他城市化地区为重要组成的城市化战略格局。也就是说,未来中国的城市人口,应该主要集聚在这些地区。这就对城镇化的空间安排作出了总体部署和更长远的谋划。

这一时期,城镇化面临的形势和问题也有了新变化。一方面,城镇化在经济社会发展中发挥的作用越来越显著。到 2012 年,我国城镇化率已提高到 52.6%,接近世界平均水平。京津冀、长江三角洲、珠江三角洲三大城市群集聚了大量经济活动,成为带动我国经济快速增长和参与国际经济合作与竞争的主要平台,其他地区的城市群正在逐步形成。

另一方面,一些矛盾和问题也在持续累积。首当其冲的是大量农业转移人口难以融入城市社会,市民化进程滞后。截至 2012 年,2.34 亿被统计城镇人口的农民工及其随迁家属未能在教育、医疗、养老、住房等方面享受城镇居民基本公共服务,城镇内部出现新的二元矛盾,农村留守儿童、妇女和老人问题日益凸显,给经济社会发展带来诸多风险隐患。其次,土地城镇化快于人口城镇化,建设用地粗放低效,不少城市过分追求宽马路、大广场,建设城市新区、开发区占地过大;一些地方过度依赖土地出让收入和土地抵押融资推进城镇建设,威胁到国家粮食安全和生态安全,加大了地方政府财政金融风险。再次,城镇空间分布和规模结构不合理,城市群内部分工协作不够、集群效率不高,超大特大城市主城区功能过多、压力偏大,中小城市集聚产业和人口不足,小城镇数量多、规模小、服务功能和带动能力弱。此外,城市管理服务水平不高、"城市病"问题突出,自然历史文化遗产保护不力、城乡建设缺乏特色。这些问题的根源在于城乡分割的户籍管理、土地管理、社会保障制度以及财政金融、行政管理等制度,固化着已经形成的城乡利益格局,粗放低效、重物轻人、重量轻质的传统城镇化模式日益难以为继,城镇化转型发展的内在要求更加紧迫。

面对新形势、新问题、新要求,2013 年 12 月,党中央首次召开中央城镇化工作会议。习近平总书记出席会议并作重要讲话,指出城镇化是现代化的必由之路,提出了以人为本、优化布局、生态文明、传承文化的新方针。习近平总书记特别强调,要依托现有山水脉络等独特风光,让城市融入大自然,让居民望得见山、看得见水、记得住乡愁。按照党中央、国务院要求,国家发展改革委开始着手研究起草新型城镇化规划。经过反复酝酿和完善,2014 年 3 月,党中央、国务院发布《国家新型城镇化规划(2014—2020 年)》。

二、规划提出的新型城镇化内涵

《国家新型城镇化规划(2014—2020 年)》提出,要紧紧围绕全面提高城镇化质量、加快转变城镇化发展方式,走以人为本、四化同步、优化布局、生态文明、文化传承的中国特色新型城镇化道路。

以人为本,就是要推进以人为核心的城镇化。要把促进有能力在城镇稳定就业和生活的常住人口有序实现市民化作为首要任务,使那些在城镇工作、生活但依旧是农民身份、没有享受到城镇公共服务的"半城镇化"群体落户城镇、融入城镇。要不断提高城镇人口素质和居民生活质量,使全体居民共享现代化建设成果。四化同步,就是要推动信息化和工业化深度融合、工业化和城镇化良性互动、城镇化和农业现代化相互协调,促进城镇发展和产业支撑、就业转移和人口集聚相统一。优化布局,就是根据资源环境承载能力构建科学合理的城镇化格局。城镇化受自然条件制约,受资源环境承载能力制约,受经济社会发展水平制约,必须因地制宜、合理布局,不能急于求成、拔苗助长。要把城市群作为主体形态,促进大中小城市和小城镇合理分工、功能互补、协同发展,提高国土空间利用效率。生态文明,就是推进绿色发展、循环发展、低碳发展,尽可能减少对自然的干扰和损害,节约集约利用土地、水、能源等资源。文化传承,就是要发展有历史记忆、地域特色、民族特点的美丽城镇,不能千城一面、万楼一貌。源远流长的优秀传统文化是中华民族的血脉和灵魂,城镇建设不能破坏它,更不能割断它。在城镇化过程中要保护经过时光洗礼留存下来的历史印记,新建筑也要彰显地方特色,体现区域差异性。

三、规划提出的目标要求

规划明确了未来 7 年的城镇化目标和 18 项主要指标(见表 9-1),要求到 2020 年常住人口城镇化率达到 60%左右,户籍人口城镇化率达到 45%左右,户籍人口城镇化率与常住人口城镇化率差距缩小 2 个百分点左右,努力实现 1 亿左右农业转移人口和其他常住人口在城镇落户。

表 9-1　新型城镇化指标体系

类　别	指　标	2020 年
城镇化水平	常住人口城镇化率	60%左右
	户籍人口城镇化率	45%左右

续表

类　别	指　标	2020 年
基本公共服务	农民工随迁子女接受义务教育比例	≥99%
	城镇失业人员、农民工、新成长劳动力免费接受基本职业技能培训覆盖率	≥95%
	城镇常住人口基本养老保险覆盖率	≥90%
	城镇常住人口基本医疗保险覆盖率	98%
	城镇常住人口保障性住房覆盖率	≥23%
基础设施	百万以上人口城市公共交通占机动化出行比例	60%
	城镇公共供水普及率	90%
	城市污水处理率	95%
	城市生活垃圾无害化处理率	95%
	城市家庭宽带接入能力	≥50Mbps
	城市社区综合服务设施覆盖率	100%
资源环境	人均城市建设用地	≤100 平方米
	城镇可再生能源消费比重	13%
	城镇绿色建筑占新建建筑比重	50%
	城市建成区绿地率	38.9%
	地级以上城市空气质量达到国家标准的比例	60%

四、规划明确的主要任务

一是有序推进农业转移人口市民化。要按照尊重意愿、自主选择,因地制宜、分步推进,存量优先、带动增量的原则,以农业转移人口为重点,兼顾高校和职业技术院校毕业生、城镇间异地就业人员和城区城郊农业人口,统筹推进户籍制度改革和基本公共服务均等化"两条腿走路":一边要放开放宽大中城市落户条件,差别化建立以就业居住年限、城镇社会保险参保年限等为基准条件的落户标准,推动符合条件的农业转移人口落户城镇;一边要按照保障基本、循序渐进的原则,推动未落户农业转移人口享有就业、社保、住房保障、随迁子女接受义务教育等城镇基本公共服务。同时,要建立健全政府、企业、个人共同参与的农业转移人口市民化成本分担机制,各级政府根据基本公共服务的事权划分承担相应财政支出责任,推进农民工融入企业、子女融入学校、家庭融入社区、群体融入社会。

规划对不同规模的城市差别化落户提出了明确要求。即以合法稳定就业和合法稳定住所(含租赁)等为前置条件,全面放开建制镇和小城市落户限制,有序放开城区人口 50 万—100 万人的城市落户限制,合理放开城区人口 100 万—300 万人的大城市落户限制,合理确定城区人口 300 万—500 万人的大城市落户条件,严格控制城区人口 500 万人以上的特大城市人口规模。大中城市可设置参加城镇社会保险年限的要求,但最高年限不得超过 5 年。特大城市可采取积分制等方式设置阶梯式落户通道调控落户规模和节奏。与这些要求相匹配,2014 年,国务院专门印发《关于调整城市规模划分标准的通知》,对原有城市规模划分标准进行了调整,明确了新的城市规模划分标准(见表 9-2)。

表 9-2　城市规模划分标准

城市分类		1980 年标准	2014 年新标准
超大城市		—	1000 万人以上
特大城市		100 万人以上	500 万—1000 万人
大城市	Ⅰ型	50 万—100 万人	300 万—500 万人
	Ⅱ型	—	100 万—300 万人
中等城市		20 万—50 万人	50 万—100 万人
小城市	Ⅰ型	20 万人以下	20 万—50 万人
	Ⅱ型		20 万人以下

二是优化城镇化布局和形态。按照《全国主体功能区规划》确定的城市化地区,坚持按照统筹规划、合理布局、分工协作、以大带小的原则,发展集聚效率高、辐射作用大、城镇体系优、功能互补强的城市群,使之成

为支撑全国经济增长、促进区域协调发展、参与国际竞争合作的主体。构建以陆桥通道、沿长江通道为两条横轴,以沿海、京哈京广、包昆通道为三条纵轴,以轴线上城市群和节点城市为依托、其他城镇化地区为重要组成部分,大中小城市和小城镇合理分布、协调发展的"两横三纵"城镇化战略格局。规划还提出,要加快京津冀、长三角、珠三角等东部地区城市群经济转型升级、空间结构优化、资源永续利用和环境质量提升;培育发展成渝、中原、长江中游、哈长等中西部地区城市群,使之成为推动国土均衡开发、引领区域经济发展的重要增长极。规划明确,编制实施城市群规划,建立完善城市群发展协调机制,促进成本共担、利益共享,促进各类要素自由流动、高效配置。要增强中心城市辐射带动能力,推进特大城市中心城区功能向 1 小时交通圈地区扩散,形成通勤高效、一体发展的都市圈。要把加快发展中小城市作为优化城镇规模结构的主攻方向,加强产业和公共服务资源布局引导,提升质量、增加数量,完善设市标准,把有条件的县城和重点镇发展成为中小城市。要有重点地发展小城镇,推动小城镇发展与疏解大城市中心功能相结合、与特色产业发展相结合、与服务"三农"相结合,对吸纳人口多、经济实力强的镇要赋予同人口和经济规模相适应的管理权。完善多层次综合交通运输网络,提升交通基础设施对城市群发展的引领和基础。

三是提高城市可持续发展能力。加快转变城市发展方式,优化城市空间结构,增强城市基础设施、公共服务和资源环境对人口的承载力,有效预防和治理"城市病",建设和谐宜居、富有特色、充满活力的现代城市。要强化城市产业就业支撑,培育发展各具特色的城市产业体系,强化城市间专业化分工协作,增强城市创新能力,营造良好就业创业环境,激发创业活力。要优化城市空间结构和管理格局,统筹中心城区改造和新城新区建设,改善城乡接合部环境,提高城市空间利用效率。要优先发展城市公共交通,加强市政公用设施和公共服务设施建设,增加基本公共服务供给。要创新规划理念、完善规划程序、强化规划管控,严格建筑质量管理,提高城市规划建设水平。要顺应现代城市发展新理念新趋势,加快绿色、智慧、人文城市建设。要顺应城市社会结构变化新趋势,完善城市治理结构,强化社区自治服务能力,创新社会治安综合治理,健全防灾减灾救灾体制,提升城市社会治理水平。

四是推动城乡发展一体化。坚持工业反哺农业、城市支持农村和多予少取放活方针,加大统筹城乡发展力度,增强农村发展活力,逐步缩小城乡差距,促进城镇化和新农村建设协调推进。要加快消除城乡二元结构的体制机制障碍,推动城乡要素平等交换和公共资源均衡配置,在经济发达地区率先实现城乡一体化。要加快农业现代化进程,加快建设社会主义新农村。

针对陈旧的体制机制制约城镇化发展的问题,规划深化了改革完善城镇化发展体制机制的要求,提出加强制度顶层设计,尊重市场规律,统筹推进人口管理、土地管理、财税金融、城镇住房、行政管理、生态环境等重点领域和关键环节体制机制改革,形成有利于城镇化健康发展的制度环境。

一是推进人口管理制度改革。规划前瞻性地提出,逐步取消城乡区域间户籍壁垒,还原户籍人口登记管理功能,促进人口有序流动、合理分布和社会融合。全面推行流动人口居住证制度,以居住证为载体建立健全与居住年限相挂钩的基本公共服务提供机制。健全人口信息管理制度,推进人口基础信息库建设,逐步实现跨部门跨地区信息整合共享。

二是深化土地管理制度改革。按照管住总量、严控增量、盘活存量原则,创新土地管理制度,优化土地利用结构,提高土地利用效率,合理满足城镇化用地需求。建立城镇用地规模结构调控机制,严格控制新增城镇建设用地规模,提高城镇建设使用存量用地比例。健全节约集约用地制度,探索实行长期租赁、先租后让、租让结合的工业用地供应制度,建立健全城镇低效用地再开发激励约束机制,规范城乡建设用地增减挂钩。深化国有建设用地有偿使用制度改革,逐步对经营性基础设施和社会事业用地实行有偿使用,减少非公益性用地划拨。推进农村土地管理制度改革,全面完成农村土地确权登记颁证工作,赋予农民对承包地占有、使用、收益、流转及承包经营权抵押担保权能。改革完善农村宅基地制度,在试点基础上稳慎推进农民住房财产权抵押、担保、转让。允许农村经营性建设用地出让、租赁、入股，与国有土地同等入市、同价同权。深化征地制度改革，缩小征地范围，合理提高个人收益。强化耕地保护制度，严格土地用途管制。

三是创新城镇化资金保障机制。加快财税体制和投融资机制改革，逐步建立多元化可持续的城镇化资金保障机制。完善财政转移支付制度，按照事权和支出责任相适应原则，合理确定各级政府在公共服务方面的事权。完善地方税体系，培育地方主体税种，加快房地产税立法并适时推进改革，加快资源税改革。建立规范透明的城市建设投融资机制，建立健全地方债券发行管理制度和评级制度，允许地方政府发行市政债券，研究制定政策性金融专项支持政策，研究建立城市基础设施、住宅政策性金融机构，鼓励社会资本参与城市公共设施投资运营。

四是健全城镇住房制度。建立市场配置和政府保障相结合的住房制度，保障城镇常住人口的合理住房需求。健全住房供应体系，对中低收入住房困难家庭提供保障性安居工程住房，稳定增加商品住房供应，大力发展二手房市场和住房租赁市场，推进住房供应主体多元化。健全保障性住房制度，扩大保障性住房有效供给。健全房地产市场调控长效机制，实行差别化住房税收、信贷政策，支持合理自住需求，抑制投机投资需求，建立以土地为基础的不动产统一登记制度，实现全国住房信息联网。

五是强化生态环境保护制度。实行最严格的生态环境保护制度。建立生态文明考核评价机制，把资源消耗、环境损害、生态效益纳入城镇化发展评价体系。建立国土空间开发保护制度，坚定不移实施主体功能区制度。实行资源有偿使用制度和生态补偿制度，加快自然资源及其产品价格改革，建立健全居民生活用电用水用气等阶梯价格制度，扩大生态补偿范围，提高生态补偿标准。建立资源环境产权交易机制，推行节能量、碳排放权、排污权、水权交易制度。实行最严格的环境监管制度。

第三节　城市群和都市圈规划

一、规划编制的背景

一个国家人口宏观分布对经济社会发展至关重要,许多国家都关注并通过各种政策引导人口空间分布,如 20 世纪中期,美国重视新城和绿带镇建设;1946 年英国出台《新城法》,遏制伦敦核心区人口增长;东京控制中心城区内各学校的扩建规模;等等。对中国这样的大国而言,单纯发展大城市,无法容纳数亿农业转移人口进城生活;单纯发展小城镇,又难以提高经济发展和土地利用效率。事实上,随着现代交通和信息技术的发展,以城市间有机分工为核心、大中小城市协调发展的城市群,越来越成为主要国家城镇化的主体形态。据联合国《世界城镇化展望》,全球生活在 100 万人口以上城市群的人口占全球总人口比例已从 1960 年的13.9%稳步增长至 2015 年的 22.9%,其中中上等收入国家这一比例更从11.8%上升至 27.1%。

2006 年"十一五"规划纲要首次提出"把城市群作为推进城镇化的主体形态"。此后,《全国主体功能区规划》明确了我国"两横三纵"的城镇化空间格局,《国家新型城镇化规划(2014—2020 年)》再次确认了这一空间格局。"十三五"规划纲要提出"19+2"城市群布局,优化提升东部地区城市群,建设京津冀、长三角、珠三角三个世界级城市群,提升山东半岛、海峡西岸城市群开放竞争水平。要培育中西部地区城市群,发展壮大东北地区、中原地区、长江中游、成渝地区、关中平原城市群,规划引导北部湾、晋中、呼包鄂榆、黔中、滇中、兰州—西宁、宁夏沿黄、天山北坡城市群发展,形成更多支撑区域发展的增长极。要促进以拉萨为中心、喀什为中心的城市圈发展。

城市群跨越不同层级的行政区,各种利益处理更加复杂,其中涉及基础设施建设、生态环境保护、产业和城市协调发展、区域重大平台建设等方面,从国际上来看,跨区域的规划机构数量也很多,比如纽约的区域规划协会,大伦敦、大巴黎的规划协会,等等。我国城市群发展更需要规划,不仅因为现在城市群建设存在的一系列突出问题,还因为我国行政区利益更多更复杂,处理难度更大,行政壁垒、断头路、"公地悲剧"在不少地方都存在。我国的城市群普遍处于成长发育阶段,未来的方向和目标还不是非常明确,在全球经济体系或全国的地位也需要进一步明确。通过规划明确目标,确定共同建设的方向、领域和举措,解决存在的突出问题。城市群规划应运而生。

2014年和2016年国家发展改革委办公厅先后下发《关于开展跨省级行政区城市群规划编制工作的通知》《关于加快城市群规划编制工作的通知》,按照跨省级行政区城市群规划由国家发展改革委会同有关部门负责编制报国务院批准后实施、边疆地区城市群规划由相关地区在国家发展改革委指导下编制并报国家发展改革委批准、省域内城市群规划原则上由省级人民政府自行组织编制报国家发展改革委备案的原则,分类推动开展城市群规划编制工作。

二、规划的主要内容

城市群规划内容一般包括七个方面。一是范围定位。科学评价城市群自然地理格局、资源环境承载能力、经济交通联系和未来发展趋势,划定城市群的空间范围,分析城市群发展现状及面临的瓶颈制约,在此基础上确定发展定位,明确发展目标。从已出台的跨省级行政区城市群规划可以看出,城市群并不是简单的行政区拼接,而是经深入研究后划定的范围。二是空间布局。对城市群空间进行开发建设适应性评价,明确不同类型国土空间格局的比例和分布,提出优化城市群空间格局和开发方向的总体思路。根据城市群空间格局、城市发展基础和潜力,确定各主要城市人口规模目标和建设用地控制面积。三是产业发展。着眼提高产业整体创新能力和国际竞争力,提出产业转型升级的方向和城市群城市产业分工的总体思路,明确产业结构调整和空间布局优化的重点。四是基础设施。着眼提高综合保障和支撑能力,针对跨行政区重大基础设施建设的薄弱环节,统筹研究提出城市群对内对外交通基础设施和信息网络布局方案。五是对外开放。全面把握全球化趋势和我国对外开放新格局,研究提出培育城市群对外开放新优势的总体思路,明确提升对外开放水平和国际竞争力的主要路径和对策。六是生态环境。着眼推动生态文明建设和提升可持续发展能力,针对突出环境问题,研究提出城市群生态空间格局和重大环保设施布局,明确资源集约节约利用、发展循环经济、强化节能减排、实现绿色低碳发展的重点任务和具体举措,并研究提出城市群内生态文明制度建设的具体内容。七是一体化机制。在梳理阻碍城市群一体化发展主要瓶颈和突出矛盾的基础上,提出促进城市群市场体系、生态环境、重大基础设施等一体化建设和发展的体制机制,提出跨区域城市群发展协调机制和管理协调模式。

城市群规划的编制在内容框架基本一致的基础上,注重因地制宜、实事求是、有所侧重。比如总体定位方面,长江三角洲城市群的总体定位是"面向全球、辐射亚太、引领全国的世界级城市群",而北部湾城市群的总体定位为"面向东盟、服务'三南'(西南、中南、华南)、宜居宜业的蓝色海湾城市群"。又如篇章布局方面,一般城市群规划将生态环境有关内容放在第六章,而兰州—西宁城市群规划考虑到城市群"维护国家生态安全的战略支撑"的独特定位,将该部分前置到第四章。再如产业发展部分,长江三角洲城市群规划以"创新驱动经济转型升级"为主题,三个节标题均以创新为题;关中平原城市群规划则以"建设创新引领的现代产业体系"为主题,并分别对产业链创新链互动、承接产业转移、推动产业升级等作出部署;兰州—西宁城市群规划则更强调产业的绿色循环(见表9-3、表9-4)。

2015—2018年,长江中游、哈长、成渝、长江三角洲、北部湾、关中平原、呼包鄂榆、兰州—西宁等8个跨省级行政区城市群规划陆续经国务院批准发布实施;这期间,京津冀协同发展、粤港澳大湾区发展、长江三角洲区域一体化发展先后被提升为国家发展战略,相应的规划纲要作为城市群规划的升级版也相继出台。国家发展改革委批复了天山北坡、滇中两个地区性城市群规划,其他省域内城市群规划也相继出台实施。

表 9-3　部分城市群规划提出的突出问题与定位

城市群	突出问题	定　　位
成渝	1. 核心城市背向发展 2. 次级城市发育不足 3. 基础设施互联互通程度不高 4. 资源环境约束日趋加剧 5. 协同发展机制不健全	立足西南、辐射西北、面向欧亚,高水平建设现代产业体系,高品质建设人居环境,高层次扩大对内对外开放,培育引领西部开发开放的国家级城市群,强化对"一带一路"建设、长江经济带发展、西部大开发等国家战略的支撑作用: 1. 全国重要的现代产业基地 2. 西部创新驱动先导区 3. 内陆开放型经济战略高地 4. 统筹城乡发展示范区 5. 美丽中国的先行区
兰州—西宁	1. 发展水平总体不高 2. 中心城市带动能力不强 3. 发展短板和瓶颈制约较多 4. 资源环境约束日趋加剧	着眼国家安全,立足西北内陆,面向中亚西亚,培育发展具有重大战略价值和鲜明地域特色的新型城市群: 1. 维护国家生态安全的战略支撑 2. 优化国土开发格局的重要平台 3. 促进我国向西开放的重要支点 4. 支撑西北地区发展的重要增长极 5. 沟通西北西南、连接欧亚大陆的重要枢纽
长江三角洲	1. 上海全球城市功能相对较弱,中心城区人口压力大 2. 城市群发展质量不高,国际竞争力不强 3. 城市包容性不足,外来人口市民化滞后 4. 城市建设无序蔓延,空间利用效率不高 5. 生态系统功能退化,环境质量趋于恶化	顺应时代潮流,服务国家现代化建设大局,从战略高度优化提升长三角城市群,打造改革新高地、争当开放新尖兵、带头发展新经济、构筑生态环境新支撑、创造联动发展新模式,建设面向全球、辐射亚太、引领全国的世界级城市群: 1. 最具经济活力的资源配置中心 2. 具有全球影响力的科技创新高地 3. 全球重要的现代服务业和先进制造业中心 4. 亚太地区重要国际门户 5. 全国新一轮改革开放排头兵 6. 美丽中国建设示范区

表 9-4　部分城市群规划产业发展部分的框架结构

长江三角洲	关中平原	兰州—西宁
创新驱动经济转型升级	建设创新引领的现代产业体系	打造绿色循环型产业体系

续表

长江三角洲	关中平原	兰州—西宁
第一节 共建内聚外合的开放型创新网络 构建协同创新格局 培育壮大创新主体 共建共享创业创新平台	第一节 推动创新链产业链双向互动 强化优势产业关键领域创新，延长产业链条 依托优势创新链，培育新兴产业链 完善区域性创新网络，优化创新生态环境	第一节 促进传统优势产业发展 完善工业体系 着力发展现代生态农牧业
第二节 推进创新链产业链深度融合 强化主导产业链关键领域创新 依托优势创新链培育新兴产业	第二节 加快国防科技工业军民融合深度发展 深化"军转民""民参军"，发展五大产业 搭建军民深度融合新平台 创新军民融合发展路径	第二节 加快发展新兴产业 发展壮大新兴支柱产业 发展现代服务业 提升创新支撑能力
第三节 营造创新驱动发展良好生态 优化专业服务体系 健全协同创新机制 营造有利于创新人才脱颖而出的环境	第三节 承接国际国内产业转移 积极承接产业转移 强化承接产业转移管理服务	第三节 优化产业布局和发展平台 提升城市产业发展水平 打造承接产业转移平台 积极推进园区优化整合
—	第四节 依托重要平台推进产业升级 以杨凌示范区为载体推进农业供给侧结构性改革 以创建全域旅游示范区为引领推进服务业提质增效 以创新园区发展为切入打造产业协作平台	—

　　2018年年底,国家发展改革委组织了对《成渝城市群发展规划》实施情况的跟踪评估,这是对城市群规划开展的首次评估。评估采取了请两省分别开展自评估和委托第三方评估并行的方式。评估认为,规划实施两年多来,成渝城市群经济活力进一步增强,空间格局进一步优化,生态环境进一步改善,一体化发展水平有所提升。2015—2018年成渝城市群常住人口从9100万人增加至9500万人,2018年地区生产总值达5.72万亿元,占全国比重达6.4%,比2014年提高0.85个百分点,年均增速达8.6%,比全国平均高1.8个百分点。重庆和成都国家中心城市建设有力

推进,在全球化与世界级城市研究小组与网络(GaWC)发布的世界城市评级中,成都连续提升6级至B$^+$级,重庆由此前未进入榜单连续提升至B$^-$级。成渝"相向发展"实现破冰,成都大力实施"东进"战略,推动简阳、空港等新城建设;渝西片区的永川、潼南等地成为重庆发展的活跃地区。

总体来看,有关城市群规划实施以来,城市群一体化进程加快,对人口和经济的集聚能力显著增强。2017年,京津冀、长三角、珠三角、长江中游、成渝五大城市群,以10.4%的国土面积集聚了39.2%的人口,创造了54.7%的国内生产总值,人口和生产总值占比分别较2010年提高了1个和1.2个百分点。

三、都市圈规划

城市群规划实施过程中也发现一些问题,比如仍然以指导性为主,缺乏约束力,有一些地方采取"有利则取之,无利则弃之"的态度,规划发挥的作用仍然不足。又如不少城市群面积相对较大,有的甚至超过20万平方公里,涉及城市较多,协调起来难度很大;有的城市群受制于发展阶段,城市间经济人口联系并不密切;等等。这就需要在城市群培育发展过程中找一个突破口。2019年2月,国家发展改革委印发了《关于培育发展现代化都市圈的指导意见》,实际上就是把以超大特大城市或辐射功能强的大城市为中心、1小时通勤距离为范围的都市圈同城化建设作为城市群高质量发展的突破口。都市圈建设也需要规划引领,但都市圈空间上比较紧凑,并不一定都需要编制全面规划,也可以针对发展短板编制规划。《关于培育发展现代化都市圈的指导意见》提出要探索编制都市圈发展规划或重点领域专项规划,目前厦门、西安、成都等地方已经在积极开展相关工作。

第四节 城镇化规划的作用

在规划体系中,"十一五"规划时将城镇化规划定义为专项规划,随着规划体系的进一步完善,城镇化规划的空间性得到进一步强化,城市群和都市圈规划更具有空间规划的性质。一是规划对象更加综合,城镇化涉及城乡经济社会发展的方方面面以及乡村社会向城市社会转型的制度文化变迁,较专项规划要宽泛得多;二是规划内容以改革为主,城镇化本应是自然的历史过程,中国之所以要推动城镇化主要是因为城乡二元体制机制制约了城镇化的自然发展,因此相较于其他规划更强调改革;三是规划任务突出政策性,规划中的各项任务均有明确的政策含义,带有操作性的指导意见性质。城市群规划本质上应当属于空间规划的范畴,但相较一般空间规划又有不同,一方面将规划区域严格限定在城镇化地区;另一方面更加侧重各领域的城际协调协同、更加注重打破行政性壁垒。

国家在规划实施方面开展了大量工作,取得了明显成效。《国家新型城镇化规划(2014—2020年)》发布后,国务院印发了《关于深入推进新型城镇化建设的若干意见》,对重点领域改革明确了要求。经国务院同意,国家发展改革委会同10个有关部门建立了推进新型城镇化工作部际联席会议机制,2014—2019年,连续6年召集部际联席会议,制定年度重点工作任务,推动规划明确的事项分年度逐步落实。在制度保障基础上,各具体领域也相继出台政策文件,推动规划任务全面落地。

在农业转移人口市民化领域,2014年,国务院印发《关于进一步推进户籍制度改革的意见》,并相应调整城市规模划分标准,推动实施差别化落户政策。31个省(自治区、直辖市)及新疆生产建设兵团已全部出台户籍制度改革方案或意见,建立了城乡统一的户口登记制度。除人口流入较多的少数超大城市外,大多数城市已经放开放宽落户限制,许多中小城市基本实现落户零门槛。2015年年底,国务院颁布《居住证暂行条例》,明确居住证持有人在居住地可依法享有6项基本公共服务和7项办事便利,居住证制度于2016年1月1日起全面实行。所有省份全部出台居住证实施办法,所有城市和县均已发放居住证,基本建立以居住证为载体的城镇基本公共服务提供机制。围绕"人、地、钱"挂钩,出台《关于实施支持农业转移人口市民化若干财政政策的意见》《关于建立城镇建设用地增加规模同吸纳农业转移人口落户数量挂钩机制的实施意见》等关键性配套政策,部分地区出台相关实施细则和配套方案。农村"三权"维护和退出机制加快建立,出台《关于完善农村土地所有权承包权经营权分置办法的意见》《关于稳步推进农村集体产权制度改革的意见》等,各地都明确现阶段不得以退出农村"三权"作为农民进城落户的条件。

在优化城镇化布局和形态领域,2016 年国务院批准实施《设立县级市标准》《设立县级市申报审核程序》,重新启动设市工作,中小城市数量有所增加,城市总数达到 672 个。2016 年中办、国办印发《关于深入推进经济发达镇行政管理体制改革的指导意见》,为特大镇扩权赋能提供了制度保障。2016—2019 年,国家发展改革委先后印发《关于加快美丽特色小(城)镇建设的指导意见》《关于规范推进特色小镇和特色小城镇建设的若干意见》《关于建立特色小镇和特色小城镇高质量发展机制的通知》,推动特色小镇和小城镇健康发展。2015 年,国家发展改革委印发《城镇化地区综合交通网规划》,推动了城市化地区和城市群交通基础设施的完善。

在城市可持续发展和城乡一体化发展领域,有关部门也出台了大量政策举措。围绕新型城镇化重点难点问题,11 部门分三批将 2 个省246 个城市(镇)列为国家新型城镇化综合试点地区。试点地区在外来人口落户、城镇公共服务均等化、城镇化投融资、城乡土地资源优化配置等方面形成了数十条政策经验,有关部门将典型经验以多种方式推向全国。

2018 年年初,国家发展改革委组织了对《国家新型城镇化规划(2014—2020 年)》实施情况的中期评估,结果显示,《国家新型城镇化规划(2014—2020 年)》提出的主要目标实现情况良好,确立的战略任务成效显著,新型城镇化对调结构、惠民生、促改革发挥了巨大的促进作用。截至 2018 年年底,我国城镇化率达到 59.58%,城镇人口达到 8.3 亿人,户籍人口城镇化率达到 43.37%,两者差距相比 2012 年年底缩小 1.1 个百分点,全国非农就业比重提高至 73.0%,城乡居民收入较 2013 年年底分别增长 26.2%、28.1%,全社会劳动生产率由 7.24 万元/人提高到

10.12万元/人。《国家新型城镇化规划(2014—2020年)》确定的18个指标有14个进展顺利或提前完成,受城市土地利用和生态环境领域问题具有长期性、乡级行政区划调整过快等因素影响,人均城市建设用地面积、城市建成区绿地率、地级以上城市空气质量达到国家标准的比例和城市社区综合服务设施覆盖率等4个指标进展相对缓慢。

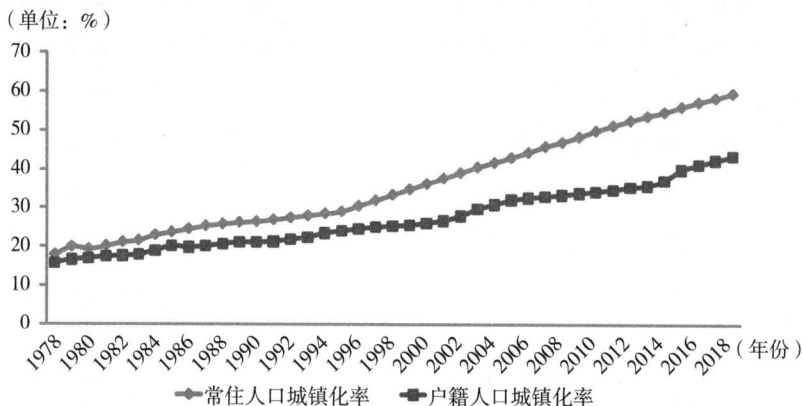

图9-1 常住人口城镇化率和户籍人口城镇化率变动情况

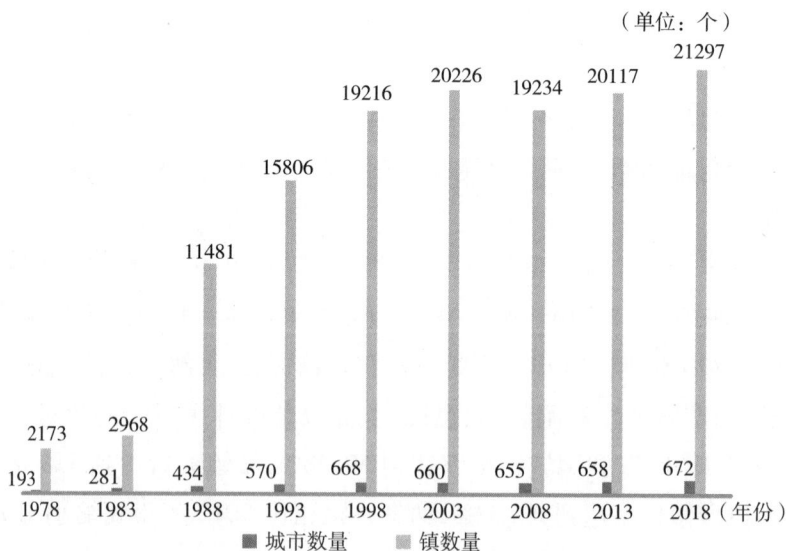

图9-2 1978—2018年城镇数量变动情况

　　《"十五"城镇化发展重点专项规划》《国家新型城镇化规划（2014—2020 年)》及有关城市群规划的实施,对凝聚形成推动城镇化健康发展共识,推动城镇化有关体制机制改革,构建以城市群为主体的城镇化空间形态,进而推动国民经济和社会发展、全面建成小康社会发挥了重要作用,在新中国 70 年规划史上留下浓墨重彩的一笔。

第十章　地方规划

　　地方发展规划是国家发展规划体系中不可或缺的重要组成部分,是国家发展规划在地方的细化、深化和落实,其特点主要体现在地方特色,解决地方发展中的实际问题,推动地方经济社会的发展。

第一节　地方发展规划的演变

　　地方发展规划是指省(自治区、直辖市)级及省级以下设区市和县(县级市、区)党委政府组织编制的,涉及所辖区域内国民经济和社会发展或特定区域、领域、行业为对象编制的规划。其规划体系与国家发展规划体系基本一致,既编制党委建议、总体规划,也编制专项规划、区域规划、主体功能区规划、城镇化规划等。在规划内容上,既要体现国家战略意图,又要结合当地实际,体现其自身特点和特色,体现地方发展需要。其编制的时间、规划期、方法等与国家发展规划既有相同处也有不同处。

一、地方党委建议

　　地方党委建议是指由地方各级党的委员会针对同级政府组织编制的国民经济和社会发展五年规划(计划)而提出的建议,一般被称为"中共××党委关于制定国民经济和社会发展第×个研究五年规划(计划)的建议"。在地方,由党委组织编制五年规划(计划)建议的工作,参差不齐。

　　从省级层面看,研究制定党委建议的多,不制定的少。经抽查各省的"计划志"、地方志的"计划卷"或"综合经济管理卷"等,有些省份与国家完全同步,如江苏从"七五"时期至"十三五"时期,省委都研究制定了五年规划(计划时期)建议。有些省份则时做时断,如上海"七五"时期制定了建议,"八五"时期和"九五"时期没有制定,"十五"时期以后与国家同步。相当多的省份起步较晚,辽宁、湖北从"九五"时期开始制定建议,广东、河南、陕西等则是从"十五"时期开始制定建议。随着社会主义市场经济体制的建立和完善,从"十五"计划开始,省级党委都参照中央做法,每逢五年规划(计划)纲要编制,各省(自治区、直辖市)都研究制定五年规划(计划)的建议(见表10-1)。

表10-1　部分省市"七五"时期到"十三五"时期党委建议一览表

	"七五"时期	"八五"时期	"九五"时期	"十五"时期	"十一五"时期	"十二五"时期	"十三五"时期
辽宁	无	无	1995年,辽宁省委八届三次全会通过《认清形势,抓住机遇,集中全力搞好"九五"时期的工作》	2000年,辽宁省委八届十三次全会通过辽宁省"十五"计划建议	2005年,辽宁省委九届十一次全会通过辽宁省"十一五"规划建议	2010年,辽宁省委十届十一次全会通过辽宁省"十二五"规划建议	2015年,辽宁省委十一届十二次全会通过辽宁省"十三五"规划建议
上海	1986年,中共上海市委五届二次全会通过《关于制定上海市"七五"计划的建议》	无	无	2000年,上海市委七届七次全会通过上海市"十五"计划建议	2005年,上海市委八届十三次全会通过上海市"十一五"规划建议	2010年,上海市委九届十三次全会通过上海市"十二五"规划建议	2015年,上海市委十届十次全会通过上海市"十三五"规划建议

	"七五"时期	"八五"时期	"九五"时期	"十五"时期	"十一五"时期	"十二五"时期	"十三五"时期
江苏	1985年,江苏省委七届三次全委(扩大)会议讨论《江苏"七五计划建议"》	1991年,江苏省委八届三次全委(扩大)会议通过《中共江苏省委关于制定江苏省国民经济和社会发展十年规划和"八五"计划的建议》	1995年,江苏省委九届三次全会通过《关于制定江苏省国民经济和社会发展"九五"计划和2010年远景目标的建议》	2000年,江苏省委九届十二次全会通过《中共江苏省委关于制定江苏省国民经济和社会发展第十个五年计划的建议》	2005年,江苏省委十届九次全会通过《中共江苏省委关于制定江苏省国民经济和社会发展第十一个五年规划的建议》	2010年,江苏省委十一届九次全会通过《中共江苏省委关于制定江苏省国民经济和社会发展第十二个五年规划的建议》	2015年,江苏省委十二届十一次全会通过《中共江苏省委关于制定江苏省国民经济和社会发展第十三个五年规划的建议》
河南	无	无	无	2000年,河南省委六届十一次全会通过河南省"十五"计划建议	2005年,河南省委七届十全会通过河南省"十一五"规划建议	2010年,河南省委八届十一次全会通过河南省"十二五"规划建议	2015年,河南省委九届十一次全会通过河南省"十三五"规划建议
湖北	无	无	1995年,湖北省委六届四次全会通过《中共湖北省委关于制定全省国民经济和社会发展"九五"计划及2010年远景目标的建议》	2000年,湖北省委七届五次全会通过湖北省"十五"计划建议	2005年,湖北省委八届九次全会通过湖北省"十一五"规划建议	2010年,湖北省委九届九次全会通过湖北省"十二五"规划建议	2015年,湖北省委十届七次全会通过湖北省"十三五"规划建议

续表

	"七五"时期	"八五"时期	"九五"时期	"十五"时期	"十一五"时期	"十二五"时期	"十三五"时期
广东	无	无	无	2000年,广东省委八届六次全会通过广东省"十五"计划建议	2005年,广东省委九届七次全会通过广东省"十一五"规划建议	2011年,广东省委十届八次全会通过广东省"十二五"规划建议	2015年,广东省委十一届五次全会通过广东省"十三五"规划建议
贵州	无	无	无	2000年,贵州省委八届六次全会通过贵州省"十五"计划建议	2005年,贵州省委九届八次全会通过贵州省"十一五"规划建议	2010年,贵州省委十届十次全会通过贵州省"十二五"规划建议	2015年,贵州省委十一届六次全会通过贵州省"十三五"规划建议
陕西	无	无	无	2000年,陕西省委九届六次全会通过陕西省"十五"计划建议	2005年,陕西省委十届七次全会通过陕西省"十一五"规划建议	2010年,陕西省委十一届七次全会通过陕西省"十二五"规划建议	2015年,陕西省委十二届八次全会通过陕西省"十三五"规划建议

资料来源:各省市地方志或计划志。

　　从设区市级层面看,以江苏省为例,江苏省所辖的设区市,基本与国家、省有关工作同步,设区市市委在不同时期制定了五年规划(计划)的建议。特别是"十五"计划之后,设区市市委制定五年规划建议成为编制五年规划的必备工作。

　　从县(县级市、区)层面看,县级党委基本不制定建议,一般都是按照上级党委政府的要求,直接编制总体规划,但也有一些县从"十三五"规划开始,由县级党委研究制定五年规划建议。

二、地方总体规划

　　地方总体规划是指由地方各级人民政府组织的以国民经济和社会发

展为对象编制的规划,主要是对地方国民经济和社会发展进行战略谋划和总体部署,是编制其他发展规划的依据,是经济社会发展的蓝图,是当地人民共同的行动纲领,是政府履行经济调节、市场监管、社会管理、公共服务、生态环境保护职能的重要依据。

地方发展规划是国家发展规划的落实,如江苏省在新中国成立后的各个时期编制的国民经济和社会发展五年规划(计划),其规划期与国家完全保持一致。比如:"二五"计划国家没有定稿,江苏也没有定稿;1963—1965年,国家确定为经济调整期,没有进行五年计划的编制,江苏也没有编制五年计划;1966—1970年,虽然中央工作会议批准了"三五"《汇报提纲》,但由于种种原因,"三五"《汇报提纲》没有形成正式"三五"计划,更没有得到全国人大的批准。此后,在国家发展规划的指引下,江苏省每五年编制一次发展规划,在落实国家发展规划政策的同时,有效地指引了地方经济社会的发展。

地方总体规划的编制、审议、批准与国家完全一致,由同级人民政府组织编制,提交同级人民代表大会审议批准。从称谓变化看,"一五"到"十五"称为"计划",从"十一五"开始改为"规划"。从编制方式和阶段看,在"八五"计划前,一般采用在计划部门内部抽调精兵强将,组成五年计划起草小组,由计划委员会主任亲自挂帅,直接起草五年计划纲要。那个时期,资金资源基本都掌握在政府手里,特别是中央政府,各地编制五年计划的重点是"排项目",目的就是向上争取资源、争取资金,以获得地方经济增长,计划色彩比较浓厚。"九五"计划和"十五"计划,是计划经济向社会主义市场经济过渡时期的计划,五年计划的作用开始大幅度提升,广泛学习国外先进的规划编制理念和方法,动员和组织社会力量参与规划编制,由过去的"关门编计划"转向了"开门编规划"。从规划队伍建设上,省级计划部门普遍设立了规划处,市级计划部门加挂了规划处的牌子,有些则单设了规划处,地方从事发展规划的专业人员力量明显增强。从编制发展规划的程序上,引入了前期专题研究和基本思路研究,从而完善了编制工作的流程,编制时间也从"九五"计划前的一年半延长到"十五"计划后的两年多,规划编制更加注重程序,以程序的规范保障规划内容的科学合理。

从"十一五"规划开始,五年规划的作用更加明确,就是给社会以信心、给市场主体以信息、给政府工作以方向、给人民以承诺。五年规划编制的程序更加规范,形成了前期研究—基本思路—规划纲要(草案)—规划审议四个阶段。同时拉开了规划体制改革的序幕,2005 年国务院印发了《国务院关于加强国民经济和社会发展规划编制工作的若干意见》。正式将国民经济和社会发展五年规划确定为总体规划,将以某一特定领域为对象编制的规划确定为专项规划等,对各类发展规划进行规范。2010 年 7 月,江苏省发布了《江苏省发展规划条例》,对发展规划对象与内容、编制与批准、实施与监督、法律责任等一一做了明确和规范,标志着发展规划进入了法治的轨道。对市县总体规划的编制提出了明确要求,重点解决上下一般粗、内容大同小异的问题,要求更加贴近百姓,贴近解决实际问题。苏州市是国家规划体制改革的试点市,苏州市的"十一五"规划对此进行了有益探索(见专栏 10-1)。

专栏 10-1　苏州市"十一五"规划民生实事

积极推进城乡统筹发展:积极发展新型农村社区,大力发展农村公共事业,全面推进现代农民教育工程,改善农村生产生活生态环境。

促进充分就业:完善劳动者自主择业、市场调节就业、政府促进就业机制,健全就业服务体系。

增加群众收入:建立健全企事业单位职工收入分配规则和监管机制,全面推进企业工资集体协商制度,严格执行最低工资制度。

健全救助体系:完善就业、教育、医疗、住房等专项救助,加强社会帮扶、社会优抚、临时救助、慈善互助工作,积极发展社会福利事业。

提高生活质量:推进古城、古镇生活设施和老住宅小区改造,积极实施食品药品放心工程。

大力发展文化事业:重点建设苏州科技文化艺术中心、文化馆新馆,逐步形成与经济社会发展水平相适应的布局合理、惠及民众的公共文化服务体系。

完善公共卫生和医疗服务体系:重视社区卫生服务,完善医疗、预防、保健、康复、健康教育、计生指导等"六位一体"功能,形成"15 分钟健康服务圈"。

积极发展体育事业:加快建设公共体育设施,加强住宅小区、社区体育娱乐设施配套,满足城乡居民日益增长的健身需求。

资料来源:《苏州市国民经济和社会发展第十一个五年规划纲要》。

三、地方专项规划

专项规划是指以国民经济和社会发展的特定领域为对象编制的规划,是国民经济和社会发展总体规划在特定领域的细化安排,是地方各级人民政府及其有关部门指导制定领域发展、审批或者核准重大建设项目、安排财政支出预算、制定相关政策的依据。

在"十五"计划前,国家并没有明确地把编制某一领域的规划称为专项规划,各地的编制方式各不相同,没有统一格式、统一标准、统一编制时间、统一规划期等。"八五"计划前,地方一般都是根据国家五年计划中确定的一些重大工程和项目编制实施性计划,很少编制国家没有要求针对某个领域发展的规划(计划)。从"九五"计划开始,参照国家做法,有些地方为了促进五年规划(计划)的落实,开始编制某个领域的发展规划(计划)。"十五"计划编制时,国家做了统一,专项规划成为地方规划的重要组成部分,编制专项规划的领域大大拓展(见表10-2)。"十一五"时期,地方普遍重视专项规划编制工作,专项规划的编制单位由过去主要集中在发展改革部门内部转向发展改革部门或行业主管部门为主编制,基本做到凡国家编制专项规划的领域地方都会编制专项规划。按规划期划分,地方专项规划有两类:一类是编制五年规划时配套编制的专项规划,这类专项规划均要经过同级发展改革部门衔接后,提交政府审议批准;另一类是当地政府根据经济社会发展情况自行设立,由同级政府审议批准。

表10-2 部分省市"七五"时期到"十五"时期专项规划一览表

	"七五"时期	"八五"时期	"九五"时期	"十五"时期
辽宁	《辽宁省冶金工业"七五"规划及1986年奋斗目标》	无	《辽宁省辽河流域水污染防治"九五"计划及2010年规划实施方案》	《辽宁省科技发展"十五"规划》《辽宁省"十五"公路建设规划》《辽宁省人才发展"十五"计划》

续表

	"七五"时期	"八五"时期	"九五"时期	"十五"时期
上海	无	《上海市哲学社会科学"八五"规划》	《上海市建设一流基础教育"九五"规划及2010年远景目标》《上海市村镇建设"九五"计划和2010年规划》《上海市城市园林绿化"九五"计划和2010年规划》	《上海市"十五"综合交通发展重点专项规划》《上海市"十五"生态环境建设重点专项规划》《上海市"十五"人口、就业与社会保障重点专项规划》《上海市"十五"国民经济和社会信息化重点专项规划》《上海市养殖业"十五"发展专项规划》
江苏	无	《江苏省社会主义精神文明建设"八五"规划纲要》	《江苏省"九五"国土绿化规划纲要》《江苏省"九五"妇女发展规划》《江苏省信息化建设规划纲要（1997—2010年）》	《江苏省绿色食品"十五"发展规划》《江苏省国民经济和社会发展第十个五年计划——海洋经济发展专项规划》《江苏省优势农产品产业化发展总体规划（2003—2007年）》
河南	无	无	《河南省林业科技发展"九五"计划及到2010年长期规划》	《河南省"十五"能源发展规划》《河南省"十五"综合交通体系发展规划》《河南省"十五"旅游产业发展规划》《河南省消防工作"十五"发展规划》《河南省"十五"时期食品工业发展规划》
湖北	无	无	《湖北省化学工业"九五"质量规划和2010年远景目标——质量振兴纲要实施意见》	《湖北省旅游事业"十五"发展规划》《湖北省电力工业"十五"发展规划》

续表

	"七五"时期	"八五"时期	"九五"时期	"十五"时期
广东	无	无	《广东省儿童发展"九五"规划》《广东省铁路"九五"建设规划及2010年发展目标的建议》	《广东省城市化"十五"计划》《广东省现代物流业"十五"计划》《广东省人力资源开发"十五"计划》
贵州	无	无	《贵州省妇女发展规划(1995—2000年)》	《贵州省老年教育"十五"发展规划》
陕西	无	无	无	《陕西省国民经济和社会发展第十个五年计划——城镇化重点专项规划》《陕西省"十五"固定资产投资重点专项规划》《国民经济的社会发展第十个五年计划——农村经济发展重点专项规划》

资料来源:各省市地方志或计划志,各省政府和发展改革委官网。

从专项规划编制的层级看,省级基本和国家保持同步,市级各不相同,有的编制,有的不编制,但只要是五年规划中确定的需要编制的专项规划,市级还是编制的。县级除了少数经济比较发达的县级市会根据当地经济社会发展情况并结合上级五年规划的要求编制专项规划外,其他县(县级市、区)级基本不编制专项规划。

四、地方区域规划

地方区域规划是指针对省(自治区、直辖市)内某个特定的、跨行政区的区域编制的发展规划,是国民经济和社会发展规划(计划)与国土规划、城市规划的中间环节,是使地区生产力合理布局、各项建设事业协调发展的重要手段。

区域规划更加关注宏观性、全局性、单一城市无法解决的重大问题,需要对区域内各系统进行全面考虑,对社会经济各部门进行统筹安排,因而省级区域规划一般由省级发改委牵头组织编制,报省政府审批,有的还报国务院审批。例如,福建省的厦漳泉同城化规划、广西自治区的北部湾地区规划、安徽省的皖江经济带承接产业转移示范区规划、辽宁省的沿海经济带发展规划等,都属于区域规划范畴。

地方区域规划的探索实践为后来国家层面编制区域规划提供了有益借鉴。江苏省的区域规划工作源自20世纪90年代初,当时的省计经委组织编制了江苏省首部区域规划——《江苏省苏锡常地区跨世纪发展纲要》,提出苏锡常地区跨世纪发展的目标、措施和重大项目,对苏锡常地区的统筹发展起到了十分重要的作用。随后,江苏省委省政府陆续组织编制了苏北地区发展规划、沿江地区开发规划、沿海地区开发规划等。这些区域规划的编制实施,在促进区域均衡发展、缩小地区发展差距中发挥了重要作用。

五、地方主体功能区规划

主体功能区规划是我国体制改革的重大创新,极大丰富了发展规划体系。主体功能区规划是指以不同区域的主体功能为对象编制的规划,是国民经济和社会发展总体规划等各类规划在空间开发和布局方面的基本依据,是科学开发国土空间的行动纲领和远景蓝图,是国土空间开发保护的战略性、基础性和约束性规划。

按照国家统一部署,国家和省级开展了主体功能区规划编制工作。国家在“十一五”时期提出主体功能区的概念,江苏率先落实,在“十一五”规划中首次明确省级主体功能区,将沪宁沿线地区作为优化开发区域,沿江、沿东陇海线、沿海、沿运河的大部分地区作为重点开发区域,苏北腹地、里下河地区和苏南丘陵地区作为限制开发区域,将法律法规明确需要保护的各级各类自然文化区作为禁止开发区域,并提出基于主体功能区的区域调控政策(见表10-3)。

表 10-3　江苏省区域调控政策框架

分　类	优化开发区域	重点开发区域	限制开发区域	禁止开发区域
财政政策	鼓励科技创新	支持基础设施建设	公共服务、生态建设、转移支付、生态环境建设	公共服务、生态建设、转移支付、生态环境补偿
产业政策	提高产业层次，促进产业升级	加快产业发展，促进产业集聚	适度发展特色产业，开发生态产业和观光产业	严禁不符合功能定位的开发建设活动
土地政策	严格控制建设用地增量	适当扩大建设用地供给	实行严格的用途管制	实行严格的用途管制
人口政策	促进外来人口本地化	加快城市化，促进人口集聚	控制流入、鼓励流出	控制流入、鼓励流出

资料来源：《江苏省国民经济和社会发展第十一个五年规划纲要》。

2010 年国务院印发《全国主体功能区规划》后，各省（自治区、直辖市）的主体功能区规划也陆续印发，至 2014 年全国所有省（自治区、直辖市）的主体功能区规划全部颁布实施。当时，虽然不要求市县编制主体功能区规划，但主体功能区规划的任务需要市县落实，许多地方开始积极的实践探索，江苏南京等设区的市都编制了各自的主体功能区实施规划或实施意见，镇江市出台了"1+6"主体功能区实施规划和政策体系，率先推进乡镇按主体功能分类考核。当前，市县普遍通过编制空间规划，划定"三区三线"来落实主体功能区制度，不再单独编制主体功能区实施规划或意见。

六、城镇化规划

城镇化规划是指导一个时期省（自治区、直辖市）和市县城镇化健康发展的宏观性、战略性、基础性规划。"十二五"规划之前，省（自治区、直辖市）和市县基本不编制城镇化发展规划，大多把城镇化作为发展任务列入五年规划，并以五年规划为依据，编制以城镇等级体系和空间布局为主的城镇体系规划，但是随着经济社会的快速发展，许多地区出现了"大城市病"和外来常住人口落户难等问题，因而"十二五"期间国家开始推进以人为本的新型城镇化战略,并将城镇化规划纳入发展规划体系。

2014 年,《国家新型城镇化规划(2014—2020 年)》印发,各省(自治区、直辖市)也在"十三五"时期陆续印发各自的城镇化规划,省级规划多沿用国家规划名称,命名为"××省新型城镇化规划",也有部分省份根据自身特色和城镇化发展阶段采用了不同的命名,如江苏省"新型城镇化和城乡发展一体化规划"、贵州省"山地特色新型城镇化规划"、河北省"新型城镇化与城乡统筹示范区建设规划"等。市县层面城镇化规划编制工作参差不齐,江苏和四川大部分城市编制了城镇化规划,其他省份大城市也大多编制城镇化规划,中小城市基本上都没有编制城镇化规划。

第二节　地方发展规划的主要内容

发展规划是对未来发展的谋划,是经过比选的解决问题的优化方案。《江苏省发展规划条例》中明确:"国民经济和社会发展总体规划应当包括以下内容:一是上一规划期的发展情况,下一规划期的发展环境和条件;二是指导思想、发展战略、发展目标、发展布局和指标体系;三是主要任务、发展重点和相关政策;四是规划实施的保障措施。"[1]作为规划的编制者,在技术层面就是回答好六个"W",即 why(为什么)、what(干什么)、how(怎么干)、where(在哪里)、when(何时干)、who(由谁干),构成了编制发展规划的基本要素。

一、总结五年成绩,找出存在问题

我国地方发展规划从时间上看是连续的,按照国家的统一部署,各地已编制了十三个五年发展规划(计划),在起草编制当期五年规划(计划)之时,对上个五年规划(计划)执行和实施情况进行总结,是编制五年发展规划(计划)必不可少的重要环节。主要是总结成就,对发展目标进行对比,对发展的任务进行考量,找出发展中存在的问题或短板。以江苏省

---

[1]　资料来源:《江苏省发展规划条例》。

为例,从"九五"计划开始,均对上个五年规划(计划)的执行情况进行总结,并提出发展中存在的问题。

德国原联邦政府规划咨询委员会主任、斯图加特大学区域规划研究所所长、教授彼特·特劳拉说过"规划是当地人的事"。通过对上个五年规划(计划)的总结,了解、熟悉和掌握当地发展的状况,为提出解决问题的优化方案奠定基础。在此要突出对长期问题、关键问题的把握,形成落一子而活全局的局面,切忌把短期的经济现象作为五年规划的内容。从江苏"九五"以来的规划(计划)执行情况看,五年发展规划(计划)均得到了很好的落实,有力地促进了地方经济社会的发展,使江苏成为我国经济社会比较发达的省份。

二、研究国内外形势,确定发展阶段

党的十一届三中全会确立了我国实行改革开放的新决策,1992年邓小平同志南方谈话时提出要建立社会主义市场经济体制,由此地方五年规划(计划)纳入了国内外形势和发展阶段的研究,在此之前,地方五年发展规划(计划)中几乎没有涉及相关内容。

在编制五年规划(计划)中,把深入研究国际政治形势、全球科技进步、国际市场变化等作为分析外部环境的重点,把深入研究国家的发展主题主线、重大政策取向、发展战略重点等作为规划的充要条件和宏观背景,把深入研究地方所处发展阶段作为规划的起点和方位,从而找准地方发展的定位、合理确定地方发展的目标,推动地方经济社会科学有序发展。

三、预测发展目标,提出发展战略

为了要实现地方经济平稳健康地发展,需要对发展目标进行科学、系统的分析测算,以此找出推动地方发展的有效路径。如江苏省在研究"十五"计划时,对GDP增长分别用生产法、支出法和多部门模型预测经济增速。通过实证分析法,提出发展战略,以形成共识、凝聚力量、推动发展。从江苏省"九五"计划至"十三五"规划提出的五年发展战略可以清晰地看出江苏省推动发展的战略重点和总路径(见表10-4)。

表 10-4　江苏省"九五"至"十三五"国民经济和社会发展战略

时　期	发展战略
"九五"计划	科教兴省战略、经济国际化战略、区域经济共同发展战略
"十五"计划	科教兴省战略、经济国际化战略、区域共同发展战略、城市化发展战略、可持续发展战略
"十一五"规划	科教兴省战略、经济国际化战略、区域共同发展战略、城市化发展战略、可持续发展战略
"十二五"规划	科教与人才强省战略、创新驱动战略、城乡发展一体化战略、经济国际化战略、区域协调发展战略、可持续发展战略
"十三五"规划	创新驱动发展战略、科教与人才强省战略、新型城镇化和城乡发展一体化战略、区域协调发展战略、经济国际化战略、可持续发展战略、民生共享战略

资料来源:江苏省国民经济和社会发展"九五""十五""十一五""十二五""十三五"规划(计划)纲要。

四、明确发展任务,形成空间布局

　　明确发展任务是五年发展规划的核心内容,在分析国内外形势、研判发展阶段、预测发展目标、确定发展战略的基础上,经过综合考量、优化比选、突出重点、体现前瞻,形成五年发展任务。虽然五年发展规划涵盖了经济社会发展的方方面面,但考虑到地方政府职能的局限性和手段的有限性,地方规划确定的任务要突出本级政府能干的事,突出政府履行职能的领域,引导市场主体的行为方向,明确鼓励发展、限制发展和禁止发展的产业,以及产业布局要求。各地都根据自身发展的不同阶段、突出问题,研究提出了发展的重点任务(见表10-5)。

表 10-5　部分地区"十三五"规划纲要发展任务

省　份	发展任务
辽宁	1.创新驱动发展,提升核心竞争能力。2.全面深化改革,培育经济发展内生动力。3.扩大对外开放,增强国际合作竞争新优势。4.强化基础地位,提升农业现代化水平。5.加快转型升级,构建现代工业发展体系。6.营造良好环境,加快服务业大发展。7.完善网络体系,强化基础设施支撑能力。8.促进协调互动,构建区域发展新格局。9.加快城乡一体,积极推进新型城镇化。10.推动绿色发展,营造生态宜居美丽家园。11.保障改善民生,创造安居乐业人民生活。12.建设文化强省,推动文化大发展大繁荣。13.建设法治辽宁,促进社会安定和谐发展。14.强化规划实施,实现宏伟发展蓝图

续表

省　份	发展任务
湖北	1. 推进创新湖北建设。2. 构建发展新体制。3. 推进富强湖北建设。4. 拓展协调发展新空间。5. 构建城乡发展新格局。6. 构筑基础设施新支撑。7. 推进绿色低碳新发展。8. 打造内陆开放新高地。9. 推进文明湖北建设。10. 推进幸福湖北建设。11. 推进法治湖北建设
广东	1. 坚持全面深化改革,基本建立比较完善的社会主义市场经济体制。2. 坚持创新驱动发展,着力构建以创新为主要引领和支撑的经济体系和发展模式。3. 大力推进供给侧结构性改革,基本建立具有全球竞争力的产业新体系。4. 抢占信息化制高点,建设高水平信息化强省。5. 增强发展整体性,构建区域协调发展新格局。6. 推进新型城镇化,提升城乡一体化发展水平。7. 强化"三农"基础地位,建设幸福美丽新农村。8. 加快构建现代基础设施体系,增强经济社会发展后劲。9. 增创对外开放优势,构建开放型经济新格局。10. 促进深度融合发展,形成粤港澳台合作新局面。11. 全面推进依法治省,营造公平正义的法治环境。12. 提升文化软实力,打造文明高尚的精神家园。13. 不断增进民生福祉,率先实现基本公共服务均等化和社会保障城乡一体化。14. 促进绿色循环低碳发展,建设生态文明示范省
贵州	1. 实施大扶贫战略行动,坚决打赢脱贫攻坚战。2. 实施大数据战略行动,拓展信息经济新空间。3. 大力推进农业现代化,加快发展现代山地特色高效农业。4. 大力推进新型工业化,加快构建现代特色产业体系。5. 大力发展山地旅游业,加快推进公园省建设。6. 加快发展现代服务业,着力提升服务业质量和水平。7. 统筹城乡发展,加快建设山地特色新型城镇化示范区。8. 优化区域空间布局,构建区域协调发展新格局。9. 加强基础设施建设,加快构建现代基础设施体系。10. 充分发挥生态环境优势,加快建设生态文明先行示范区。11. 切实保障改善民生,促进全民共享改革发展成果。12. 实施创新驱动发展战略,加快建设创新型省份。13. 深化重点领域改革,推动建立跨越发展新体制。14. 实施开放带动,建设内陆开放型经济试验区。15. 加强和创新社会治理,着力构建平安贵州。16. 全面推进依法治省,加快建设法治贵州。17. 切实强化实施保障,努力实现规划目标任务
陕西	1. 深入实施创新驱动发展战略。2. 系统推进转方式调结构。3. 积极稳妥推进新型城镇化。4. 推动区域协调发展。5. 加快建设生态文明。6. 加强社会主义精神文明建设。7. 坚决打赢脱贫攻坚战。8. 着力增进人民福祉。9. 提升基础设施保障能力。10. 推进治理体系和治理能力现代化。11. 全方位提升开放水平。12. 加强规划保障实施

资料来源:各省市国民经济和社会发展第十三个五年规划纲要。

　　江苏省从"九五"计划开始,每逢编制五年规划(计划)时,都将生产力布局与区域发展紧密结合。"九五"计划提出沿江、沿海、沿东陇海线整体推进,构建全省生产力布局框架。"十五"计划从经济发展、产业结构、收入水平、财政收支等方面进行分析后,划定了苏南、苏中、苏北的区域版图,提出了提升苏南发展水平、促进苏中快速崛起、发挥苏北后发优势的分类指导方针。在生产力布局方面继续加强沿江、沿海、沿东陇海线建设。"十一五"规划把促进区域协调发展、努力缩小地区差距作为江苏省经济和社会发展的重要战略任务,继续推进沿江、沿沪宁线、沿东陇海线、沿海等区域发展,进而提出了江苏省空间开发格局,在地方发展规划中首次列出了禁止开发区域名录(见表10-6),这是省级发展规划的重大突破。"十二五"时期提出了培育三大区域发展新优势、建设我国东部地区重要经济增长极、积极推进长三角一体化进程、在更高层次上促进区域协调发展,同时明确了构建"核心优化、双带重点、多极拓展"的建设开发空间、"两带三区"的农业生产空间、"两横两纵"的生态保护空间①。"十三五"时期提出了全面融入国家区域发展总体布局,统筹实施苏南、苏中、苏北地区和沿沪宁线、沿江、沿海、沿东陇海线经济带战略组合,推进沿运河地区加快发展,培育区域经济增长点和增长极,构建更加科学合理的生产力布局。牢固树立空间结构也是生产力的理念,优化空间组织、明确开发方向、加强用途管控,构建大区域均衡、小区域集聚的科学开发新格局。在全国范围内形成了具有良好示范作用的空间功能分区格局。②

表10-6　江苏省"十一五"规划确定的部分禁止开发区域

区域名称	地　点	面积(公顷)	主要保护对象	级　别
江苏宜兴龙池省级自然保护区	宜兴茗岭镇林场	123	常绿落叶阔叶混交林森林、群落类型	省级
徐州泉山森林自然保护区	徐州市泉山区	370	森林及野生动植物	省级
江苏东山湖羊资源保护区	吴县东山镇	6300	湖羊	省级
启东长江口(北支)湿地省级自然保护区	启东市	47734	丹顶鹤、白头鹤、白鹳、白鹤等珍稀鸟类	省级
连云港云台山自然保护区	宿城、高公岛	67	落叶、阔叶林木体系	省级

---

①　《江苏省国民经济和社会发展第十二个五年规划纲要》。

②　《江苏省国民经济和社会发展第十三个五年规划纲要》。

续表

区域名称	地　点	面积(公顷)	主要保护对象	级　别
涟水黄嘴白鹭自然保护区	涟水涟城镇	3433	黄嘴白鹭等鸟类	省级
洪泽湖北岸湿地自然保护区	淮阴区西顺河	3700	生物多样性	地市级
洪泽湖东部湿地自然保护区	洪泽县、大堤以西	30000	濒危珍禽及其栖息地	地市级
陡湖湿地自然保护区	盱眙县淮河乡	4100	水生动植物、鱼类繁殖地	地市级
金湖湿地自然保护区	高邮湖、宝应湖、三河等	50910	湿地生态系统	地市级
盐城国家级珍禽自然保护区	盐城市	453000	珍禽及海涂湿地生态系统	国家级
大丰麋鹿国家级自然保护区	大丰林场	78000	麋鹿及其生活环境	国家级
东台中华鲟自然保护区	东台市	1440	中华鲟等	县级
江都渌洋湖自然保护区	江都市昭关镇	1500	野生动物、森林、湿地	地市级
句容宝华山自然保护区	句容市	133	森林及野生动植物	省级
镇江豚类省级自然保护区	镇江市	5730	豚类	省级
太湖西山国家地质公园	苏州市	8300	地质(界面)剖面、湖蚀地貌	国家级
江苏六合国家地质公园	南京市	9200	火山地貌	国家级
连云港花果山地质公园	连云港市	8430	海蚀地貌	省级

资料来源:《江苏省国民经济和社会发展第十一个五年规划纲要》。

五、研究规划实施机制,提出保障措施

不能实施的规划就不能称其为规划,就成了一份研究报告、发展报告、预测报告。在"十五"计划之前,地方发展计划较少考虑计划实施的内容,从"十五"计划开始将五年规划(计划)的实施作为规划的重点内容,单独成篇、成章、成节(见专栏10-2)。

专栏 10-2　江苏省"十五"计划实施保障措施

1. 转变政府职能,为"十五"计划的实施创造条件,充分发挥市场配置资源的基础性作用,激发市场主体的积极性和创造性。营造公平竞争的市场环境。政府配置资源的重点要逐步转向为全社会提供充足优质的公共产品和服务。

2. 加强和改善经济调节,保证"十五"计划目标的顺利实现。明确省级政府经济调节的基本取向。要求各级政府主管部门在社会保障、公共服务、科技教育、资源环境、部分基础设施等领域的任务,落实责任。发展计划主管部门对规划实施情况和各部门在实施中应承办任务的完成情况进行监督检查,定期向省政府汇报,必要时由省政府向省人大常委会报告。五年发展计划纲要是编制其他各类专项规划、年度计划,实施国家产业政策,以及制定省级相关经济政策的重要依据,省政府将组织实施城市化、经济国际化、就业和社会保障、科技、教育、文化产业、生态建设和环境保护、工商业结构调整、水利、交通、能源等 11 个重点领域规划目标的实现。"十五"计划实施期间,如遇国内外环境发生重大变化或其他重要原因,使实际经济运行与规划目标发生较大偏离时,省政府提出优化调整方案,报省人大常委会审议批准。

资料来源:《江苏省国民经济和社会发展第十个五年计划纲要》。

从"十一五"规划开始,各地都把规划实施和保障作为规划的重点内容。江苏、上海等地提出了建立完备的规划体系、完善衔接的协调机制、形成有效的分类实施机制、强化组织落实、健全监督评估机制等五个方面较为完善的规划实施机制,确保规划的有效落实。

第三节　地方发展规划编制方法

科学的方法是确保规划内容科学可行的关键手段和重要支撑。编制好一个规划,需要有大量详实的数据采集、定量分析和目标预测,也需要广泛深入的调研、把握发展趋势、凝练思路对策,是一项难度巨大的系统工程,必须要有先进的规划理念、可靠的技术工具、高效的组织方式,更需要政府工作人员、专家、企业家、民众等多方参与。

一、强化前期研究,做到集思广益

开展前期研究工作,是科学编制规划的重要基础,为科学布局、整体谋划、准确决策筑牢基础。辽宁、上海、江苏等地早在"九五"时期就建立了规划咨询专家库,健全规划专家论证制度,在地方发展规划纲要送审前,组织开展规划咨询、论证、评估等活动,形成了规范化的规划决策咨询机制。特别是上海、江苏等部分省市从"十五"计划开始,"开门编规划"成为地方编制规划发展的重要方式。在规划的编制、执行和评估全过程中,民众、专家和专业机构等的协作与智力支持越来越重要,参与程度不断加深。

从江苏省"十五"计划编制实践看,在规划纲要起草前,牵头组织规划编制的单位列出了6个方面41个前期研究课题,面向全国公开招标。这些课题报告,为正确判断和科学把握未来发展趋势,确定"十五"期间江苏省需要解决的重大问题,确定发展目标、方向、重点和任务提供了有益参考。编制"十一五"规划时,通过广泛征集社会各界意见,设立了环境与支撑、总体思路、人民生活、综合竞争力、区域经济与城市化、改革开放、科技教育、可持续发展等8个方面44个前期研究专题(见专栏10-3),通过面向社会公开招标、委托有关单位或著名专家、规划编制单位组织力量等方式,充分利用社会各界力量,对发展规划涉及的重要问题进行开放式研究,提出地方发展目标及相关指标,增强规划编制的科学性和合理性。

专栏10-3 江苏省"十一五"规划前期研究

环境与支撑。《江苏"十一五"期间经济社会发展的环境分析》《"十一五"期间需求对我省经济增长的拉动作用分析》。

总体思路。《"十一五"江苏经济与社会发展总体思路》《江苏全面建设小康社会的进程分析》;《"十一五"期间江苏经济增长目标预测分析》。

人民生活。《扩大就业的思路与对策》《扩大就业推动经济增长》《健全和完善我省社会保障制度的途径及对策》《调整收入分配的思路与对策》《"十一五"期间江苏卫生事业发展与改革的思路及对策研究》。

综合竞争力。《"十一五"期间提升江苏省制造业竞争力的战略选择与思路对策》《"十一五"期间江苏省信息化建设的重点》《"十一五"期间加快发展江苏省服务业的战略选择和思路对策》《壮大农村经济的思路与对策》《扩大消费需求的基本思路和对策研究》《扶持中小企业特别是民营经济发展的思路与对策》《建立"诚信江苏"的思路及举措》《加快文化产业发展的思路和对策》《调整能源结构和布局的思路及对策》《江苏省综合交通体系建设的思路和对策》《建立与经济社会发展相适应的防洪保安体系的思路和对策》。

续表

> **专栏 10-3　江苏省"十一五"规划前期研究**
>
> 　　区域经济与城市化。《协同空间开发秩序和调整区域空间结构的思路》《区域空间规划方法与技术规范研究》《江苏区域分类指导对策及推进苏北工业化进程思路与举措研究》《推进苏北地区工业化进程的思路及举措研究》《江苏沿海地区加快发展的对策研究》《促进"江海联动"开发的思路和对策》《推进长江三角洲一体化进程的思路与对策》《推进城乡统筹发展的思路及对策》《加快推进城市化的思路及对策》。
>
> 　　改革开放。《推进政策管理体制改革》《构建公共管理体系的总体思路》《加快建立公共财政的思路及对策》《加快中介组织发展的思路和举措》《投融资体制改革的思路及对策研究》《"十一五"期间提高江苏省开放型经济发展水平的思路和对策研究》《国际资本流动对我省利用外资的影响及对策》《"十一五"期间国际原油价格变动对江苏经济的影响及对策研究》《人民币汇率波动对江苏省经济社会发展的影响》。
>
> 　　科技教育。《提升人力资本,优化人才结构的思路和对策》《加快科技成果向现实生产力转化的思路和对策》《加快江苏省教育体制改革和教育发展的思路与对策》。
>
> 　　可持续发展。《建立与经济社会发展相适应的土地资源高效利用与保护以及生态建设和环境保护的思路和对策》《加快防灾减灾社会预警系统、应急系统建设的思路和对策》。
>
> 资料来源:江苏省发展和改革委员会:《江苏省国民经济和社会发展第十一个五年规划前期研究汇编(一)(二)(三)》,2005 年,内部资料。

　　此外,地方发展规划送审前,规划编制单位会预先听取当地人大代表、政协委员等的意见,并征询社会公众意见;在草案初步形成后,除需要保密的内容之外,大多会采取公开征求意见形式,为社会公众参与规划编制开辟畅通渠道。"十三五"规划编制过程中,很多城市通过网站、微博、微信等新媒体平台开通"我为发展规划建言"版块,问计于民,取得非常好的效果,也受到社会各界广泛好评。规划编制单位通过全流程广泛征求社会意见,做到集思广益,以更加科学的研究结论支撑地方发展规划,增强了规划全面性、科学性和可行性。

二、注重技术支撑,强化预测分析

　　在地方发展规划编制的过程中,无论是对于发展现状的描述,还是对于主要问题和关键因素的系统研究,一般采用数量指标和规范分析,通过相关分析技术等的支撑,准确找出地方发展问题。当前,地方发展规划编制过程中常用的定量分析方法有:对比分析法(如对能源资源消耗量的预测,可以通过对比其他国家、地区或省份得出)、因素分析法(通过对各种有利和不利因素的综合分析,得出某种趋势性判断)、速度比例法(依据某一指标过去的发展速度或比例推算规划期发展速度或比例,如 GDP 增速、人口总量、产业结构等)和经济计量法(如线性回归法、滑动平均法等)。

地方发展规划的前瞻性要求对地方的发展方向、规划目标、产业趋势和基本规律等,必须有定量指标进行描述或测算,通过合理的预测做到知己知彼。如分析基期国民经济发展的基本状况,包括社会生产与需求、经济发展速度、重大比例关系、基本建设规模、科学教育发展状况等,找出经济发展中的矛盾和存在的问题;在此基础上,提出规划期的具体发展目标、任务和重大措施需求等,重点对地方的 GDP、财政、人口和劳动力等进行测算,并结合对土地资源、环境容量和能源等潜力的分析,将国民经济的财力、物力、人力资源和需求有关指标进行比较、调整,使其相互适应,提高规划的科学性和可行性。

三、研究指标体系,增强规划的引领性

指标是规划期主要发展目标的具体化,是规划纲要最核心的部分。指标体系根据总体目标进行分类深化细化设置,体现了发展理念和鲜明的时代特征,所选取的指标应能分解、可统计,便于规划实施监测、评估及督促检查、考核。[1] "九五"计划以前,地方发展计划的指标重点围绕落实国家分解的重大项目建设任务;"九五"计划开始将计划指标体系拓展到经济、社会、人民生活;"十一五"规划开始将公共服务、资源环境等政府对公众庄严承诺领域的指标作为约束性指标,将依靠市场主体行为的指标作为预期性指标;"十三五"规划纲要按照新发展理念分类设置,减少了工业总产值、投资、消费等经济发展规模的总量指标,增加了经济结构、区域结构、开放创新等方面的指标,更加突出发展动能转换、经济转型升级的要求。由此可见,指标体系的变化亦可反映我国市场经济体制改革的进程和经济社会发展的阶段性特征与要求[2](见表 10-7)。江苏在"十三

---

① 杨庆育等:《中国省级五年规划发展研究》,中国计划出版社 2019 年版,第 41 页。

② 杨庆育等:《中国省级五年规划发展研究》,中国计划出版社 2019 年版,第 41 页。

五"规划编制过程中,从经济强、百姓富、环境美、社会文明程度高等方面制定了4大类31小类的指标体系,有效增强了规划的指引性和可实施性。

表 10-7 重庆市三个五年规划纲要主要指标及属性变化

序号	"十一五"规划	"十二五"规划	"十三五"规划
	一、预期性指标		
1	地区生产总值	地区生产总值	地区生产总值年均增速
2	人均地区生产总值	人均地区生产总值	大都市区与渝东北、渝东南地区人均地区生产总值比值
3	—	工业总产值	文化产业增加值占地区生产总值比重
4	非农产业增加值比重	非农产业增加值比重	服务业增加值占地区生产总值比重
5	高技术制造业增加值占地区生产总值比重	战略性新兴产业增加值比重	战略性新兴产业产值占工业总产值比重
6	—	金融业增加值比重	
7	非农产业就业比重	—	
8	全社会固定资产投资总额 引进内资 外商直接投资 静态移民补偿投资	全社会固定资产投资	产业结构调整投资占全社会固定资产投资比重
9	社会消费品零售总额	社会消费品零售总额	—
10	进出口总值 进口 出口	进出口总值	进出口总额 服务贸易进出口总额
11	研究与开发支出占地区生产总值比重	研究与试验发展经费支出占地区生产总值比重	创新效率 研究与试验发展经费支出占地区生产总值比重
12	—	发明专利授权数	万人发明专利拥有量 全员劳动生产率 规模以上工业企业全员劳动生产率
13	全员劳动生产率	—	
14	城镇化率	城镇化率 常住人口城镇化率 非农户籍人口比重	户籍人口城镇化率

续表

序号	"十一五"规划	"十二五"规划	"十三五"规划
15	城镇登记失业率	城镇登记失业率	—
16	城镇新增就业人员	—	城镇新增就业人数
17	转移农村劳动力	—	—
18	人均受教育年限	主要劳动年龄人口平均受教育年限	—
19	—	人口平均预期寿命	人口平均预期寿命
20	孕产妇死亡率	—	—
21	城乡居民收入 城市居民人均可支配收入 农村居民人均可支配收入	城镇居民人均可支配收入 农村居民人均可支配收入	常住居民人均可支配收入年均增速 城乡居民人均可支配收入比
22	城镇社会保障参加人数 城镇基本医疗保险参加人数	—	—
23	—	实际利用外资	市外货物占重庆货物周转量比重 市外货物占重庆港口货物周转量比重 市外货物占江北机场货物周转量比重 "渝新欧"国际货运班列市外货物量占比
24	—	实际利用外资	实际利用外资
25	—	—	互联网普及率
26	森林覆盖率	—	—
27	三峡库区长江干流水质	三峡库区长江干流水质	—

右上角："续表"

序号	"十一五"规划	"十二五"规划	"十三五"规划
28	主城区环境空气质量满足Ⅱ级天数	主城区环境空气质量满足Ⅱ级天数	—
		二、约束性指标	
29	人口自然增长率	人口自然增长率	—
30	—	九年义务教育巩固率	主要劳动年龄人口平均受教育年限
31	儿童"四苗"接种率	—	—
32	新型农村合作医疗参合率	—	—
33	城镇社会保障参加人数城镇职工基本养老保险参加人数	—	—
34	—	城乡医疗保险参保率	—
35	搬迁安置三峡库区移民	—	—
36	—	—	农村贫困人口脱贫
37	—	森林覆盖率	森林增长森林覆盖率森林蓄积量
38	耕地保有量	耕地保有量基本农田保护面积	净增建设用地总量
39	城市污水垃圾处理率城市污水集中处理率城市生活垃圾无害化处理率	—	—
40	—	—	空气质量主城区细颗粒物（$PM_{2.5}$）浓度下降主城区空气质量优良天数比率
41	主要污染物排放量万元工业增加值 SO_2 排放量万元工业增加值 COD 排放量	主要污染物排放总量减少化学需氧量二氧化硫氨氮氮氧化物	主要污染物排放总量减少化学需氧量二氧化硫氨氮氮氧化物

续表

序号	"十一五"规划	"十二五"规划	"十三五"规划
42	—	单位地区生产总值二氧化碳排放降低	单位地区生产总值二氧化碳排放降低
43	单位地区生产总值能耗降低	单位地区生产总值能耗降低	单位地区生产总值能耗降低
44	—	—	长江干流水质
45	—	单位地区生产总值生产安全事故死亡率	—
46	铁路营运里程	—	—
47	公路通车总里程	—	—
48	—	单位工业增加值用水量降低	单位地区生产总值用水量降低
49	港口货物吞吐能力	—	—
50	电力装机容量	—	—
51	工业固体废物综合利用率	工业固体废物综合利用率	—
52	—	公租房面积	城镇常住人口住房保障覆盖率

资料来源:杨庆育等:《中国省级五年规划发展研究》,中国计划出版社 2019 年版,第 42 页。

四、研究重大项目,增强规划的可操作性

合理确定重大项目既是地方规划的重要内容,也是增强规划可操作性的重要抓手。在"九五"计划之前,地方发展计划核心就是落实国家重大基础设施和产业项目。在"九五"计划以后,地方五年发展规划中的项目,不仅要落实国家重大投资项目,还要结合地方经济社会发展实际需求,谋划提出能落地、有实效、带动强、好评估、易检查的重大工程项目。例如江苏省在"十一五"规划中谋划提出了现代综合运输体系、能源建设和保障、信息化建设、防洪减灾和水资源保障、生态省建设、科技创新、人才强省和教育现代化、医疗卫生服务和食品药品安全体系建设、劳动和社会保障体系、文化大省建设、农业支持和保障、突发公共事件应急体系等

十二类重大工程(见专栏10-4)。

专栏10-4　江苏省"十一五"规划重点项目分布和结构

"十一五"期间,江苏省围绕先进制造业基地建设等八大重点领域和方向,规划重点项目740个,总投资约2.2万亿元,"十一五"期间计划完成投资约1.7万亿元。其中,"十五"结转在建项目209个,新开工项目466个,开展前期工作的储备项目65个。

按项目行业类别划分:基础设施项目188个,"十一五"计划完成投资7200亿元;产业发展项目496个,"十一五"计划完成投资9300亿元;社会事业项目56个,"十一五"计划完成投资490亿元。

按项目投资规模划分:投资在100亿元以上的项目47个,"十一五"计划完成投资6200亿元;投资在50亿—100亿元之间的项目81个,"十一五"计划完成投资3300亿元;投资在10亿—50亿元之间的项目366个,"十一五"计划完成投资6200亿元;投资在10亿元以下的项目246个,"十一五"计划完成投资1200亿元。

按项目区域布局划分:省直及跨区域项目155个,"十一五"计划完成投资5600亿元。地方项目585个,"十一五"计划完成投资11400亿元,其中,苏南项目230个,"十一五"计划完成投资5600亿元;苏中项目159个,"十一五"计划完成投资2700亿元;苏北项目196个,"十一五"计划完成投资3100亿元。

资料来源:《江苏省国民经济和社会发展第十一个五年规划纲要》。

五、注重规划衔接,强化规划实施

规划衔接是保障地方发展规划有效落实国家战略、促进区域协调和引导地方合理发展的重要保证。长期以来,地方五年发展规划的编制都十分重视规划衔接,在规划编制的各个阶段都要进行规划衔接工作。在"八五"计划前,主要体现为地方发展计划与国家发展计划的衔接,重点是衔接重大项目、资金分配和其他资源配置,省、市、县发展计划的衔接也是如此。从"九五"计划开始,衔接的内容拓展到基本思路、发展目标、指标体系、重大项目、区域布局等,衔接的层级由计划部门内部上升到政府层面。特别是从"十一五"规划开始,将规划衔接作为编制五年发展规划的必备程序,明确了规划衔接的内容、时间、程序,同时增加了与周边地区进行规划衔接的环节,逐渐探索出一条完善的地方发展规划的衔接机制(见专栏10-5)。

专栏 10-5　西部某省"十三五"规划衔接程序有关规定

1. 省发展改革委负责将总体规划纲要草案送国家发展改革委与国家总体规划纲要进行衔接。

2. 省级专项规划组织编制单位负责将专项规划草案送国家有关部委与国家专项规划进行衔接，并送省发展改革委与全省总体规划纲要进行衔接。涉及其他专项规划的，应当送省级有关部门与有关专项规划进行衔接。

3. 地市人民政府负责将本区域总体规划纲要草案送省发展改革委与全省总体规划纲要进行衔接，将本区域专项规划送省级有关部门与省级有关专项规划进行衔接。

4. 负责规划衔接工作的部门自收到规划草案之日起 15 个工作日内以书面形式反馈衔接意见。省发展改革委负责就主要内容的合规性、履行编制程序的完整性、规划报批要件的完备性等统筹把关，并对规划内容是否符合全省总体规划纲要等提出书面意见。其他省级有关部门负责就规划目标、总体布局、重点任务和重大工程等内容是否与本部门有关专项规划相互协调提出书面意见。

5. 规划组织编制单位要按照"下级规划服从上级规划、专项规划服从本级总体规划、专项规划之间不得相互矛盾"的原则采纳有关意见，修改完善规划草案。

6. 未经衔接的规划草案，不得提请批准和公布实施。

资料来源：杨庆育等：《中国省级五年规划发展研究》，中国计划出版社 2019 年版，第48 页。

在地方发展规划实施过程中，规划牵头编制单位通过建立规划目标责任制，分解落实地方发展规划的目标任务，并基于年度评估、中期评估和总结评估，适时对规划实施和调整提出意见，将规划评估结果报送地方政府审议，并由地方政府向当地人大常委会报告。充分发挥人大和社会公众的社会监督力量，研究形成有力的监督机制，加强对规划实施的监督检查，形成完善的行政检查、行政纠正和行政责任追究机制，保障地方发展规划稳步实施。

第十一章　灾后重建规划

应对自然灾害,是人类永恒的主题。我国是世界上受灾害影响最为严重的国家之一,地震、洪涝、台风、地质等自然灾害频发。近年来,在应对灾害的过程中,逐步形成了编制灾后重建规划、依据规划帮助灾区人民重建家园的有效做法。灾后重建规划成为我国规划体系的重要组成部分,体现了我国在遵循规律基础上集中力量办大事的制度优势。

第一节　灾后重建规划的基本情况

一、灾后重建规划的内涵和定位

灾后重建规划是一种特定时间、特定对象、特定内容的规划。重大灾害发生后,为尽快恢复灾区生产生活秩序、帮助灾区人民重建家园,需要编制和实施灾后重建规划。

灾后重建规划一般应明确灾区重建范围、重建目标、重建原则、重建任务、政策措施等。考虑到重建任务的时间要求,编制周期一般较短,规划期也不长。

灾后重建规划往往融合人口、产业、住房、交通、公共服务等领域的内容,又有较强的空间性,是一种综合性、复合型的规划。规划实施也往往是中央和地方共同组织,相关部门协力参与。

二、我国灾后重建规划的主要情况

过去灾害发生后,一般是政府组织力量抢险救灾,并根据情况开展重建工作,并没有编制过系统的灾后重建规划。1976 年唐山大地震发生后,国务院联合工作组和来自北京、上海、天津、河北等 14 个省区市的专家和技术人员到唐山灾区调查研究。1978 年,国务院批复同意河北省上报的《关于加快重建唐山市的报告》,要求在建设新唐山过程中,坚持自力更生、艰苦奋斗、勤俭办一切事业的原则,精心设计,精心施工,全面实现多快好省。要积极采用新技术、新材料,建筑标准要经济适用,布局要有利生产、方便生活,力求科学、合理。这一批复文件掀开了唐山恢复重建的序幕,也是我国灾后重建规划的雏形。

2008 年 5 月 12 日汶川特大地震发生后,党中央、国务院在领导抢险救灾的同时,着眼灾区重建,及时作出了开展灾后恢复重建规划编制工作的决策。在国务院抗震救灾总指挥部统一部署下,灾后重建规划组历时三个月,经过各有关部门和灾区政府的共同努力,编制完成了《汶川地震灾后恢复重建总体规划》,其后又完成了十个专项规划。规划发布实施后,在国内外引起了强烈反响,对指导灾区恢复重建发挥了巨大的作用。以汶川地震灾后恢复重建规划为重要标志,形成了我国灾后重建规划的范例。

之后,国家层面又陆续编制了若干个灾后重建规划。2010 年 5 月 30 日,青海玉树发生强烈地震,6 月 9 日国务院组织编制印发了《玉树地震灾后恢复重建总体规划》。2013 年 4 月 20 日,四川芦山发生强烈地震,7 月国务院印发了《芦山地震灾后恢复重建总体规划》。"灾后重建,规划先行",已经成为我国应对重大灾害的重要理念,在编制灾后重建规划方面积累了重要经验。

第二节　汶川地震灾后恢复重建规划的编制过程①

《汶川地震灾后恢复重建总体规划》是指导汶川灾后重建的总纲。总体规划的编制,可以分为启动规划、前期研究、起草规划、审议发布四个

---

① 本章第二节、第三节内容以介绍汶川地震灾后恢复重建规划为主。

阶段。在总体规划编制完成后,对各专项规划进行了衔接,然后发布实施各专项规划。在规划实施一年后,对规划进行了中期评估和调整。

一、启动规划工作

汶川特大地震发生后,全国上下高度关切,全力以赴进行抢险救灾。在抢险救灾进入到关键阶段的时刻,党中央、国务院前瞻性地将灾区恢复重建工作提上了议事日程,启动了相关工作。

(一)中央决策部署

2008年5月17日,胡锦涛同志在四川召开的抗震救灾工作会议上明确指出,要在做好当前抗震救灾工作的同时,及早谋划恢复生产、灾后重建工作。要抓紧调查了解群众房屋倒塌、财产损失情况,尽快制定扶助措施。要在搞好规划的基础上,适时组织相关力量,帮助受灾群众重建家园。

2008年5月23日晚,温家宝同志主持召开国务院抗震救灾总指挥部第13次会议。会议指出,灾后重建是一项长期而艰巨的任务,首先要做好规划。会议决定,成立灾后重建规划组,由国家发展改革委、四川省政府、住房城乡建设部以及其他有关部门负责人组成。要在国家汶川地震专家委员会进行现场调查研究、科学论证、地质地理条件评估和建设项目科学选址的基础上,抓紧制定灾后恢复重建规划的总体方案,争取三个月内完成。灾后重建总体规划方案要包括城镇体系规划、农村建设规划、基础设施建设规划、公共服务设施建设规划、生产力布局和产业调整规划、市场服务体系规划、防灾减灾规划等。这标志着灾后恢复重建规划工作的正式启动。

(二)明确工作方案

按照国务院抗震救灾总指挥部第13次会议要求,国务院有关部门和灾区人民政府着手部署规划准备工作。2008年5月22—25日,国家发展改革委委派有关同志和部分专家赴四川成都,与四川省发展改革委同志共同研究规划工作。在三天时间内,起草形成了《国家汶川地震灾后重建规划工作方案》(以下简称《规划工作方案》)初稿,提出了规划编制工作的指导思想、主要任务、责任主体和进度要求。

2008年6月3日,国务院抗震救灾总指挥部第16次会议讨论通过了《规划工作方案》。《规划工作方案》明确,灾后重建规划的编制要坚持统一部署、分工负责,区分缓急、突出重点,相互衔接、上下协调,规范有序、依法推进的原则。规划范围主要是汶川地震严重受灾地区,具体范围在灾害评估的基础上确定。规划期为三年。工作任务包括专项评估、规划编制和政策研究。专项评估包括灾害范围评估、灾害损失评估和资源环境承载能力评价。灾后重建总体规划方案包括灾后重建总体规划、城镇体系规划、农村建设规划、城乡住房建设规划、基础设施建设规划、公共服务设施建设规划、生产力布局和产业调整规划、市场服务体系规划、防灾减灾和生态修复规划、土地利用规划。政策研究包括财政政策、税费政策、金融政策、土地政策、产业政策、对口支援、社会募集和其他政策。

《规划工作方案》通过后,正式成立了灾后恢复重建规划的组织机构。规划组组长单位为发展改革委,时任发展改革委主任张平任规划组组长;副组长单位为四川省人民政府、住房城乡建设部,时任四川省省长蒋巨峰、住房城乡建设部部长姜伟新任副组长;成员由教育部、科技部等部门及陕西、甘肃省的负责同志组成。

规划组下设办公室(以下简称"规划办"),主要职责是,具体组织灾后重建规划的编制及其各专项规划编制的协调。办公室下设综合组、起草组、政策组、筹资组四个小组。

二、做好基础研究

(一)制定指导意见

为有力有序有效地组织各方面力量做好灾后重建工作,使灾区经济社会生活尽快步入正常轨道,在重建规划形成之前,首先要制定一个指导性文件。2008年6月3日国务院抗震救灾总指挥部第16次会议审议《国家汶川地震灾后重建规划工作方案》时,要求灾后重建规划组起草一个针对灾后恢复重建工作的指导意见。

2008年6月上旬,规划办起草组起草形成了《灾后重建指导意见》

初稿。

2008 年 6 月中旬,规划办进一步修改《关于做好汶川地震灾后恢复重建工作的指导意见》初稿,并根据胡锦涛同志、温家宝同志 6 月 13 日在省区市和中央部门主要负责同志会议上的讲话精神进行了完善。

2008 年 6 月 26 日,国务院抗震救灾总指挥部第 22 次会议审议并原则通过了《关于做好汶川地震灾后恢复重建工作的指导意见》。7 月 3 日,国务院正式印发了《关于做好汶川地震灾后恢复重建工作的指导意见》。

《关于做好汶川地震灾后恢复重建工作的指导意见》明确了"以人为本、尊重自然、科学重建"的指导思想,以及"科学规划、有序推进,因地制宜、分类指导,自力更生、艰苦奋斗,一方有难、八方支援"的基本原则,为灾后恢复重建工作指明了方向。文件还明确了城乡住房、公共服务设施、基础设施、产业结构调整和生产力布局、市场服务体系、防灾减灾和生态修复等方面的原则和方向。文件还指出,灾后恢复重建规划是恢复重建工作的重要依据,必须建立在全面调研、科学评估、充分论证的基础上。规划编制要充分听取灾区干部群众的意见和建议,借鉴国内外灾后恢复重建的有益经验,组织专家对重大问题进行深入论证,科学民主决策。要加强总体规划与各专项规划之间的衔接协调,形成有机整体。灾区的市、县人民政府要在省级人民政府的指导下,组织编制本行政区域的灾后恢复重建规划和实施计划。切忌在没有规划的情况下盲目动工,仓促上马。

(二)形成规划大纲

2008 年 6 月 9—12 日,规划办起草组、专家组部分同志赴四川省,会同四川省发展改革委同志研究起草《汶川地震灾后恢复重建总体规划大纲》。

2008 年 6 月 13 日,国家汶川地震灾后重建规划组第二次全体会议讨论并原则通过了规划办草拟的《汶川地震灾后恢复重建总体规划大纲》,听取了四川、陕西、甘肃省灾后重建总体规划以及各专项规划、政策研究进展情况的汇报。会议明确,各省要根据"规划大纲"编制规划。

（三）进行灾损评估和确定规划范围

做好灾损评估、明确灾后重建范围是做好规划编制工作的基本前提。根据《规划工作方案》的要求，民政部、中国地震局、国家汶川地震专家委员会和国家减灾委—科技部抗震救灾专家组认真开展了汶川地震灾害范围评估工作，于2008年6月10日左右分别形成了评估结果报告。

2008年6月11日，规划办就规划范围与四川省有关领导进行了沟通，提出了《关于灾后恢复重建规划范围的初步意见》。6月13日，灾后重建规划组第二次全体会议讨论了《关于灾后恢复重建规划范围的初步意见》。

2008年7月11日，由民政部、国家发展改革委、财政部、国土资源部、中国地震局、国家汶川地震专家委员会提出的《民政部、国家发展改革委、财政部、国土资源部、中国地震局、国家汶川地震专家委员会关于上报〈汶川地震灾害范围评估报告〉的函》，以及规划办提出的《关于灾后恢复重建规划范围的意见》，上报国务院抗震救灾总指挥部。7月12日，国务院抗震救灾总指挥部第23次会议审议通过了《关于灾后恢复重建规划范围的意见》，明确规划范围为51个重灾县（市、区）。

（四）进行资源环境承载能力评价

资源环境承载能力评价是规划编制的重要基础。根据《规划工作方案》的要求，中科院牵头这项工作，组织了7个研究所120名科研人员，充分应用《全国主体功能区规划》编制中的相关成果，根据地形、土地资源、水资源、生态重要性、环境、地震地质条件、次生灾害、工程与水文地质、人口以及灾情等对象要素，对灾区重灾县进行了重建条件适宜性分析，明确了适宜重建区、适度重建区和不宜重建区三类区域的范围，包括乡镇数、土地面积和人口，并提出了不同区域产业发展的导向，人口合理规模及需要跨县外迁的人口规模。

课题组在总体规划编制过程中，进一步修改完善评价结果，并与国家基础地理信息中心相配合，制作了《汶川地震灾后恢复重建总体规划图集》。

总体规划在资源环境承载能力评价基础上，按照国土开发强度、产业发展方向以及人口集聚和城镇建设的适宜程度,将规划区国土空间划分为适宜重建区、适度重建区、不宜重建区(后来审议规划时改为生态重建区)三种类型,成为规划的重大创新。

(五)开展政策研究

规划组第一次全体会议召开后,中央有关部门和灾区省陆续开展政策措施研究制定工作。规划办政策组按分工开展政策措施调研、整合各单位研究成果,提出总体规划政策措施意见。

2008年6月29日,国务院发布《关于支持汶川地震灾后重建政策措施的意见》,提出支持地震灾后恢复重建有关政策措施的基本原则是:全面支持,突出重点;统筹协调,形成合力;因地制宜,分类指导;立足自救,各方帮扶;加大力度,简便易行。9项支持地震灾后恢复重建的政策措施是:从中央财政建立地震灾后恢复重建基金、财政支出政策、税收政策、政府性基金和行政事业性收费政策、金融政策、产业扶持政策、土地和矿产资源政策、就业援助和社会保险政策、粮食政策等。

在前期研究的基础上,政策组会同有关部门在总体规划编制中进一步研究提出了若干政策措施,并充分吸收和体现在总体规划的相关章节中。

(六)进行资金测算

规划组第一次全体会议召开后,筹资组明确了“测算重建资金需求规模、统计已确定来源的资金规模、研究新的筹资渠道”三项工作任务分工。2008年7月10日,筹资组完成重建资金总规模初步测算,并向规划办提交了《关于恢复重建资金规模测算的有关报告》。7月28日,形成了《灾后恢复重建资金平衡表》。根据8月5日国务院抗震救灾总指挥部第24次会议的精神,最终明确了约1万亿元的重建资金总需求。

在总体规划编制过程中,根据重建任务量的深化细化,筹资组进一步测算了各领域的资金需求量,并根据规划不断进行调整。

三、编制总体规划

鉴于灾后恢复重建工作的紧迫性,总体规划编制工作启动较早,与基础研究工作同步进行。在编制过程中,不断为基础研究工作指明方向,同时也充分吸收了各方面基础研究工作的成果。总体来看,编制过程可以分为三个阶段。

(一)第一阶段:地方为主、部门指导,形成三省各自的重建规划

根据规划编制工作的相关部署,先由四川、陕西、甘肃三省在部门指导下各自起草本省的重建规划,再由规划组统一汇总编制总体规划。三省政府高度重视重建规划的编制工作,相继成立了由省领导负责的工作机构,制定了工作方案,并召开了工作会议进行部署。

四川省作为受灾最严重的地区,率先启动了灾后重建规划编制工作。2008年5月下旬,四川省发展改革委组织起草了《四川5·12汶川大地震灾后重建总体规划纲要》初稿。规划办与四川省发展改革委就此进行了多轮讨论。

2008年6月23日,规划办在京召开了灾后恢复重建专项规划衔接会。四川、陕西、甘肃省发展改革委负责同志、参加总体规划和专项规划编制工作有关单位的具体负责同志及规划办专家组的专家参加了会议。会议就专项规划编制进展情况、专项规划的基本思路、存在的问题以及下一步工作中的需求进行了交流和讨论。

经过衔接协调和修改,2008年6月27日,四川省向规划办报来《四川省汶川地震灾后恢复重建总体规划》(讨论稿)。6月底,甘肃省完成了《甘肃省地震灾后重建总体规划纲要》(初稿),并根据规划组第二次全体会议精神进一步明确了规划期、重建总体布局和规划范围。陕西省也提出了《陕西省汶川地震受灾地区灾后重建总体规划基本思路》(草案)。

2008年7月14日,国家汶川地震灾后重建规划组召开第三次全体会议。会议指出,四川、甘肃、陕西三省在国务院有关部门的支持配合下,已初步完成了本省灾后恢复重建总体规划和专项规划,下一步将进入国家汶川地震灾后恢复重建规划汇总和综合平衡阶段。按照统一范围、分类汇总的要求,总体规划和专项规划汇总由一个牵头单位负责,有关省和部门积极配合,按时完成规划任务。

（二）第二阶段：汇总整合、衔接平衡，形成总体规划公开征求意见稿

按照规划组第三次全体会议的要求，各汇总单位抓紧工作，到 2008 年 7 月 20 日，各省规划和专项规划基本汇总到规划办，规划编制工作进入新的阶段。

2008 年 7 月 16—22 日，规划办起草组会同筹资组、政策组部分同志，以及有关省发展改革委的同志，汇总整合了四川、甘肃、陕西三省灾后恢复重建总体规划，形成了《汶川地震灾后恢复重建总体规划》（初稿）。该稿以《四川省汶川地震灾后恢复重建总体规划》为基础，同时吸纳了甘肃省和陕西省总体规划中的相关内容。同时考虑，规划成果由规划文本、规划图集和附表三部分有机组成，并相应考虑了图表制作和数据汇总工作。

2008 年 7 月 24 日，规划组下发了《关于做好恢复重建规划编制汇总阶段工作的通知》，对规划编制提出了统一规范的要求。明确总体规划的全称为《汶川地震灾后恢复重建总体规划》，专项规划名称统一为《汶川地震灾后恢复重建××专项规划》；总体规划和专项规划要严格按照国务院总指挥部确定的 51 个县（市、区）的规划范围进行整合汇总；总体规划和专项规划都属于恢复重建性质的规划，未受损的项目、还历史欠账和新扩建项目等不属于恢复重建的内容，不纳入恢复重建规划；专项规划的重建任务和重建项目的空间布局，要符合总体规划关于适宜重建、适度重建、不宜重建的重建分区要求；专项规划提出的重建任务，必须分解落实到县，并明确重建的内容、规模、标准、资金需求等；同一领域重建任务的建设标准，都要严格执行该领域国家统一的建设标准，并据此测算投资需求；专项规划要根据恢复重建的任务和建设标准测算并汇总资金需求，同时提出相应筹资方案。

2008 年 7 月 23—30 日，规划办起草组根据总体规划衔接会讨论情况和有关部门提供的专项规划初稿，对总体规划进行了修改补充，形成了总体规划第二稿。8 月 1—4 日，规划办起草组再次对总体规划进行了修改，形成了总体规划第三稿。

2008年8月4日,国家汶川地震灾后重建规划组第四次全体会议审议并原则通过了《国家汶川地震灾后恢复重建总体规划(讨论稿)》,要求规划办在充分研究吸纳各成员单位意见的基础上,进一步修改完善后报国务院抗震救灾总指挥部审议。

2008年8月5日,国务院抗震救灾总指挥部第24次会议审议了《国家汶川地震灾后恢复重建总体规划》。会议原则通过了总体规划,要求规划组按照会议提出的意见进一步修改后,以中英文两种文字公开征求国内外社会各界意见,征求社会各界的意见。

8月6—11日,规划办起草组根据国务院抗震救灾总指挥部第24次会议审议意见和有关部门进一步核对的重建任务量,对总体规划进行了修改,形成了面向国内外公开征求意见的总体规划第四稿。

(三)第三阶段:征求意见、修改完善,审定发布总体规划

2008年8月12—24日,经国务院抗震救灾总指挥部原则同意的《国家汶川地震灾后恢复重建总体规划(公开征求意见稿)》(中、英文版)在中国政府网、国家发展改革委网站、新华社和中国日报全文刊登,向全社会公开征求意见。规划办设立了征求意见专用信箱和公布书面意见投寄地址,安排专人专职按照"逐条分析、科学分类、整理归档、及时送阅"的要求,做好建议意见收集整理工作;同时还将规划送中国科学院、中国工程院、中国社科院、国务院发展研究中心、地震专家委、国家减灾委—科技部抗震救灾专家组、国家发展改革委宏观经济研究院和国家信息中心,征求科研单位的建议意见;委托商务部向有意向参与灾后恢复重建的26个外国政府、14个国际机构、20多个外国企业寄送规划英译本征求意见。

2008年8月14日,根据群众提出的意见,规划组有关方面负责人就总体规划(公开征求意见稿)的部分问题答记者问,问答全文在国家发展改革委网站刊出。

2008年8月20—23日,规划办起草组根据公开征求意见中陆续反馈的群众意见,修改形成了总体规划第五稿。

2008年8月24日,公开征求意见活动正式结束。总体规划征求意见期间,引起了国内外社会各界高度关注和热烈反响。截至8月25日,在某搜索网站上与"汶川地震灾后恢复重建规划征求意见"相关的网页有 27.1 万条,腾讯网、人民网有关评论讨论分别为 3.3 万条和 1.2 万条。规划组收到国内外电子邮件 1200 多件(其中英文 134 件),加上专栏留言和信件,提出的具体意见建议约为 10500 条。这些意见建议多数来自灾区的干部群众,还有人大代表和政协委员、专家学者、工程技术人员、大学生、军人、政府公务员、法律工作者、海外华人华侨、港澳同胞以及国外机构、企业界、社会团体和个人等。全国政协组织各专门委员会进行了座谈讨论,提出了书面意见。

各方面对总体规划给予了充分肯定,认为这是一个理念先进、体现人民意愿、符合灾区实际、操作性强的规划,对公开征求意见的做法给予高度赞扬。绝大多数意见的目的是希望把规划修改得更加科学合理,使恢复重建更加有序有效。各方面特别是灾区干部群众反映比较集中的意见是,加强对重建资金使用的监督管理,尽快完善城乡住房补贴政策,完成住房重建的时间不要"一刀切",尽快明确城镇是否搬迁和人口异地安置政策,加强生态环境保护,鼓励社会力量参与,严格控制建材价格过快上涨等。

规划办对意见进行了整理归纳,经认真研究、逐条分析和适当集中,本着能吸收的尽可能吸收的原则,对规划进行了修改完善,共修改了 130 余处。

2008 年 8 月 24 日,在总体规划报国务院常务会议审议前,规划组又将根据公开征求意见形成的总体规划稿送四川、甘肃、陕西三省政府以及有关部门和单位,书面征求意见,根据各单位意见,又修改了 60 余处。前后共计修改了 190 余处。8 月 25 日,修改形成了总体规划第六稿,正式上报国务院。

2008 年 8 月 27 日,温家宝同志主持召开国务院常务会议,审议并原则通过了总体规划。会议指出,根据国务院抗震救灾总指挥部第 24 次会议要求,国家发展改革委将《汶川地震灾后恢复重建总体规划》公开征求国内外社会各界意见,并在充分吸收各方面意见和建议的基础上,对总体规划做了修改完善,进一步明确了恢复重建的指导思想、基本原则、重建目标、重点任务和政策措施。总体规划是开展恢复重建工作的基本依据，对加快灾区经济社会发展，重建美好家园，具有重要指导作用。

2008年8月28日—9月5日，根据国务院常务会议审议意见，规划办对总体规划进行了修改，形成了第七稿，报国务院准备印发。

2008年9月19日，国务院同意《汶川地震灾后恢复重建总体规划》，并正式印发各省、自治区、直辖市人民政府，国务院各部委、各直属机构等。

四、衔接审定专项规划

总体规划发布后，规划组即转入衔接专项规划工作，从2008年9月下旬至11月上旬，经过了几轮衔接。9月20—23日，规划办起草组对各专项规划进行了初步审议。9月24—28日，规划办起草组、政策组、筹资组就专项规划需要调整和修改的内容，逐个与各专项规划牵头单位交换了意见。10月7—10日，规划办起草组、政策组、筹资组对各专项规划进行了再次衔接和文字调整，并进一步反馈了修改意见。10月15—17日，对部分专项规划进行了第三次审核修改，形成了拟正式发文的规划稿。

2008年10月上旬至11月下旬，经衔接确认后，汶川地震灾后恢复重建《城乡住房建设专项规划》《公共服务设施建设专项规划》《土地利用专项规划》《基础设施专项规划》《生产力布局和产业调整专项规划》《生态修复专项规划》《农村建设专项规划》《城镇体系专项规划》《市场服务体系专项规划》《防灾减灾专项规划》等十个专项规划相继印发。

2008年11月27日晚，国务院汶川地震灾后恢复重建工作协调小组成立并召开第一次会议。至此，经过半年的辛勤工作，灾后重建规划组顺利完成了灾后恢复重建规划编制的各项工作任务，为灾后恢复重建工作有力有序有效地开展打下了坚实的基础，圆满完成了历史使命。

第三节 汶川地震灾后恢复重建规划的 内容、经验和作用

灾后恢复重建规划的成功编制和实施,在我国规划史上具有里程碑意义。规划动员力量之多,编制效率之高,在世界规划史上都是没有先例的。而灾区重建的圆满胜利,也充分证明了规划的重要作用。

一、规划主要内容①和实施情况

总体规划按章、节、条目的体例展开,除前言外,分 15 章、57 节,约 2.5 万字。第一至三章分别是重建基础、总体要求、空间布局,第四至十二章是恢复重建的主要任务,第十三至十五章是完成重建任务的保障措施,包括政策措施、重建资金、规划实施。

规划实施以后,在灾区人民的努力下,在全国人民的支援下,生产生活秩序迅速得到恢复,各项重建活动有序展开。三年规划期内,多数任务提前或超额完成,规划目标全面实现,灾区基本生活条件和经济社会发展水平全面超过灾前水平。在此基础上,灾区人民继续重建美好家园,十余年后,曾经满目疮痍的灾区已经焕发新生,城乡面貌发生历史性巨变,基础设施得到根本性改变,民生事业取得突破性进展,处处呈现出勃勃生机和旺盛活力。正如习近平总书记指出的,汶川地震灾区恢复重建工作取得举世瞩目成就,为国际社会开展灾后恢复重建提供了有益经验和启示。

二、规划编制实施的经验

(一)要依据科学原则编制规划

国务院有关部门和受灾地区要共同开展好灾害损失评估,同步进行资源环境承载能力评价,将评估和评价结果作为编制重建规划的基础。特别是要及时开展重建适宜性评估,科学界定适宜重建和不适宜重建的

---

① 详见规划文本。

区域,调整优化城乡布局、人口分布、产业结构和生产力布局。对一些自然条件恶劣、灾害风险大、不宜重建的地区,与其将来让群众再受到灾害威胁,不如现在就把群众转移出来,到新的地方建设家园。要确定科学的重建目标,汶川地震灾后恢复重建规划提出了"家家有房住、户户有就业、人人有保障,设施有提高、经济有发展、生态有改善",用几句通俗易懂的语言概括,就很好地起到了安定人心的作用,这是很好的经验。

(二)要动员各方力量投入重建

灾后重建必须充分调动受灾群众积极性,发扬自力更生、艰苦奋斗的优良传统,号召群众自己动手重建家园。灾区党委政府要切实履行好责任,认真落实重建规划确定的目标任务,但要注意发挥市场机制作用,不能大包大揽。确定资金规模、步骤措施要科学合理、注重实效,注意量力而行,避免提出不切实际的目标,盲目吊高灾区群众胃口。社会主义集中力量办大事是我国特有的优势,对口援建是我国特有的经验,是充分体现一方有难、八方支援精神和社会主义动员力这一优越性的好办法,在必要的时候可以继续采用。

(三)要有序开展恢复重建

要从灾区实际出发,充分考虑经济、社会、文化、自然和民族等各方面因素,因地制宜、尊重民意,立足当前、着眼长远,统筹安排和确定优先领域和建设时序,有计划、分步骤地加以推进。要做好住房重建,新的房屋设计要采用更安全和先进的标准。要做好公共服务和基础设施重建,对社会高度关注的中小学校舍等,要以最严要求把好质量关。要做好经济重建,调整产业结构和布局,发展适宜产业。要做好生态重建,坚持自然恢复与人工治理相结合,逐步修复生态系统的功能。要做好心理康复,关注群众心灵创伤,采取多种方式进行抚慰和疏导。要通过灾害遗址、书籍文章等纪念方式,使每一次灾害,都给后来的人们留下一份教材。

三、规划作用

(一)建立了新的规划类别

汶川地震灾后恢复重建规划率先探索了这一类型规划的基本理念、

体例格式和编制程序,明确了规划应包括的领域和内容,成为此后编制灾后重建规划的规范模板。尤为重要的是,规划结合主体功能区理念,提出了灾后重建空间分区的概念。适宜重建区、适度重建区、生态重建区的分类,符合灾区实际,体现了因地制宜、依据资源环境承载能力开展重建活动的重要原则,为灾区未来的可持续发展奠定了基础。

(二)创新了规划编制和实施机制

汶川地震涉及范围广、受灾程度重,为尽快恢复灾区生产生活秩序,使受灾群众能够振奋信心、投入到新家园的建设中去,需要在最短的时间内拿出高质量的规划。为此,参与规划编制的各部门和灾区政府紧密配合、通力合作,建立了绿色通道机制,克服种种困难,在短短几个月的时间内,就完成了规划编制任务,创造了规划史上的一个奇迹。与此同时,同步开展政策协调、资金测算和筹集,使得规划有支撑、能落地。灾后重建规划的实施周期也短于一般规划,在项目统筹、施工监理、援建工程、社会稳定等方面都探索了有益的经验。

(三)为系统开展自然灾害防治工作提供了重要基础

在汶川地震之前,我国应对重特大自然灾害的能力是薄弱的,规划组成立后第一时间都是先搜集国外的相关经验资料。通过编制和实施灾后重建规划,以及后来几次应对重大灾害,为自然灾害防治工作积累了十分宝贵的经验。在实践中,逐步形成了以防为主、防抗救相结合的思路,以及综合防治、系统工程的工作方法,更加注重生态保护和修复,从源头上增强抵御自然灾害风险的能力。

(四)为国际上相关灾后重建提供了经验

灾后重建的经验,既为我国发生重大灾害后的灾区人民重建了家园,也为世界上其他国家的灾后重建提供了有益的经验。近年来,在一些国家发生自然灾害后,中国都积极提供紧急救援,同时还积极参与灾后重建活动,成为中国对外援助工作的重要组成部分。如2010年巴基斯坦遭遇历史罕见洪灾后,中国在灾民补偿、基础设施修复等方面都提供了重要帮助。今后,要按照习近平总书记在中央财经委员会第三次会议上所要求的,继续坚持国际合作,协力推动自然灾害防治。

第十二章　编制方法和程序

　　科学有效的编制方法与严谨规范的编制程序,是提高规划工作质量和水平的重要保障。由于计划经济时期的计划与改革开放以后的规划(计划)在内容和性质上有很大的不同,因此编制方法和程序也有较大差别。"十五"计划以来,我国在积极推进五年规划编制工作科学化、民主化、法治化方面取得了显著进展,规划编制方法不断创新、程序不断完善。本章主要介绍五年规划(计划)的编制方法和程序。

第一节　编制方法和程序的演进

一、计划经济时期五年计划的编制方法和程序

　　计划经济时期,五年计划的实质是生产要素配置方式甚至是经济运行组织方式,大部分计划指标都是指令性的,对全社会经济活动具有广泛而直接的影响。

　　党和国家领导人亲自领导并参与计划的编制。"一五"计划编制期间,毛泽东等党和国家领导人投入大量时间亲自领导,多次审阅计划草案,把握方向,作出重要决定。政务院总理周恩来同志直接指导计划编制,研究资料,听取汇报,审定计划。邓小平、华国锋等党和国家领导人也都亲自主持编制过国民经济十年规划纲要。

　　学习借鉴苏联经验。"一五"计划制定时,我国积极学习苏联经验,并多次征求苏联意见。苏联曾派专家协助编制"一五"计划,直接参与具

体项目设计,其援助的 156 个项目①是"一五"计划的重点。"二五"计划制定过程中,时任国务院副总理兼国家计划委员会主任李富春曾率团到莫斯科商谈"二五"计划轮廓草案,苏联计委的巴乌金等人对"二五"计划的轮廓草案提出了八个方面的建议,并表示将为中方新建企业提供技术援助。② 但随着"大跃进"的开始和中苏关系变化,苏联的建议稿被放弃,中国开始脱离苏联模式探索自身发展道路。"三五"计划到"五五"计划的编制不再征求苏联的意见。

"边讨论、边修改、边执行"。"一五"计划编制历时四年半,五次编制,十几易其稿。1951 年开始第一次编制;1952 年 8 月为争取苏联援助,进行第二次编制;1953 年 2 月,对原计划草案进行修改充实;1953 年 6 月国家计划委员会参考苏联提出的建议,对年初编制的草案进行较大调整;1954 年 2 月—1955 年 7 月,"一五"计划正式编制。"二五"计划受"大跃进"影响调整变化更大,"三五""四五""五五"计划均经历了多次编制、大幅调整,计划文本没有正式发布。

部门编制、地方参与、中央决策、人大批准。"一五"计划的编制,由国家计划委员会在中财委编制的计划轮廓草案基础上进行修改完善,多轮征求地方意见、进行综合平衡后,由 1955 年 3 月党的全国代表大会讨论并原则通过,并于 1955 年 7 月提交第一届全国人民代表大会第二次会议审议。特别值得一提的是,在计划经济时期,全国计划会议在五年计划编制过程中发挥了积极作用,成为上下沟通、综合平衡、讨论修改的重要平台。国家计划委员会高度重视"一五"计划的宣传,多位计委领导亲自动笔撰写相关解读文稿,并采取了适当形式向大学生、外国友人进行介绍。

二、改革开放初期五年计划的编制方法

"六五"计划到"九五"计划,开始从指令性计划向指导性计划过渡。

---

① "一五"计划编制期间确定的是 141 项,后来追加了 15 项。
② 曹文炼、张力炜:《我国五年计划编制与实施的历史回顾》,《中国产经》2018 年第 4 期。

随着计划性质和作用的变化,编制主体、参与范围、决策程序等方面也都发生了很大变化,规范化、科学化水平不断提升。

各方面参与明显增多,听取意见建议更加广泛。"七五"计划编制中,开始通过邀请专家学者参加座谈会、提交建议等方式参与决策咨询。"八五"计划开始委托专家进行课题研究。"九五"计划编制时,专家和研究机构参与五年计划编制的机制已初步形成。"七五"计划第一次开始大范围征求意见,此后听取意见范围越来越广泛。以中央关于"七五"计划建议为例,1985年6、7月,分别召开了各地区、各部门"七五"计划编制座谈会,各地方、各部门、若干大厂矿负责人、科学家约二百人参加了会议。同年9月,中共中央邀请各民主党派、全国工商联负责人、无党派人士和其他知名人士召开座谈会听取意见。1994年,编制"九五"计划时,党中央委托中国科学院、中国社会科学院、国务院发展研究中心等单位,全面系统地研究"九五"计划和2010年远景目标问题。听取世界银行等国际组织和金融机构专家的建议。国家计划委员会还邀请部分大专院校及研究机构的专家学者,对"九五"计划和2010年远景目标的若干指标进行反复测算和对比。1995年8月,党中央决定将"九五"计划建议稿印发到各省、自治区、直辖市,中央各部委和解放军各大单位征求意见。同时,党和国家领导人还组织召开专题会议,征求各民主党派、全国工商联负责人和无党派人士及经济界的专家学者对"九五"计划建议稿的意见和建议。

先"建议"后"纲要",决策程序更加规范。"七五"计划开始恢复了由党中央提出五年计划"建议"的做法,为"纲要"编制提供依据。1985年党的全国代表大会通过了中央关于"七五"计划的建议。"八五"计划以后,五年计划"建议"由党的中央全会通过,其中"八五"计划建议由1990年党的十三届七中全会通过。"九五"计划以后,"建议"基本由历届五中全会通过。"纲要"草案由国务院编制,相关部门具体负责起草工作,提交全国人民代表大会审议批准。以"九五"计划为例,1995年3月,经中共中央政治局常委会批准,正式成立中央"建议"起草小组。同年9月25—28日,党的十四届五中全会讨论并通过了"九五"计划和2010年远景目标建议。之后,在国务院领导下,国家计划委员会成立五年计划"纲要"起草小组,开始起草"纲要"草案。1996 年 3 月,八届全国人民代表大会第四次会议审议批准了"九五"计划和 2010 年远景目标纲要。

三、新世纪以来五年规划(计划)的编制方法

新世纪以来,共编制了 4 个五年规划(计划);这一时期特别是"十一五"规划的编制,对社会主义市场经济条件下的中长期规划编制方法进行了很多创新性探索,提炼出许多理论性和规律性认识,比较清晰地提出规划编制基本步骤及具体要求,架构了指导中长期规划编制工作的"一般程序"。

党中央、国务院高度重视五年规划(计划)编制工作,直接参与调查研究和重大问题决策。在"十五"计划、"十一五"规划编制过程中,江泽民同志、胡锦涛同志主持中央政治局常委会和中央政治局会议,对"建议"稿进行多次研究讨论,听取有关部门的专题汇报。习近平总书记亲自担任"十三五"规划建议起草组组长,对发展战略、指导思想、基本原则、目标要求、基本理念、重大举措提出指引;"十三五"规划建议起草期间,亲自赴基层开展专题调研,主持会议广泛听取各方意见,并主持召开3 次中央政治局常委会会议、2 次中央政治局会议审议"十三五"规划建议稿。"十五"计划以来,国务院领导同志担任"纲要"草案起草组组长,主持"纲要"草案的研究制定工作。

前期研究工作更加扎实深入,创新性地开展了规划评估工作。从"十五"计划开始,高度重视规划编制前期研究,组织各方面力量开展重大课题研究,请社会各界对五年规划编制建言献策,汇集各方面的智慧和建议。"十五"计划开展前期研究专题达 140 多个,委托有关部门、地方及科研机构、大学、企业等社会各方面力量参与,同时也与海外相关机构开展合作研究,形成近 500 万字的研究成果。"十一五"规划编制前期,采取委托和面向社会公开招标等形式,组织国内研究机构和世界银行等国际组织,对 160 多个重大课题进行了研究,形成了 500 多万字的研究报告。"十一五"规划编制前,国家发展改革委于 2003 年第一次组织开展

了五年计划实施情况中期评估工作。通过评估发展环境变化、主要目标和任务进展,深入分析突出问题及深层次原因,提出意见建议,推进"十五"计划实施的同时,也为"十一五"规划的编制提供了重要参考。

全面引入社会公众和专家参与,专家论证开始制度化。"十五"计划编制过程中,第一次开展了邀请社会公众参与国家五年计划编制的建言献策活动,通过征文、来信等方式,向社会公众广泛征求意见和建议,迈出了"开门编规划"的重要一步。"十一五"规划编制时期,开始利用更方便的信息手段公开征集社会公众意见,开辟了国家发展改革委网站、电子邮件、信件、《经济日报》的建言献策专栏等4个渠道。"十五"计划编制中,第一次成立了五年计划咨询审议会,邀请著名专家学者、科学家、企业家参与计划编制的研究论证工作。"十一五"规划编制时,正式成立了国家规划专家委员会,由经济界、科技界和其他领域37位知名专家组成,基本职责是对"十一五"规划纲要进行咨询论证,并明确论证报告同"十一五"规划纲要草案一并报送全国人大。自此,专家论证成为规划编制的必备程序。

更加注重规划工作制度的研究,积极推进规划编制的科学化。"十五"计划以来,国家高度重视规划编制方法和程序的规范化,在总结经验的基础上,逐步形成了相对统一的工作范式。1999年,国务院办公厅转发了国家发展计划委员会《关于"十五"规划编制方法和程序的若干意见》。从2002年开始,国家发展改革委又组织专门力量,对规划体制改革问题进行深入研究,并在"十一五"规划编制过程中付诸实践。在以程序的规范化促进规划的科学化、以规划编制的严谨性提升规划实施的有效性等方面,做了大量具有里程碑意义的开创性工作,为"十二五""十三五"规划编制和整个中长期规划工作奠定了坚实基础。

第二节　五年规划编制的方法和程序

经过长期的实践探索,我国发展规划编制的程序和方法已基本定型,大体可以概括为前期研究、思路研究、文本起草、听取意见、规划衔接、规划论证、审议批准、发布实施等"八个步骤"。

一、前期研究

前期研究是编制好五年规划的重要基础性工作。在每个五年规划实施的第三年,即开始启动对下一个五年规划的编制工作。第一个环节是结合对上一个五年规划实施情况的中期评估开展的,一般是一年左右时间。在中央、国务院层面会组织各方面力量,重点围绕关系未来五年和更长时期经济社会发展的全局性和战略性问题、关系人民群众切身利益的热点难点问题开展重大课题研究。

新世纪以来的几个五年规划编制,都高度重视前期研究工作,并在提高前期研究的战略性、前瞻性、创新性和有效性方面进行了不断探索。主要有以下几个方面的特点:一是评估先行,通过中期评估,对形势任务、突出问题、矛盾和风险、经验与不足进行分析研判,也为进一步深化重大问题研究打下了基础。二是精心选题,通过召开专家座谈会等方式,研究提炼出重大课题和研究重点。三是多方参与,各地方、各部门,专家学者,高等学校、科研机构、领军企业,以及世界银行等国际组织积极参与,各方面力量调动比较充分。四是重点突出,前期研究主要聚焦重大趋势、重大战略、重大政策、重大项目等方面,尤其是重大项目的研究论证周期较长,需要提早启动。五是成果丰硕,一般都会形成数百万字的研究报告,提出许多有益的新观点和新建议,对拓宽视野和思路、提高研究深度和广度、提升规划编制的科学性提供有力支撑。

二、思路研究

在前期研究基础上,进一步聚集重点,对若干重大问题进行攻关,并在此基础上形成有关未来五年经济社会发展的"基本思路"。"基本思路"着重分析研判国际国内发展环境、发展条件,梳理经济社会发展的突出矛盾和风险点,结合更长远的战略目标任务,研究提出未来五年发展的目标,并提出推动发展的总体考虑。国家五年规划"基本思路"由发展改革部门牵头提出,经国务院同意后,提交中央"建议"起草组参考并专题汇报。

"基本思路"研究起草也要历时一年左右,这一阶段主要有几个特点:一是深入广泛开展调查研究,从中央、国务院领导同志到相关部门负责同志、起草组同志,围绕重大问题到地方、到企业,深入基层,解剖麻雀,查找问题,提炼经验,听取建议。二是集思广益听取各方面意见建议,通过组织召开地方片会,部门、专家、协会、企业等一系列座谈会等形式,就重大问题广泛听取和交换意见。三是突出重大问题重大举措,"基本思路"不强调面面俱到,重在明确发展的大方向、路径选择、重大举措。

三、文本起草

文本起草可以分为三个阶段,涉及三个重要文件:一是成立由党中央、国务院领导同志担任起草组组长的中央"建议"起草组,在中央政治局常委会领导下研究起草中央"建议";二是中央"建议"发布前,国家发展改革委牵头同步起草"纲要框架";三是中央"建议"发布后,国务院成立"纲要"草案起草组,在"纲要框架"的基础上,根据中央"建议",正式起草"纲要"草案。三个阶段的工作环环相扣,以中央"建议"为依据,不断细化实化,形成具有宏观性、指导性、可操作性的纲领性文件,共同绘就国家未来5年发展的宏伟蓝图和行动纲要。

规划文本的起草,是将发展理念、发展思路、基本原则、目标任务、重大举措等内容落于文本的过程。由于涉及经济社会发展各领域各环节,是一项极为复杂的系统工程,需要组织强有力的起草小组,历时一年多完成相关工作任务。中央"建议"主要对国家发展进行全局性、战略性、系统性的谋划与部署。"纲要"在细化落实中央"建议"的过程中,一般会注重做好以下几个环节的工作:一是发展目标设置和指标测算,指标的选取、属性界定、指标值的设置具有"风向标"作用,不仅要提升预测的科学性,而且要处理好经济增长指标、社会发展指标、能源资源消耗指标、生态环境保护指标等的统筹协调,做好总量与结构的平衡。二是研究提出重点任务和政策举措,筛选重大工程项目,为规划目标任务的有效实施提供支撑。三是体现相关各方利益诉求,充分考虑我国各地区发展不平衡的实际,充分调动各方面积极性,弥补发展短板,促进结构优化,有效回应各方面的关切。四是运用恰当的表达方式和文本形式并不断创新,增强可读性。规划文本一般包括正文、附注、附件。"十一五"规划以来,规划文本中增加了图表和专栏,表达形式更加灵活多样。

四、听取意见

规划编制是一个集思广益、统一思想、形成共识的过程。"十五"计划编制过程中曾提出"开门编规划""过程比结果更重要",充分反映了对规划编制过程的高度重视。规划编制过程中,一般会针对不同对象采取不同方式听取各方面意见建议。党中央、国务院领导同志对听取意见高度重视,会组织专门会议听取相关方面意见建议。中央"建议"起草过程中,主要听取党内部分老同志意见,各省区市党委、中央和国家机关党组(委)以及民主党派中央、全国工商联负责人和无党派人士意见。"纲要"草案征求意见的范围更为广泛,会通过书面、座谈会等方式,征求全国人大、全国政协、中央军委,高法、高检,党中央、国务院各部门,各省区市政府,各民主党派和有关人民团体等的意见,并会通过适当形式征求香港、澳门特别行政区政府的意见。

近几个五年规划编制中,党中央、国务院领导同志都分别主持召开经济和社会专家、科教文卫体代表、企业家和农民代表、民主党派和无党派人士等座谈会,并听取意见建议。"纲要"草案在提交全国人大常委会初步审查前,由国务院发展改革部门主要负责同志代表国务院"纲要"起草小组分别向全国人大财经委员会、全国政协汇报"纲要"草案编制工作和主要内容,并听取意见建议。"十五"计划以来,还通过互联网、媒体报刊开设专栏等方式公开征集社会公众意见建议,问需于民、问计于民。

五、规划衔接

规划衔接是保障各类规划协调配合、形成合力的关键环节。与计划经济时期五年计划编制过程中的"几上几下"、综合平衡不同,自"十一五"规划第一次开始的"规划衔接",主要是解决规划体系中各级各类规划之间的统筹协调问题。主要是按照下级规划服从上级规划,专项规划、区域规划服从总体规划,同级规划之间相互协调的原则,对规划的主要目标特别是约束性指标、空间布局、重点任务、重点工程项目、重大政策等进行统筹协调,避免规划之间不一致甚至相互冲突,以增强规划体系的科学性、系统性、严肃性。

五年规划的衔接一般在省级规划"纲要"草案正式提交专家论证或省级人民代表大会审查批准前,由省区市发展改革部门将本地区"纲要"草案提交国家发展改革部门进行衔接。国家发展改革委在征求相关部门意见基础上,提出衔接意见反馈省级发展改革委参考。在"十一五"规划编制过程中,国家发展改革委印发关于请各地区科学确定本地区"十一五"时期经济发展速度的通知,要求各地区结合本地实际,适当调低经济增长速度目标。

六、规划论证

规划论证主要是在提交国务院审查批准前,由国家规划专家委员会组织全体会议,在之前的多次讨论的基础上,对"纲要"草案中提出的目标、任务和举措的科学性、合理性、可行性进行最后的论证,形成独立的第三方论证报告,作为附件正式提交全国人民代表大会,作为全国人大审议"纲要"草案的参考。

七、审议批准

中央"建议"由党的中央委员会全体会议审议通过。"纲要"草案依据《中华人民共和国宪法》规定,由全国人民代表大会审查批准,批准后成为国家意志和人民意志。国家"纲要"草案的审议批准程序十分严谨,一般需要3—4个月的时间。"纲要"草案要先后提交国务院常务会议审议、中央政治局常委会议审议、国务院全体会议审议、全国人大财经委会同其他专门委员会依据《全国人大常委会关于加强经济工作监督的决定》进行初步审查、中央政治局会议审议,根据中央政治局会议精神修改完善后,由国务院提交全国人民代表大会审查。会议期间,国务院总理在政府工作报告中对"纲要"草案的主要内容作说明,全国人大代表和全国政协委员进行分组讨论、提出修改意见;起草组根据各方面意见建议形成修改后的"纲要"草案和修改说明,报经国务院批准后提交全国人大主席团审查,最后提交全国人大全体代表大会通过投票表决方式批准通过。

八、发布实施

规划草案经过批准后,需按程序对外正式公开发布,并通过多种形式进行宣传解读。除法律法规另有规定外,各级各类规划经批准后,均会及时公布。国家规划"纲要"会通过规划宣讲、刊发解读文章、出版辅导读本等方式进行广泛宣传,并翻译为英语等多国文字印刷出版。随着网络媒体的快速发展,宣传解读的方式也更加丰富多样。

第三节 五年规划的法治化探索

为促进五年规划编制工作的规范化、法治化,在规划编制实践中,规划(计划)工作者不断推进理论方法创新和体制机制创新,研究制定有关编制方法和程序的规范性文件,并对发展规划的立法工作进行了不懈努力。

一、计划经济时期的开拓与探索

早在1953年,党中央就批准试行了国家计划委员会《关于编制经济年度计划暂行办法(草案)》,明确国民经济年度计划应当根据我国当前社会经济的情况,国家经济建设的总方针、政策和长期计划所规定的基本任务制定,并确定了"两上两下"编制程序。要求先自下而上地提出编制计划的建议数字,然后自上而下地布置编制计划的方针、任务和数字,再自下而上地将编制计划草案逐级上报,最后自上而下地批准下达计划。20世纪60年代,国家计划委员会在总结十年计划工作经验基础上,印发试行了《计划工作条例(草案)》,明确建立统一计划、分级管理的制度,并强调要通过加强调查研究等方式提高计划指标的科学性。

二、制定出台编制方法和程序的规范性文件

在"十五"计划启动阶段,国家计划委员会对社会主义市场经济条件下计划编制工作的制度化和法治化进行了初步探索。1999年4月开始,研究提出《"十五"计划编制准则》,广泛听取各地方、相关部门、专家的意见建议,并不断修改完善。同年8月,修改为《关于"十五"规划编制方法和程序的若干意见》,并上报国务院。同年10月,国务院办公厅批转了《关于"十五"规划编制方法和程序的若干意见》,使五年计划的编制工作初步走上了有章可循的规范化轨道,为顺利完成"十五"计划及其相关专项规划的编制奠定了重要基础。

该文件明确了"十五"计划由三个层次组成:一是由全国人大审议批准的"十五"计划纲要;二是针对关系全局的重大问题和关键领域,编制少数主要由政府组织实施的重点专项规划,并明确重点专项规划由国务院审定;三是行业规划和地区规划,主要由各部门、各地区编制和审定。同时,还界定了各类规划的性质、作用,规范了编制程序。这一做法得到了各地区、各部门的高度认同,"十五"计划所包含的各类规划的编制工作基本上是按该文件的要求进行的。这一文件不仅对指导、规范"十五"计划编制工作发挥了重要作用,而且为促进规划工作法治化、规范化积累了经验。

三、研究起草规划编制条例

自2002年开始,在总结"十五"计划经验的基础上,国家计划委员会围绕规划体制改革进行了深入研究。针对规划编制实施中存在的突出问题,在规划理论上进行了大量开创性研究,第一次对发展规划体系、规划编制程序、规划实施机制等进行了比较系统完整的界定。在这些工作基础上,国家计划委员会同部分地区、有关部门的同志以及法律专家开始着手研究规划体制改革及规划立法问题。此后,在反复征求国务院有关部门和各地区发展改革委、法律专家、长期从事规划工作的专家和经济学家的意见的基础上,国家发展改革委起草了规划编制条例,在广泛征求意见

的基础上,形成了国民经济和社会发展规划编制条例,并于 2004 年 4 月上报国务院。

四、出台发展规划编制工作指导意见

2005 年 10 月,经国务院批准,将国民经济和社会发展规划编制条例的主要内容以国务院文件形式印发,即《国务院关于加强国民经济和社会发展规划编制工作的若干意见》,确立层次分明、功能清晰、相互协调的规划体系,完善民主化、规范化的编制程序,建立责任明确、有效实施的规划实施机制,为推进国民经济和社会发展规划编制工作的规范化、制度化,提高规划的科学性、民主性,更好地发挥规划在宏观调控、政府管理和资源配置中的作用,发挥了极为重要的作用,奠定了我国五年规划工作的法治化基础。

该文件明确了"三级三类"的规划体系、协调衔接机制、专家论证制度等规划编制过程中的体制机制。强调编制规划前,必须认真做好基础调查、信息搜集、课题研究以及纳入规划重大项目的论证等前期工作,还提出要建立健全规划编制的公众参与制度。

五、研究起草发展规划法

2009 年年初,在对多年来的规划工作进行认真总结的基础上,结合《国务院关于加强国民经济和社会发展规划编制工作的若干意见》确定的主要制度框架,补充了有关主体功能区规划、年度计划、规划实施机制、法律责任等内容,形成了发展规划法征求意见稿。此后广泛征求意见,进行多方面论证。2013 年以来,发展规划法多次被列入全国人大常委会五年立法规划和国务院年度立法工作计划。2014 年,党的十八届四中全会决定明确提出要制定和完善发展规划等方面的法律法规。

2018 年,中共中央、国务院发布了《关于统一规划体系　更好发挥国家发展规划战略导向作用的意见》,对规划体系、编制程序、审批、实施和评估等作出明确规定,强调要提高规划的科学性和民主性,强化规划衔接和协调,并将土地和城乡规划纳入到规划范围之中。

第十三章 规划评估

编制出一个遵循规律、符合实际的规划只是规划工作的第一步,只有通过健全的实施机制,保障规划目标任务落地实施、使发展蓝图转化为发展实践,才是规划工作的完整过程。在70年的规划实践中,规划实施机制伴随着经济体制改革而变迁,各方面对规划实施越来越重视,规划评估也从在计划执行后的概括总结,发展为制度健全、程序规范、方法科学的全生命周期监测检查。而真正意义上的规划评估探索,是从"十五"计划的中期评估开始的。本章从开展规划评估的历史背景开始,梳理规划评估的发展历程,分析规划评估的重要作用,并试图从规划实践中提炼总结出规划评估的方法。

第一节 规划评估的背景

开展规划评估是基于我国发展规划制定实施实践采取的创新性做法,目前已经成为发展规划工作的重要组成部分。

一、规划执行情况检查

从1953年开始实施第一个五年计划开始,我国在改革开放前共编制实施了五个五年计划,其中"五五"计划跨了改革开放前后。在计划经济时期,计划编制受制于信息不全、不及时甚至扭曲,并不能够完全符合实际情况,在政治经济形势变化比较大的情况下更是如此。计划实施手段则趋于单一,虽然期间也探索过多元化的计划管理方式,但总体上是依靠指令性的命令。在这一时期,由于认为计划是必须实行的,认为实施计划是天然合法合规的,对计划的评估仅仅体现为简单化、行政化乃至政治化的计划执行情况检查和总结①。在这种情况下,计划对经济发展的管理效果并不理想,甚至有计划服从于实践的特点。房维中在《三十二年经济计划工作的回顾》②中提到,"三十多年来,我们已经实行了五个五年计划,但多数年份只有年度计划,走一步,看一步,正一下,反一下,真正形成完整的稳定的长期计划只有第一个五年"。

从"六五"计划开始,计划指标从指令性占主体转变为指导性占主体,计划内容越来越突出发展方针和战略导向,市场机制对计划实施发挥的作用也越来越大,计划制定实施越来越走上正规化、科学化轨道。伴随着计划工作的不断改进,五年计划制定实施效果有了较大程度的提高。实际上,"六五"计划本身就是在对《1976—1985年发展国民经济十年规划纲要》实施情况进行评估的基础上,从实际出发重新制定的。

计划指标、内容、实施手段的变化虽然适应社会主义市场经济体制的要求,但也客观上带来了计划约束性的下降,给创新规划实施机制提出了新的要求。甚至出现说,"规划规划,纸上画画、墙上挂挂"。这充分反映了在计划从指令性走向弥补市场失灵的过程中,不论是计划内容还是实施手段,均面临着如何处理好指导性和约束性关系的问题,需要回答好规划什么、谁是实施主体、用什么手段促进实施。而促进实施,一个重要前提就是需要对规划实施情况有个评估。在"六五"至"九五"期间,实施情况评估仍主要采用期末开展总结回顾、对规划期内发展作出概括和评价的办法。这无论从时间安排上还是评估深度上,都难以满足规划编制实施工作的需要。

二、"十五"计划的中期评估

"十五"计划是我国社会主义市场经济体制下的第一个五年规划,面临着市场供求关系、经济体制和对外经济关系的重大变化。这给规划的

---

① 李善同、周南主编:《"十三五"时期中国发展规划实施评估的理论方法与对策研究》,科学出版社2019年版,第27页。

② 《房维中自选集》,中央文献出版社2015年版,第64页。

编制和实施都带来了很多新课题。在"十五"计划编制及其总结过程中，大家都感到还有许多需要进一步研究解决的问题。比如，部分市县规划编制方法不规范，编制前的研究论证不够；有的地方重编制轻实施，甚至编制完成即束之高阁；一些部门的规划与总体规划衔接不够，目标和任务相互不匹配；等等。这些问题如果不解决，会影响规划的权威性、有效性，进而会影响政府信用。同时，在社会主义市场经济体制下，如何正确处理政府和市场关系，对不同领域采用不同的处理方法；如何更好发挥各方面作用，推动规划实施；如何促进规划落地实施，加强规划对空间布局的安排，都是需要进一步研究的问题。深化对这些问题的研究把握，一个重要途径就是对"十五"计划进行中期评估，在实践中加强理解和应对。

对政府规划和政策实施情况进行评估也是国际上的通行做法。20世纪90年代以来，美国、澳大利亚、新西兰等国都开始反思公共管理的绩效问题，纷纷建立了对政府规划和政策实施效果的评估制度。在美国，政府各部门开始按照绩效管理的要求，编制有预算支撑的战略规划，国会委托专门机构对各部门战略规划的实施进行绩效评估。在澳大利亚，生产力委员会专门负责对各部门的公共管理绩效进行评估[1]。印度对每个五年计划都进行中期评估。从1998年开始，世界银行对包括项目、战略和政策咨询等在内的业务，也进行系统的绩效评估，并设立了专门的评估机构——运行评估局。绩效评估和管理已经成为很多国家公共管理的一项重要内容。

出于解决中长期计划面临问题的基本考虑，借鉴国际上公共政策评估经验，国家发展改革委开展了中期评估工作探索。2003年9月27日，国家发展改革委规划司在新闻通气会上指出，"对规划和政策的实施效果适时进行评估，是市场经济国家和一些国际组织的普遍做法。在'十五'计划实施两年多的时候，进行一次中期评估，总结实施情况，查找存在问题，并对后两年的实施提出建议是必要的。通过评估，可以查找出规划编制中存在的问题，有利于改进'十一五'规划的编制。目前，国家发

---

[1] 杨伟民主编：《发展规划的理论和实践》，清华大学出版社2010年版，第176页。

展改革委正在各地方、各部门中期评估的基础上,抓紧研究起草中期评估报告"。"十五"计划中期评估是我国对规划评估的首次探索。

事实也证明,开展中期评估是非常必要的。2003年起,中国经济开始升温,虽然受到"非典"等突发情况影响,但在投资增速创历史新高的带动下,新增贷款大幅增加,仅上半年新增贷款就达到2002年全年水平,价格指数也从负增长转为迅速上涨。种种迹象表明,中国经济已逐步从升温走向过热。经济增长速度很快,但增长更加粗放,与"十五"计划提出的坚持把结构调整作为主线的指导方针有所偏离。对"十五"计划的中期评估发现,经济增长等目标的实现程度很高,但社会领域、生态环保等领域的发展目标实现程度不佳,需求结构、产业结构、城乡结构、区域结构以及经济社会协调方面存在偏差,发展不协调、不可持续的问题还比较突出。经评估分析,将导致这些问题的原因归结于不合理的发展理念,提出要更新发展理念,遵循更加协调、更可持续的发展模式。评估发现的问题和提出的建议,不仅对后两年"十五"计划的实施有重要作用,也为编制"十一五"规划奠定了良好的理论和实践基础。

第二节　规划评估的历程

从"十五"计划开始探索中期评估以来,规划评估工作在实践中不断创新,评估制度、评估内容、评估方式在实践中不断总结创新,成为规范化、制度化的规划工作的必经程序。

一、评估制度

在规划评估的历程中,评估制度经历了从无到有,不断走向规范化、法制化的过程。在"十五"计划中期评估实践的基础上,出于对规划评估制度化的考虑,在2005年出台的《国务院关于加强国民经济和社会发展规划编制工作的若干意见》中,专门就建立规划的评估调整机制做了规定。文件提出,要实行规划评估制度,要求规划编制部门在规划实施过程中适时组织开展对规划实施情况的评估,及时发现问题,认真分析产生问题的原因,提出有针对性的对策建议。文件还对评估主体、评估报告、评估结果运用等作出了原则性的规定。

在此基础上,国家"十一五"规划纲要专门在"建立健全规划实施机制"一篇中,对中期评估的时间安排、中期评估报告的报审主体、经评估后调整修订的程序作出了十分明确的安排,提出在规划实施中期阶段要对规划实施情况进行中期评估,要求中期评估报告提交全国人民代表大会常务委员会审议,明确经中期评估需要修订本规划时报全国人民代表大会常务委员会批准。

2006 年 8 月 27 日,第十届全国人民代表大会常务委员会第二十三次会议通过的《中华人民共和国各级人民代表大会常务委员会监督法》,在第二十一条中对规划评估作出了专门规定,要求"国民经济和社会发展五年规划经人民代表大会批准后,在实施的中期阶段,人民政府应当将规划实施情况的中期评估报告提请本级人民代表大会常务委员会审议。规划经中期评估需要调整的,人民政府应当将调整方案提请本级人民代表大会常务委员会审查和批准"。自此,中期评估工作有了正式的法律依据,成为人大对规划实施情况进行监督的法定内容。

2007 年,经国务院同意,国家发展改革委印发的《国家级专项规划管理暂行办法》,还专门就专项规划的评估作出了规定。该办法提出,国家级专项规划实施过程中,编制部门要加强跟踪监测,应适时对实施情况进行评估,并向审批机关提交评估报告,成为国家级专项规划评估修订的重要依据。

在此后的两个五年规划"纲要"制定实施过程中,也都对规划评估制度作出了进一步健全和细化。其中,"十二五"规划纲要专门用一章阐述"完善规划实施和评估机制",提出加强规划监测评估,完善监测评估制度,加强监测评估能力建设,要求国务院有关部门要加强对规划相关领域实施情况的评估,接受全国人民代表大会及其常务委员会的监督检查。"十三五"规划纲要提出,开展规划实施情况动态监测和评估工作,把监测评估结果作为改进政府工作和绩效考核的重要依据,并依法向全国人民代表大会常务委员会报告规划实施情况,自觉接受人大监督。

二、评估内容

规划评估的内容,无论从评估覆盖的规划类型、时间节点还是评估的重点看,也都在不断发展和丰富。从覆盖规划看,"十五"计划中期评估,重点是针对"十五"计划纲要,没有组织开展更大范围的规划评估。从"十一五"规划开始,正式组织开展对规划纲要和重要领域专项规划的评估。如,对"十三五"规划进行中期评估时,也同步开展了对 22 个国家级重点专项规划的评估。从"十一五"规划到"十三五"规划,各地区普遍开展了对规划纲要和重点专项规划的中期评估。不少区域规划也根据其编制实施需要,开展了中期评估。

从评估时点看,中期评估是发展规划实践中开展最早、范围最广、规范性最强的评估类型。一般情况下,中期评估安排在规划实施的第三个年头,评估的时间节点是截至规划期实施至两年半的时候。中期评估主要是对规划实施是否存在偏差、规划目标设定是否合适、发展环境是否发生重大变化等进行评估,在时间上往往与下一个五年规划的前期研究相衔接。除中期评估之外,从"十二五"规划开始,还正式开展了规划实施的总结评估。以往的五年规划中,都是在研究下一步五年的发展基础时,对规划实施情况进行一个简要总结,但从程序上还不是一个独立规范的环节。2015 年 6 月,根据《国家发展改革委重大事项后评估办法(试行)》,国家发展改革委印发《关于组织开展"十二五"规划〈纲要〉实施情况总结评估工作的通知》,正式开启了发展规划的总结评估工作。到了"十三五"规划的时候,又将"十一五"时期探索开展的年度进展情况分析、关键指标年度监测等做了进一步发展,形成了制度化的年度监测评估。自此,五年规划的评估,形成了包括年度监测评估、中期评估、总结评估在内的评估体系。

从评估重点看,就中期评估而言,"十五"计划中期评估主要是针对宏观调控目标的实现程度和重大政策方向,分析研究哪些政策措施已经落实、哪些未能得到落实、哪些方面需要加强,并据此提出政策建议,没有涉及对具体项目的评估。"十一五"规划中期评估的评估更加全面系统,对"十一五"规划纲要提出的 22 个主要指标特别是 8 个约束性指标进展情况、重点任务实施情况、建立健全规划实施机制有关要求落实情况等进行了分析评价。"十二五"规划、"十三五"规划的中期评估,在关注主要目标指标、重点任务的同时,进一步突出了对重大工程、重大项目、重大举措的评估。在"十三五"规划中期评估过程中,专门开展了对"十三五"规划纲要提出的 165 项重大工程项目的评估。五年规划的年度监测评估、总结评估,在评估内容、范围等方面,与中期评估又有所不同,在评估重点上各有侧重。

三、评估方式

随着评估工作不断推进,评估方式也随着工作要求、技术手段等的变化不断创新。"十五"计划的中期评估主要还是政府内部的评估。评估方式重点是组织有关地区、有关部门按照"十五"计划纲要要求,结合本地区、本部门的发展实际自行进行评估。在"十五"计划中期评估过程中,虽然没有采取正式的第三方评估,但也引入了第三方评价作为基础。国家发展改革委向国内四十多位专家发放调查问卷,征求其对"十五"计划执行情况的看法和建议。

"十一五"规划中期评估正式采用自我评估与委托第三方评估相结合的方式。在组织有关地区、有关部门分别提出本地区、本部门评估报告的同时,委托世界银行、国务院发展研究中心、清华大学国情研究院,从不同视角开展第三方评估,提出独立的第三方评估报告。问卷调研分析的范围也进一步拓宽,由国家信息中心分别对专家、大专院校、研究机构、各省政府研究室和企业、行业协会进行了问卷调研,扩大了中期评估的社会参与度,提高了评估结果的科学性和公信力。

"十二五"规划、"十三五"规划中期评估继续采取自我评估与委托第三方评估相结合的方式。在"十二五"规划中期评估中,运用网络平台开展了面向社会公众的调查。"十三五"规划中期评估进一步拓宽了专家、企业家、公众问卷调查的范围和渠道,还请国家信息中心提出了大数据分析报告,委托阿里巴巴、京东等就重点领域发展情况进行了专题的大数据分析。更加广泛的社会参与和更多视角、更新手段的分析评价,有利于形成一个更加客观、科学的中期评估报告。

第三节　规划评估的作用

规划评估对推进规划实施、改善规划编制、研究关系未来发展长远重大问题发挥了十分重要的作用。

一、找到实施中的偏差

通过检查规划实施进展情况,查找规划实施中是否存在偏差,研究提出进一步推进规划实施的对策,是规划评估的主要目的。"十五"计划的中期评估,就是找到了国民经济发展与规划理念和方向的偏差,并针对纠正这些偏差,提出了进一步实施好"十五"计划的建议,包括对实施不力的要加大实施力度、对实施中出现不协调的要调整修正、对改革不到位的要加快推进改革等。评估中找到的需求结构、产业结构、城乡结构、区域结构和经济社会协调方面的五个偏差,对深刻认识我国发展中存在的问题,进而更新发展观念,下决心推动全面、协调、可持续的发展,也作出了很有价值的贡献。实践证明,"十五"计划的中期评估,对实施好"十五"计划特别是改革规划体制、编制好"十一五"规划发挥了十分重要的作用。

"十一五"规划中期评估对规划指标和任务进展情况做了全面体检。2008 年 12 月 24 日,时任国家发展改革委主任的张平同志,受国务院委托,向十一届全国人民代表大会常务委员会第六次会议做了关于"十一五"规划纲要实施中期情况的报告。报告提出,"十一五"规划确定的主要目标、重点任务总体进展情况良好,但 8 个约束性指标中有 2 个节能减排指标进展滞后,14 个预期性指标中有 3 个反映经济结构调整的指标情况低于预期。评估报告指出,"十一五"规划纲要实施还面临一些不容忽视的问题,主要是经济结构性矛盾仍然突出,资源环境压力不断加大,重点领域和关键环节改革还不到位,社会建设仍存在不少矛盾和问题。针对解决这些问题,评估报告提出了一系列推进实施应采取的举措。

"十二五""十三五"规划中期评估,也都把检查进展情况、查找实施偏差作为重点。以"十二五"规划为例,实施到中期时,24个主要指标绝大多数达到预期进度要求,少数指标已提前完成目标,但能源消耗强度、二氧化碳排放强度、能源消费结构、氮氧化物排放量下降4个指标进度较慢。"十二五"规划纲要中期评估报告提出,需要对这几个指标的实施给予高度关注,并分析了进度较慢的原因,提出了对策措施。经过努力,这几个约束性指标在"十二五"期末均如期完成"十二五"规划纲要的目标要求。

实践证明,客观深入的中期评估,能够查找规划实施中哪些目标任务推进偏慢、哪些发展情况偏离方向、哪些矛盾问题需要关注,为纠正规划实施中存在的偏差、顺利推进规划确定的目标任务落到实处发挥了重要作用。中期评估已经成为规划实施机制的重要组成部分,成为确保规划理念和要求付诸实施的重要举措。

二、找到调整修订的依据

随着规划工作的创新,规划科学性不断提高,以往计划经济时期由于信息不完全和决策机制过于强调自上而下而带来的规划内容局限性大大改善。但毕竟规划内容的研究都是前瞻性的,所用的数据和证据大都含有预测的成分,其判断和推测是否正确,规划执行和实施效果如何,还需要在规划实施过程中根据实际情况加以检验。如果事实证明发展实际与规划研究时的推断差别较大,就需要采取措施对规划实施甚至规划本身作出调整修订。而是否需要调整修订、如何作出调整修订,重要依据就是中期评估。

"九五"计划实施中期,我国发展受到了亚洲金融危机的冲击。到1998年,亚洲金融危机对中国利用外资和外贸出口的负面影响逐渐显现,当年外商直接投资同比增长仅0.6%,出口增长率陡降至0.5%,外部环境的变化大大超出了计划制定时的预期。在此影响下,我国经济增长明显趋缓,并出现通货紧缩迹象。从1997年10月到1998年12月,社会商品零售价格指数连续 15 个月下降。[①] 面对严峻的国际经济环境,我国对国民经济作出了新的部署,包括宏观政策由紧缩转向宽松、实施扩大内需的方针,采取推进粮食流通、投融资、住房、医疗和财税制度改革的一系列举措,并对国有大中型企业脱困、改革金融体制、精简政府部门等作出一系列部署。"九五"计划尚未实施正式的中期评估制度,所做调整是基于对形势的判断,通过调整年度计划和新一届政府工作重点的方式实施的。在各项政策的共同作用下,阻止了经济增长率的下滑。

"十一五"规划实施中期,爆发了 2008 年国际金融危机。"十一五"规划中期评估将外部环境变化及影响作为评估工作的一项重点内容,在评估报告中判断,国际金融动荡有可能持续较长时间,世界经济将经历一个较长的低迷和调整时期。评估报告指出,我国经济对外依存度已相当高,国际金融危机和世界经济调整不可避免地使我国经济发展受到影响。当时的数据显示,出口月度增速已连续低于 2007 年同期,对国内增长、就业、企业效益、财政收入和金融安全等方面的影响逐步显现。评估认为,"十一五"后两年,短期问题与长期矛盾交织,如果不能有效应对,特别是经济增速一旦形成惯性大幅下滑,势必会使社会生产力遭受严重打击,损伤国民经济持续健康发展的基础,对实现"十一五"规划目标和任务构成严峻威胁。为此,评估报告强调要以扩大内需为着力点,继续实施积极的财政政策和适度宽松的财政政策,综合运用减税、扩大中央政府投资等多种手段,加大对扩大内需、调整结构、转变发展方式和改善民生的支持力度。评估报告坚持扩大投资规模和优化结构并举,提出集中加快建设和启动一批支持"三农"、改善民生、完善基础设施、促进结构优化、生态环保等方面的重大工程,力求在优化结构的前提下保持合理投资规模。评估报告指出要继续增强消费这一最终需求对经济增长的拉动作用,提高劳动报酬在初次分配中的比重,增加农民和城镇低收入者收入,扩大中等收入者比重,扩大社会保障覆盖面,进一步改善消费环境,努力培育新的消费热点。同时,在提高自主创新能力、加快推进产业结构优化升级、实

---

① 刘国光主编:《中国十个五年计划研究报告》,人民出版社 2006 年版,第 616 页。

施更加积极的就业政策等方面,提出一系列前瞻性的应对措施①,为后两年根据情况变化调整政策重点提供了依据。

正在实施的"十三五"规划纲要,也是遇到了美国发起的经贸摩擦超出预期的外部环境影响。在国家发展改革委发布的《关于开展"十三五"规划实施情况中期评估工作的通知》中,明确要求密切关注国内外发展环境变化,并将是否需要对相关内容进行调整修订作为评估重点。评估报告提出,"十三五"规划纲要实施取得了显著成绩,但在外部环境发生明显变化的背景下,全面完成"十三五"规划纲要目标任务仍面临诸多挑战。评估报告在综合施策推进"十三五"规划纲要实施部分,首先就提出要妥善应对外部风险挑战,统筹做好稳就业、稳金融、稳外贸、稳外资、稳投资、稳预期工作,立足培育发展国内市场,抓紧研究制定相应政策措施,研究通过结构调整拓展国内市场空间的中长期举措。全国人大财经委对"十三五"规划纲要实施中期评估的调研报告,将国际环境风险与挑战作为4个重点专题研究之一,提出外部环境变化带来的风险挑战须引起高度重视,并对有效应对各种风险和挑战、保障和维护国家经济安全提出了建议。

规划评估是一个向实践学习的过程。通过在评估中研究发展环境变化,检查环境变化是否超出预期、规划内容是否可以适应变化了的环境,作出是否需要对规划内容进行调整修订的判断,对于保障规划的科学性、动态适应性具有重要作用。在"十三五"规划中期评估后,有些省份对于其五年规划中的一些指标,按照实际情况做了实事求是的调整,并经过同级人大批准后正式实施。虽然国家规划"纲要"尚未出现过在中期评估后进行修订的情况,但中期评估后在实施重点、实施力度方面都有不同程度的调整。从这个意义上看,中期评估确实发挥了作为规划调整修订依据的重要作用。

---

① 朱之鑫主编:《"十一五"规划实施中期评估报告》,中国人口出版社2009年版,第23页。

三、找到规划本身的问题

通过对规划进行评估,也可以对规划内容和方法本身进行检验和反思,有利于提高规划编制的质量,使规划理念、规划体制、规划方法等更加完善,使规划的科学性逐步提高。计划经济时代,多数五年计划难以有效实施,一定程度上是由于计划本身的科学性不够。由于信息不准确,即使计划通过了,也经不住实践的检验,不符合实际发展的要求。经实践检验,计划目标既有过高的情况,也有偏低的情况。20 世纪 80 年代初,邓小平同志在总结计划管理经验时就提出,我们不仅要总结过去指标过高、急于求成的教训,还要研究指标低于实际的情况。[①] 在没有正式的中期评估制度之前,这些反思多是在年度计划制定和总结时进行的。而建立并实施规划评估制度之后,中期评估则成为查找规划自身问题的重要途径。

以对 GDP 指标的认识为例,从"十一五"以来,五年规划明确将 GDP 作为预期性指标,并逐步弱化和淡化各地区对单纯经济增长的追逐,努力将发展的关注点更多转到结构优化、效益提升上去。这主要就是基于对规划评估发现的一些问题进行的反思。第一,GDP 指标本身有其局限性。它不能反映经济增长的方式,缺乏投入与产出的综合评价;不能反映经济增长的外部成本,没有考量对生态环境的破坏;不能反映经济增长的质量效率,不能等同于对国民财富的积累;不能反映发展成果的公平分享。第二,GDP 指标在引导各地方发展时容易造成偏差。在我国的宏观调控体系下,中央政府按照国家规划"纲要"确定的经济增长预期进行调控,而地方政府则按照本地区规划"纲要"确定的增长目标进行调控。在规划制定过程中,往往存在地方规划增长目标在国家目标基础上层层加码的情况。在实践中出现了各地区相互攀比、盲目竞争、重复建设的现象。基于在评估规划实施情况中的反思,五年规划在调整指标设定上不断下功夫。一方面,在科学测算潜在增长率区间的基础上,设置一个适当

---

① 刘国光:《10 个"五年计划"经验教训的总结》,《北京日报》2006 年 3 月 20 日。

留有余地的增长速度,为结构调整预留空间,也避免各地在国家规划基础上过度加码。另一方面,调整指标体系的设计,设置结构优化、经济效率提高的指标,如"十一五"规划的服务业增加值和就业比重、"十三五"规划的全员劳动生产率指标等,强调在结构优化、效率提升的前提下保持合理的发展速度;设置控制资源消耗和污染排放的指标,如"十一五"规划的单位GDP能耗降低、主要污染物排放总量减少等约束性指标,反映在降低负的经济外部性基础上的经济发展;设置居民收入与GDP同步增长的指标,如"十二五"规划开始设置的居民收入与经济增长同步的目标指标。对经济增长目标的反思和不断调整,正是通过规划评估不断改进规划制定的典型案例。

实践中,规划评估既吸取规划编制中的教训,也在总结规划编制实施中的经验。每次规划制定出台后,规划制定者都会系统分析此次规划工作中的得与失、成与败,为下次规划制定提供经验。而这些经验,随着规划实施,在规划评估中又会得到进一步的验证。比如,约束性指标的分解和年度进展公报,就是在监测评估约束性指标实施进展过程中,逐步提炼出来的经验,并沿用和不断改进下来的制度安排。而规划内容的前期研究、咨询论证、衔接决策等的方法,更是随着实施情况评估的发现,不断总结、不断提炼、不断改进的。

可见,通过在评估工作中对规划制定本身进行反思,总结提炼规划编制好的经验和需要改进的问题,对推动规划工作进步,从而更好地编制和实施规划,发挥了极其重要的作用。正是在一次次评估中不断反思规划工作,在下一次规划制定中不断吸取经验和教训,中长期规划工作才在实践中不断发展进步。

四、找到未来发展要解决的重大问题

从时间安排上看,中期评估既是对上一个五年规划实施情况的中期检查,也是下一个五年规划开展研究的起点。因此,在规划实施中期评估中,既会对发现的问题作出相应的对策安排,同时也会对其中一些短时间内难以解决的涉及全局性、战略性的重大问题开展前瞻性研究。从"十五"计划中期评估发现规划实施中的五个偏差,从而为下一个五年规划树立新的发展观念埋下伏笔开始,几乎每个规划的中期评估都把发现和研究长远发展重大问题作为一个关注点,并且在实际中都为下一个五年规划的前期研究作出了重要贡献。

在国家发展改革委印发的开展"十一五"规划中期评估的通知中,专门要求在评估基础上提出对做好"十二五"规划编制工作的建议。"十一五"规划中期评估专门就长远发展需要关注的问题进行了提示,提出"我们要着眼长远,及早对短时间内难以根本解决的涉及全局性、战略性的重大问题开展前瞻性研究,包括能源资源问题、生态环境保护问题、空间开发结构问题、粮食安全保障问题、城镇化健康发展问题、人力资源开发问题等,谋划好'十二五'时期的发展战略"。在"十二五""十三五"规划中期评估中,也都将长短结合、找到长远发展需要关注的重大问题作为一项重点任务。

实践证明,中期评估做得好、做得扎实,下一个五年规划制定的基础就更好、工作开展得就更顺利。中期评估通过反馈规划实施中的有效信息,在为下一个五年规划制定提供研究基础的同时,也奠定了思想和人员队伍的准备。规划工作是连续性、专业性很强的工作,规划工作者需要对经济社会发展有持续的跟踪和研究。通过对五年规划实施情况的监测评估,规划工作者也在深化对世情国情的认识,加深对发展规律和阶段性特征的把握,有利于理清发展思路、更新规划理念,与时俱进地做好规划工作。而专家、企业家、社会公众等对规划评估工作的广泛参与,也使全社会保持着对规划编制实施的持续关注,形成了一种社会参与、社会监督的良好氛围,增强了全社会在规划编制实施中的参与感。这实际上为全社会更好地参与规划工作、形成规划共识提供了重要的平台。

第四节 规划评估的方法

开展客观深入的规划评估,首先要有科学适用的评估方法。经过几个五年规划评估的实践,虽然对不同评估主体、评估对象、评估目的而言,评估方法有所不同,但也有一些相对固定或适用范围较广的评估方法,对于开展规划评估工作具有一定的参考借鉴意义。

一、全面评估和重点评估相结合

在规划评估过程中,除了年度监测评估有其独有特点外,规划评估都试图通过科学有效的评估方法,全面掌握规划实施进展情况,深入了解规划实施的成效和问题,这既需要全面系统的评估,也需要突出重点的评估,从而达到既全面又深入的效果,使评估结果更为有效。

采用全面评估和重点评估相结合的方法,对不同的评估类型而言内涵也不同。其中,年度监测评估主要承担动态监测分析的功能,对五年规划提出的中长期的目标任务进展进行持续监测。因此,年度监测评估更强调及时性、准确性,更加关注重点指标、重点领域任务推进情况和重要风险演化情况,但评估中也兼顾全局性、全面性。中期评估和总结评估则相对而言更加全面综合,特别是中期评估承担着在规划编制实施中承上启下的作用,对评估的系统性、深入性要求更高。

从"十五"计划以来,历次五年规划中期评估工作都体现了全面评估和重点评估相结合的特点。全面评估主要表现在对主要指标、重点任务和重大举措的综合性、系统性评估。重点评估主要表现为根据发展情况和环境的要求,选取若干重大问题开展专题评估,将更多的评估力量投向这些重大问题的分析判断。而评估重点的选取,则取决于对于规划重点的把握和发展实际的理解。

"十五"计划在中期评估时,既针对宏观调控目标的实现程度和政策方向进行了全面评估,也重点对发展中存在的一些不协调不可持续问题进行了深入探讨,同时还对生态建设和环境保护、城镇化、科技、教育、高技术产业、综合交通体系、能源、水利、加入世界贸易组织提高国际竞争力、人口就业和社会保障等重点专项规划进行了评估。"十一五"规划中期评估在对"十一五"规划纲要提出的 22 个主要规划指标特别是 8 个约束性指标实现进度、趋势判断进行全面分析的同时,还对各方面普遍关注的单位 GDP 能源消耗降低、主要污染物排放总量减少和耕地保有量 3 个指标进展情况进行了重点分析。考虑到 2008 年国际经济环境的重大变化,"十一五"规划中期评估还将国内外发展环境变化及其影响作为一个重点进行专题评估。

"十三五"规划是用新的发展理念引领发展行动的五年规划,是我国经济发展进入新常态后的第一个五年规划,是全面建成小康社会的收官规划,时代特点非常鲜明。"十三五"规划中期评估,一方面,强调系统全面,深入评估统筹推进"五位一体"总体布局、协调推进"四个全面"战略布局的情况,全面评估"十三五"规划纲要明确的目标任务推进情况。另一方面,强调突出重点,包括聚焦新发展理念贯彻落实情况,重点评估端正发展理念、转变发展方式的进展情况;聚焦供给侧结构性改革的推进情况,重点评估推进重点领域改革、促进供需动态平衡、提高供给体系质量的情况;聚焦全面小康短板的补齐情况,重点评估防范化解重大风险、精准脱贫、污染防治三大攻坚战推进落实情况。同时,还对"十三五"规划纲要 23 个专栏中 165 项重大工程项目实施进展和 22 个国家级重点专项规划进行了同步专题评估,突出重大工程项目和重点专项规划对"十三五"规划纲要实施的支撑和抓手作用。

二、定性评估和定量评估相结合

对于综合性的五年规划"纲要"而言,评估工作既需要对规划实施情况进行定性描述与评价,形成定性分析判断,也需要运用量化指标,使用规范的数据和方法开展量化分析,形成定量评估结果,客观形象反映规划实施进展。只有定性评估和定量评估的配合使用,才能更加科学地反映规划实施成效。

一般而言,定性评估方法主要是组织有关地区、部门和专家学者对规划执行情况进行分析、评估,客观地总结成绩、找出不足,进而提出改进规划实施的办法。评估中可以采取问卷调查、征集意见、座谈访谈等多种办法。目前,五年规划评估使用的方法主要包括:召开有关地区、部门和专家、企业家座谈会,组织规划专家委员会咨询论证会,向专家、企业、公众发放调查问卷,在网络平台上征集公众意见,赴重点地区就重点问题开展实地调研,等等。

定量分析方法是对规划执行过程中所反映出来的具体数据进行计算、整理分析,从量的方面评价规划执行结果,从而使评估结果有理有据、直观形象。定量分析的数据来源可以是统计数据,可以是问卷调查和实地调研采集到的数据,也可以是网络大数据。

定量分析的关键是设计一套科学的评价指标体系,确定通过什么指标来反映不同领域的规划实施情况。从规划内容看,五年规划本身就有一套主要指标体系,可以作为定量评估重点关注的内容。如"十一五"规划纲要提出的 GDP、人均 GDP、服务业比重、研发经费支出占 GDP 比重、城镇化率、单位 GDP 能耗降低、主要污染物排放总量减少、国民平均受教育年限、五年城镇新增就业等 22 个主要指标,综合反映了经济增长、经济结构、人口资源环境、公共服务人民生活等领域的进展情况,是定量评价规划进展的重点指标。每次中期评估中都会专门就主要指标的进度作出分析判断。但也有一些领域,在规划中只提出了定性要求,没有明确的规划指标,这就需要我们选择合适的指标加以衡量和反映。

确定了评估指标之后,如何分析和评价指标进度也很重要。从定量分析的方法而言,有目标一致性、整体协调性、因素分析法等多种分析方法,现代经济学、统计学的发展又为规划评估提供了新的方法选择。目标一致性评估主要关注指标进度与规划目标的对比,实践中采用较多的是将五年目标分解到各个年度,再用实现情况与年度目标相对比,来判断该领域发展是否滞后。在分解指标的时候,有的是按照时间进行平均分解,而有的则根据推进实施规律进行分解。整体协调性评估是在分析单个指标进度的同时,关注不同指标的协同推进情况,如经济增长、产业结构、能源消耗、就业、居民收入指标等之间就需要有一个合适的平衡匹配关系,评估时可以与规划目标进行综合比对,也可以用可计算一般均衡模型等加以分析。因素分析法则关注指标之间的因果关系。规划的目标指标往往都是由多种因素决定的。只有把综合性指标分解成多个指标的组合,才能确定指标完成好坏的具体原因和症结所在。采用因素分析法,需要确定某项指标是由哪些因素组成的、各个因素与指标的关系以及各个因素所占份额,这样才能分析出影响规划指标进度的因素及各因素的影响程度,从而有针对性地找到责任主体、研究提出下一步改进实施的对策。

三、过程评估和效果评估相结合

评估工作中,一项重要内容就是梳理围绕主要目标、重点任务以及重大工程项目实施所开展的主要工作、采取的具体措施及落实情况。在此基础上,分析评价目标任务进度。这就是通常所说的过程评估。过程评估对于监督责任主体是否正确履行规划实施责任,所履行责任是否促进目标任务推进,具有重要意义。但单纯的过程评估也有局限性,就是未充分考虑为推进目标任务实施所付出的成本,同时也无法充分反映目标任务推进对整体经济社会发展的实际影响。因此,在开展过程评估的同时,也要加强效果评估,强化前后情景对比、成本收益分析,加强对规划实施所取得的实际成效、人民满意程度,以及对中长期发展影响的评估。

这在其他主要国家的规划政策评估中也比较常见。美国对公共政策的评估包括必要性分析、合法性分析、执行效果分析。在分析执行效果时,通常会采用成本—收益分析法,分析是否以最有效率的方式产生了最大社会净收益,分析结果成为公众监督和政府问责的重要依据。英国对规划与公共政策的评估,长期坚持"实证主义"和"经济主义",采用投入产出模型、成本—收益分析法,检验规划和政策目标实现情况,以及实施过程与目标实现之间的相关性。日本在评估公共政策时,往往会绘制政策结构图,系统评估政策手段、中间成效和最终成效。[①]

我国在五年规划评估过程中,也越来越关注成本、效益和效果。在规划指标中,除设置产出指标和加强效率、结构指标外,也设置了消耗、排放类指标,为在评估过程中综合分析发展效果提供了基础。在确定重点任务、重大工程项目和重大政策举措时,也特别关注财政可持续性、杠杆率

---

① 李善同、周南主编:《"十三五"时期中国发展规划实施评估的理论方法与对策研究》,科学出版社2019年版,第49页。

和财政金融风险的防范。相应地,在评估规划实施情况时,也越来越把这些情况作为重点因素加以考量。在开展重点专项规划评估时,除了分析本领域发展目标的实现,也关注该领域发展对经济社会发展全局的影响。随着我国经济从高速增长转向高质量发展阶段,对规划实施情况的评估,也将越来越关注质量和效率。

四、自我评估和第三方评估相结合

规划评估从政府内部自我评估开始,越来越发展成为多主体、社会广泛参与的过程,是规划工作民主化的重要内容。实际上,自我评估和第三方评估各有其优势和不足,需要相辅相成、共同使用。之所以这么说,是因为从内容广度看,五年规划是一个综合性的规划,涉及经济社会发展方方面面,很难有某一个机构、某一个群体能够全面掌握、全面评估;从内容深度看,五年规划是从发展理念、指导方针、战略重点到重大任务举措、重大工程项目的系统表达,对某一个领域的专题评估、对某一些重大工程项目的点的评估,也难以反映五年规划实施的整体情况。在这方面,自我评估具有信息优势和队伍优势,能够保障评估的全面性、系统性。因此,五年规划的评估还是以政府自评估为主,有效整合已有评估资源,持续推进规划工作创新,在精心做好评估方案基础上,开展全面、系统、深入的评估,不断提升评估的质量和效率。

第三方评估在保障评估的客观性、独立性,拓宽评估的维度和视角方面具有优势。不少国家也将第三方机构作为规划和政策评估的重要主体,非营利性组织、智库、独立咨询机构、高校等被广泛纳入各国规划和政策评估中。我国从最初的听取专家意见、委托外部机构开展课题研究,发展到委托开展第三方评估,如"十一五"规划中期评估就委托世界银行等进行第三方评估;"十三五"规划中期评估委托国务院发展研究中心开展第三方评估并起草独立的评估报告。在"十三五"规划中期评估过程中,全国人大财经委还开展了一系列中期评估调研,专门起草了调研报告。

虽然对委托第三方评估的客观性目前还有争议,有专家呼吁要开展独立的第三方评估,但不可否认的是,第三方评估与自我评估的配合,正不断改善规划评估的客观性、科学性,使评估工作更加有效。只有充分发挥自我评估和第三方评估的优势,不断从制度上、标准上、程序上规范自我评估,不断创新第三方评估和社会参与评估的方式,才能真正发挥好规划评估检查实施成效、反馈实施绩效、支撑实施监督的重要作用。

五、机构评估和群众评价相结合

评估规划实施进展,编制实施主体的评价和社会公众的感受都很重要。将这两者结合起来,有利于从不同角度分析评估规划实施的实际效果。编制实施主体在评估时,要尽可能客观、专业地反映规划实施进展。前面提到的定量评估、第三方评估、多视角多领域评估都是为了提升评估的客观性。在评估过程中引入专家论证、多方听取意见、深入实地进行调研也都是为了使评估结果更加客观。

编制实施主体在评估过程中,要组织各地区、各部门广泛参与,严格履行各项工作程序,确保各方面情况得到充分反映和沟通。对第三方评估,要保障评估机构具有相应的资质、有足够而充分的信息共享渠道,能够较为准确并且保证一定深度地给出评估结果,从而对自我评估形成有效补充。在形成评估报告时,要全面准确概括各领域发展情况,要尽量采用权威的统计数据或者规范的调查数据,经科学的分析方法得出量化分析结果,必要时使用大数据进行佐证。形成评估报告后,要反复听取意见,组织专家委员会进行论证,履行各项规定程序后向规划审批主体报告,按规定要公开的及时向社会公开。

近几个五年规划的评估,越来越重视社会公众的评价。五年规划是国家发展的宏伟蓝图,是全国人民的行动纲领,在一定意义上也代表了政府对人民的承诺。评估规划实施成效,也必须将人民群众的切身感受作为重要标准。以往在规划评估中,也有反映称规划进展与实际感受不太相符。比方说,规划确定的节能减排指标实现很好,但大气污染、水污染还是很严重,特别是严重雾霾天气多发,群众能感受到的环境质量改善不明显。为此,在制定下一个五年规划时,增加了直接反映环境质量的细颗粒物浓度降低、环境质量优良天数增加、劣五类水质比例降低等指标,以使规划实施和评估结果与人们的感受更贴近。此外,历次评估都在征集社会公众意见上下了不少功夫,包括精心设计并以多种方式发放调查问卷,调动行业协会、智库和高校参与组织专家、企业家和公众调查,委托网络平台开展网络数据分析调研,等等。总而言之,就是要充分运用互联网技术和信息化手段,开展更大范围、更具代表性的企业、公众等社会调查,使客观评价和主观感受相互支撑、相互印证,提高评估结果的感知度和认可度。

第十四章　"十一五"规划纲要的创新

2006 年 3 月 6 日,新华社发了一篇文章,对提交十届全国人大四次会议审查的"十一五"规划纲要草案做了评价,题目是《"十一五"规划纲要草案的十一个"首次"》。文中讲到,这个被与会代表们称为"是一部令人耳目一新"的规划,归纳起来,至少有十一个"首次":首次制定前对上一个五年开展中期评估的规划,首次"全球买脑"的规划,首次正式审议前由人大代表初审的规划,首次附有专家论证报告的规划,首次提出约束性指标的规划,首次采取正文加专栏形式的规划,首次服务业单独成篇的规划,首次提出缩小地区差距新内涵的规划,首次在全国划分出四大功能区的规划,首次划定政府公共服务领域的规划,首次使用"规划"一词。"十一五"规划纲要在新中国 70 年规划史上带有一定的标志性。

美国著名经济学家约瑟夫·E.斯蒂格利茨专门写了一篇文章,评中国的第十一个五年规划,认为"十一五"规划纲要是"中国迈向市场经济的又一关键之步"。他说,"十一五"规划,是经济转型的规划,是超越了 GDP 增长的全面发展的规划,是一个强调"平衡"的规划,是平衡人口与资源需求和经济增长的规划,是认识到政府的重要职责之一是建立市场经济良好运行所需的制度基础的规划。最后,他的结论是,很多年前中国开始了"摸着石头过河"的试验。现在它已经走得很远,摸了很多石头了。它取得了巨大的成就,也面临着巨大的挑战。第十一个五年规划是综合务实的蓝图和远见卓识的结合,是这个国家过河过程中下一步的行动指南。

本章主要介绍"十一五"规划纲要形成过程中的一些思考和情况。

第一节 "十一五"规划纲要编制的背景

2003年,党的十六届三中全会提出,坚持以人为本,树立全面、协调、可持续的发展观,促进经济社会和人的全面发展。科学发展观的提出,为"十一五"规划纲要的编制提供了深邃的思想启迪。同时,2003年,首次开展了"十五"计划实施中期评估,评估报告中提出了"五个偏差":经济增长的结构性偏差、产业结构调整的偏差、地区协调发展的偏差、推进城镇化的偏差、经济与社会协调发展的偏差,并提出"十五"计划下一步的实施中,要树立以人为本的新发展观,统筹协调经济与社会、城市与农村、地区与地区、人与自然的发展等建议。

一、关于发展方式的思考

"九五"计划提出实现增长方式的根本性转变,尽管取得了一些成效,但仍不理想。我国经济从1998年亚洲金融危机走出来后,于2003年后又经历了新一轮经济过热,特别是重化工业热。"十五"计划确定实行扩大内需方针,提出使居民消费率提高到50%、固定资产投资率调控在35%左右,力图使经济增长更多地立足于国内需求,更多地立足于消费需求。但我们在"十五"计划中期评估报告中发现,经济运行的结果是,经济增长对出口和投资的依赖进一步增强,消费需求对经济增长的拉动作用进一步减弱。"十五"计划确定的主线是结构调整,但明显提高服务业"两个比重"进展缓慢,农业就业比重持平,服务业占国内生产总值比重比2000年提高0.3个百分点,服务业就业比重提高1.1个百分点,只实现了预期目标的12%和20%。同时,高消耗特别是能源消耗提高过快,污染排放不降反升。2004年,党中央举办了省部级领导干部树立和落实科学发展观研究班。时任国家发展和改革委员会主任马凯在会上把我国经济增长方式概括为"高投入、高消耗、高排放、难循环、低效益",并指出如果按现有的模式发展下去,经济增长难以为继。

二、关于规划指标性质的思考

中央"九五"计划建议提出,"计划指标总体上应该是预测性、指导性的",为规划指标定了性。在"十五"计划中期评估时发现,"十五"计划提出经济发展的指标普遍完成较好,而耕地保有量、主要污染物排放、治理水土流失和"三化"草地面积、城市建成区绿化覆盖率等指标普遍没有完成,如"十五"计划提出主要污染物排放总量比 2000 年减少 10%,结果是污染物排放总量不降反增。这就出现了逻辑上的矛盾,计划指标的定性是预测性、指导性的,完不成没有责任。但保护环境是政府的职责,主要污染物排放总量增加说明政府保护环境职责没到位。五年规划是由全国人大审议批准的,如果规划指标只是预测性、指导性的,为什么要最高权力机关批准呢?社会机构、商业组织都可以对经济社会发展的指标进行预测。这就需要思考,社会主义市场经济条件下的规划指标,是不是都是预测性、指导性的,要不要区分市场领域的指标和政府履行职责领域的指标。

三、关于主体功能区的思考

"十五"计划首次提出实施西部大开发战略,但在执行中出现偏差。对地区协调发展和缩小地区差距缺乏全面理解,无论是省级行政区,还是市县;无论是生态脆弱地区,还是其他不具备大规模开发条件的地区,都要在本辖区实现翻两番。急于求成,加剧了经济发展与水资源、土地资源的矛盾,破坏了生态环境。"十五"计划首次提出实施城镇化战略,目的是通过促进农村人口向城镇转移,逐步解决城乡二元结构。但实施中出现了土地城镇化的速度大大快于人口城镇化的速度,把推进城镇化简单地等同于城镇建设,强化了不合理的行政区经济等问题。

同时,党的十六大首次提出"支持东北地区等老工业基地加快调整和改造",东北振兴、中部崛起、东部率先的战略也呼之欲出。这种情况下,如果没有更精细的区域政策,全国各级行政区都不顾自然条件,都要开发、振兴、崛起、率先,对全国基本农田、对生态环境将带来极大压力。

"十五"计划中期评估报告提出,全面准确把握推进城镇化的内涵,以体制改革和机制创新为重点,加快"人口城镇化"步伐。根据不同区域的发展条件,在财政、投资等方面实行差别化的区域政策:对重点开发地区,要加大投入力度,尽快改善发展环境,形成新的增长极;对城镇密集地区,要加强统筹规划,形成良好的人居环境,实现可持续发展;对生态脆弱地区,要减少开发活动,适度引导人口转移;对水资源严重短缺地区,要控制高耗水产业,避免地下水超采导致环境恶化;对贫困地区,要以人口脱贫为目标,把开发式扶贫与异地扶贫结合起来。这些是主体功能区提出的背景和考虑。

四、关于规划体制改革的思考

2001年"十五"计划编制完成后,时任国家计委副主任汪洋在江西主持召开全国"十五"计划编制总结会,会上,他首次提出了规划体制改革的命题,要求研究九大问题:规划体制、规划体系、规划程序、规划内容、规划形式、规划指标、规划期、国际比较、规划实施跟踪监测及评估调整。

在规划司主持召开的一次会议上,某省规划处的同志讲了一个故事,他说,某县里人大要讨论通过县的"十五"计划纲要,但事先没有准备,而该县有一个研究生毕业的公务员,一晚上就写出来了,然后就上会讨论并且通过了。全国编制"十五"计划轰轰烈烈,党中央、全国人大、国务院及各部门经过了两三年反复研究,党和国家领导人亲自领导,字斟句酌。但到了基层,变成了一个人一晚上就可以完成,并获得通过。这说明,我国的规划体制确实存在不少问题。规划司组织开展了规划体制改革研究,提出了《关于规划体制改革若干问题的意见》,提出规划体制改革的目标是:确立层次分明、功能清晰的规划体系,完善民主化、规范化的编制程序,建立责任明确、有效实施的规划实施机制,建立与社会主义市场经济相适应的规划体制,实现规划工作的民主化、法治化和科学化。规划体制改革的主要任务是:树立新的规划编制理念,注重协调发展、可持续发展和人的全面发展;确立空间平衡与协调的原则,增强规划的空间指导和约束功能;形成既统一协调又富有弹性的规划体系,促进城镇体系、土地利用、生态环境与经济社会发展规划之间的融合;强化政府履行职责的规划,弱化市场调节领域的规划;加强各级各类规划之间的衔接,下一级规划落实上一级规划,同级规划之间边界清晰、相互协调;提高规划编制的透明度,明确规划提出、衔接、决策、实施主体及各自的权利、义务和责任;加强规划与投资安排、项目选择和年度计划的结合。并在苏州、宁波、钦州、庄河、安溪、宜宾等地开展市县规划体制改革试点,开始"多规合一"的初步尝试。

第二节 若干创新性内容的形成

在上述思考基础上,"十一五"规划编制中进行了不少新的尝试或者是创新,基本都得到了党中央、国务院的认同。

一、首次明确规划定位

"十一五"规划纲要开宗明义指出,"十一五"规划纲要根据《中共中央关于制定国民经济和社会发展第十一个五年规划的建议》编制,主要阐明国家战略意图,明确政府工作重点,引导市场主体行为,是未来五年我国经济社会发展的宏伟蓝图,是全国各族人民共同的行动纲领,是政府履行经济调节、市场监管、社会管理和公共服务职责的重要依据。这就明确了规划基本定位,之后的"十二五"规划纲要的表述与此完全一致。"十三五"规划纲要在文字上略有调整,但基本思想一致。

二、首次把"计划"改为"规划"

"十一五"规划首次把过去的"计划"改成了"规划"。表面看来是有一字之差,实际上有明显区别,绝不是简单的用语变化,而是适应了计划经济向市场经济的转变,体现了不同的理念。

《辞海》将"规划"解释为"计划、打算"。计划与规划都有谋划未来的意思。从语义学上,"计划"一词起源于计算,其含义中的时间和数量色彩更重一些;"规划"一词起源于绘制或校正圆形的"规",其含义中的空间和图形色彩更浓一些。

英文中的计划多用"plan"表达,如指导性计划译为 guidance plan 等。这里的"plan"既可译作"计划",也可译作"规划"。新华网与中国日报将"十一五"规划建议中的"规划"与关于"十五"计划建议中的"计划"均译作"plan"。

《中华人民共和国宪法》中涉及"计划"的内容,主要是对编制、执行、审查和批准国民经济和社会发展计划的规定,对地方各级人民代表大会审查和决定地方的经济建设、文化建设和公共事业建设计划的规定,对民族自治地方的自治机关在国家计划的指导下自主地安排和管理地方性经济建设事业的规定等。《全国人民代表大会常务委员会关于加强经济工作监督的决定》对国务院编制的国民经济和社会发展年度计划草案、五年计划草案以及长远规划草案做了规定。《宪法》中的"计划"是对政府各类计划的统称,包括"国家计划"和"地方的计划",包括经济建设、文化建设和公共事业建设的计划等。《全国人民代表大会常务委员会关于加强经济工作监督的决定》,进一步明确了《宪法》中的国民经济和社会发展计划包括了年度计划、五年计划以及长远规划。所以,将"计划"改为"规划"与《宪法》的规定是不矛盾的。

将"计划"改为"规划"是基于社会主义市场经济条件下规划的定位、性质和实践经验的科学决策,对解决规划中存在的问题,推进规划理论创新与发展,切实发挥规划作用,具有重要意义。

第一,强化规划的宏观性、战略性、政策性。规划主要是阐明国家战略意图,明确政府工作重点,引导市场主体行为,不再是市场调节领域具体的指标、项目的安排。

第二,强化规划的空间指导和约束功能。"计划"更多地带有"时间"序列的含义,"规划"不仅有时间安排的含义,而且有空间部署的含义。今后规划内容的重点要逐步从产业为主转向产业与区域并重。

第三,强化规划体系的统一性。能源、交通、环境等领域的专项规划,城市规划、土地利用规划等都称为"规划",而不是"计划"。所以,作为统领专项规划、区域规划的国民经济和社会发展规划,也应该称为"规划"。

第四,强化政府落实规划的责任。规划要强化应由政府负责的公共服务和涉及公共利益领域的职责,在公共服务和环境保护等政府履行职责的领域,提出的任务和目标具有约束性,政府要运用公共资源全力完成。

三、首次提出"六个立足"

在提出"十一五"规划建议的"六个必须"基础上,首次提出要进一步调整推动发展的思路,转变推动发展的方式,明确推动发展的政策导向。为党的十七大把"增长方式"改为"发展方式"提供了参考。"六个立足"至今仍具有参考价值。

第一,立足扩大国内需求推动发展,把扩大国内需求特别是消费需求作为基本立足点,促使经济增长由主要依靠投资和出口拉动向消费与投资、内需与外需协调拉动转变。

第二,立足优化产业结构推动发展,把调整经济结构作为主线,促使经济增长由主要依靠工业带动和数量扩张带动向三次产业协同带动和结构优化升级带动转变。

第三,立足节约资源保护环境推动发展,把促进经济增长方式根本转变作为着力点,促使经济增长由主要依靠增加资源投入带动向主要依靠提高资源利用效率带动转变。

第四,立足增强自主创新能力推动发展,把增强自主创新能力作为国家战略,促使经济增长由主要依靠资金和物质要素投入带动向主要依靠科技进步和人力资本带动转变。

第五,立足深化改革开放推动发展,把改革开放作为动力,促使经济增长由某些领域相当程度上依靠行政干预推动向在国家宏观调控下更大程度发挥市场配置资源的基础性作用转变。

第六,立足以人为本推动发展,把提高人民生活水平作为根本出发点和落脚点,促使发展由偏重于增加物质财富向更加注重促进人的全面发展和经济社会的协调发展转变。

四、首次把规划指标分为预期性和约束性

中央关于"十一五"规划的建议首次提出"单位国内生产总值能源消耗比'十五'期末降低20%左右"的目标。若仍把规划指标定义为预测性、指导性的,中央建议确定的这一目标就很难完成。按照社会主义市场经济条件下规划的定位,我们把规划指标分为预期性和约束性两类。

"十一五"规划纲要提出,预期性指标是国家期望的发展目标,主要依靠市场主体的自主行为实现。政府要创造良好的宏观环境、制度环境和市场环境,并适时调整宏观调控方向和力度,综合运用各种政策引导社会资源配置,努力争取实现。约束性指标是在预期性基础上进一步明确并强化了政府责任的指标,是中央政府在公共服务和涉及公众利益领域对地方政府和中央政府有关部门提出的工作要求。政府要通过合理配置公共资源和有效运用行政力量,确保实现本规划确定的约束性指标。本规划确定的约束性指标,具有法律效力,要纳入各地区、各部门经济社会发展综合评价和绩效考核。约束性指标要分解并落实到有关部门,其中耕地保有量、单位国内生产总值能源消耗降低、主要污染物排放总量减少等指标要分解并落实到各省、自治区、直辖市。

五、首次提出主体功能区

党的十六大提出了全面建设小康社会的目标,极大激励了全国各族人民为之奋斗的激情。但是对全面建设小康社会是国家目标而不是地区目标的理解偏差,各地区都要在各级行政区实现人均3000美元的小康社会目标,为此都要在本地区实现工业化、城市化。但对这些重要的导向性目标,缺乏必要的说明和更有针对性的引导,过于强调振奋人心,对资源环境承载能力宣传不够。似乎每个省、每个市、每个县甚至每个乡镇都要实现按3000美元衡量"小康地区"的目标,都要建成小康村、小康县,有的地区要率先全面建成小康社会。一些地区已经把实现3000美元作为目标分解到县,规定哪年实现等。在发展是硬道理、发展是第一要务的情况下,导致一些地区不顾及本地区资源环境承载能力,盲目地、非理性地

"抓住机遇、加快发展"。对增长的代价、对生态环境的破坏却不负责、不关注。GDP是本届政府的政绩,代价却由下一届或下几届政府、由当地的人民、由我们的子孙承担了。对地区差距也缺乏科学的解释,几乎所有地区都把缩小某些方面的差距作为向中央要政策、要资金的"口实"。没电了就向中央要电,没水了就要求中央帮助引水,环境污染了、水土流失、地面沉降了,就向中央要钱治理,等等。改变这种状况,也需要经历一个过程,需要全方位地加强宣传、深化改革、完善政策。

在2003年的"十五"计划评估中,开始尝试提出主体功能区的概念建议,提出在目前东中西三大地带划分基础上,根据不同区域的发展条件,确定自然保护区、生态脆弱地区、水资源严重短缺地区、自然灾害频发地区、重点开发地区和优化整合地区等,并明确各类区域的主体功能和发展原则。

在"十一五"规划基本思路中提出,要构建以主体功能区为框架的区域发展新格局,在西部开发、东北振兴、中部崛起、东部率先的区域发展总体战略布局基础上,根据资源环境承载能力、现有开发密度,进一步划分为四类主体功能区,明确主体功能定位、发展方向和政策取向。四类主体功能区是优化开发区域、重点开发区域、限制开发区域、禁止开发区域。经过中央"十一五"建议起草组反复研究讨论甚至争论,最后写上了"各地区要根据资源环境承载能力和发展潜力,按照优化开发、重点开发、限制开发和禁止开发的不同要求,明确不同区域的功能定位,并制定相应的政策和评价指标,逐步形成各具特色的区域发展格局"。

在"十一五"规划纲要中,用专门一章阐述了"推进形成主体功能区"。提出,根据资源环境承载能力、现有开发密度和发展潜力,统筹考虑未来我国人口分布、经济布局、国土利用和城镇化格局,将国土空间划分为优化开发、重点开发、限制开发和禁止开发四类主体功能区,按照主体功能定位调整完善区域政策和绩效评价,规范空间开发秩序,形成合理的空间开发结构。分别指明了优化开发区域、重点开发区域、限制开发区域、禁止开发区域四类主体功能区的发展方向,以及分类管理的区域政策的要点。在专栏中列出22个限制开发区域,明确了功能定位及发展方向,如大小兴安岭森林生态功能区,要禁止非保护性采伐,植树造林,涵养水源,保护野生动物。将国家级自然保护区、世界文化自然遗产、国家重点风景名胜、国家森林公园、国家地质公园定义为禁止开发区域。

六、首次提出把城市群作为推进城镇化的主体形态

在研究"十五"计划思路时,提出要实施城市化战略,后来改成了城镇化战略。中央"十五"计划建议提出,发展小城镇是推进我国城镇化的重要途径,要求走出一条符合我国国情、大中小城市和小城镇协调发展的城镇化道路。但这种道路的内涵到底是什么?各方面有不同的理解。在"十五"计划评估中发现城镇化出现偏差。有必要在"十一五"规划中进一步明确城镇化的基本内涵、主体形态、空间布局三个基本问题。

其中,关于城镇化的主体形态的考虑是,脱离当地的产业、就业支撑、资源环境支撑,孤立地、片面地、"一刀切"地强调发展哪一类形态的城镇都是不可取的。但长期以来,一直陷于优先发展大城市,还是重点发展小城镇,或是支持中等城市发展的争论中。在城镇化主体形态问题上的思想混乱、方向不明和政策摇摆,不利于正确引导城镇化进程。发展小城镇不应成为我国城镇化的主体形态。城市群既是创造就业和人口居住的城镇密集区,也是支撑经济发展和参与国际竞争的核心区域。这种城镇化形态,由于有现代化的交通连接,不会降低大城市的规模经济和集聚经济;由于是多中心的,可以防止单个城市过度扩张带来的"城市病";由于是相对集中布局的,可以避免分散型城市化带来的土地浪费,有利于保护土地和生态环境。

"十一五"规划纲要提出,要把城市群作为推进城镇化的主体形态,逐步形成以沿海及京广京哈线为纵轴,长江及陇海线为横轴,若干城市群为主体,其他城市和小城镇呈点状分布,永久耕地和生态功能区相间隔,高效协调可持续的城镇化空间格局。已形成城市群发展格局的京津冀、长江三角洲和珠江三角洲等区域,要继续发挥带动和辐射作用,加强城市群内各城市的分工协作和优势互补,增强城市群的整体竞争力。具备城市群发展条件的区域,要加强统筹规划,以特大城市和大城市为龙头,发

挥中心城市作用,形成若干用地少、就业多、要素集聚能力强、人口分布合理的新城市群。这同现在实施的京津冀协同发展、长三角一体化、粤港澳大湾区是一脉相承的。

七、首次把规划分为文本和专栏

在"十五"计划评估中可以感受到,很多内容很难评估,因为"太虚",规划实施没有抓手。所以"十一五"规划要做深做实。既要有目标上的约束性指标作为抓手,也要有政府履行职责领域重大项目和政策作为抓手。借鉴一些国家和国内有的报告特别是世界银行发展报告的表达形式,采取正文加专栏的表达形式。正文主要阐述发展方向和重点;专栏主要是重点工程和指标,使抓手和重点更加突出、一目了然、层次清晰、眉清目秀,便于公众理解。这一表述方式在征求意见中普遍得到肯定,许多地方的规划也采取了这一形式。

八、首次提出建立健全规划实施机制

在研究规划体制改革中可以感受到各方面认为在社会主义市场经济条件下,规划很难实施,"规划规划,纸上画画、墙上挂挂"。所以,要建立责任明确、有效实施的规划实施机制,解决重编制、轻实施的问题,必须创新规划实施机制。要按规划的不同性质,采取经济、法律和必要的行政手段,合理运用财税、投资、货币、价格等经济政策,调控引导社会资源,有效配置公共资源,确保各类规划的有效实施。

在"十一五"规划纲要中专门设了第十四篇,建立健全规划实施机制。提出,在社会主义市场经济体制初步建立的条件下,实现本规划的目标和任务,主要依靠发挥市场配置资源的基础性作用。同时,政府要正确履行职责,调控引导社会资源,合理配置公共资源,保障规划顺利实施。提出建立分类指导的实施机制,主要分为:一是产业发展等主要依靠市场主体的自主行为实施。二是重点任务主要通过完善市场机制和利益导向机制努力实现。政府要通过体制机制创新和完善政策,为激发市场主体的积极性、创造性营造良好的制度和政策环境。三是义务教育等公共服务领域的任务,是政府的承诺,各级政府要切实履行职能,运用公共资源全力完成。四是有些内容主要通过健全法律法规、加大执法力度等法律手段,并辅之以经济手段加以落实。五是改革任务,是政府的重要职责,必须放在政府工作的重要位置。要加强对改革的总体指导和统筹协调,将改革任务分解并落实到有关部门。

第三节 "十一五"规划纲要体现的规划理念

"十一五"规划纲要提出了许多新概念,如约束性指标、社会主义新农村、服务经济、资源环境承载能力、主体功能区、城镇综合承载能力、人口城镇化、城市群、资源节约型社会、环境友好型社会、循环经济、自然生态、生态安全、有限开发、有序开发、有偿开发、生态修复、人力资本、创新性国家、贫困代际传递、公共资源、制度协调、中期评估等等。这些概念或提法,深刻反映了我国发展观的与时俱进,贯穿着许多新的发展理念,也蕴含着许多关于发展理论的探索和认识上的升华。

"十一五"规划最鲜明的特点或贯穿始终的一条红线就是科学发展,是科学发展的宣言,从单纯的加快发展向科学发展、和谐发展转变,这在中国发展史上是具有里程碑式意义的。改革开放以来,我们走出了一条快速发展的道路,但还没有走上科学发展、和谐发展的道路,经济快速增长中的代价较大,积累的社会矛盾较多。对此,党中央提出了科学发展观和社会主义和谐社会两大战略思想。一个好的规划就是要把新的理念融会贯通到规划的每个细节,包括目标、方针、任务、项目、措施,以及文字和图表中。"十一五"规划就是这两大战略思想的重要载体。

一、体现以人为本谋发展的理念

提出要立足以人为本推动发展,把提高人民生活水平作为根本出发点和落脚点,促使发展由偏重于增加物质财富向更加注重促进人的全面发展和经济社会的协调发展转变。这是针对发展中过于看重物质财富或经济总量扩张,忽视人的发展以及城乡、区域之间人民生活水平和公共服务差距过大的问题提出的。在编制"十五"计划时,我们就想把"树立正确的发展观""以人为本"写入计划。2000年1月28日,在向党中央"建议"起草组汇报"十五"计划思路时,我们提出,"坚持以人为本的方针是发展观的转变,简单明了,易被人民接受,能起到鼓舞人心的作用,含义主要是经济和社会发展应以人的全面发展为出发点和落脚点,使全体社会成员享有基本的社会公共服务;在注重不断满足人的物质需要的同时,注重满足人的精神需要,注重思想道德、诚信观念和社会安全建设等"。

总体来讲,回过头来评估五年计划或者年度计划执行情况时就会发现,一般是与GDP相关的指标完成的都很好,甚至大大超前。而与人的发展密切相关领域的一些问题,如教育、卫生、就业、社会保障、减贫等问题往往解决得不是很好。如"十五"的五年,GDP年均增长9.5%、投资年均增长20%、财政收入年均增长18.7%,但城镇登记失业人数年均增长也达到7.1%,医院和卫生院的数量、医生数量、医院和卫生院病床数,年均增长分别是-1.8%、-1.4%和1.5%。究其原因,关键是在发展观的基本点上出现了偏差,把发展单纯地看作是扩大GDP,没有把人的发展纳入发展的内涵,把教育、就业等当作社会事业,当作经济建设以外的事情。

过于看重物质财富即GDP来推动发展的结果之一,就是必然带来投资拉动型的经济增长,而难以实现消费拉动型的增长。"十五"计划提出,居民消费率提高到50%。全社会固定资产投资率调控在35%。而结果是,居民消费率由2000年的48%降低到2005年的38.2%;固定资产投资率由2000年的36.5%提高到2005年的42.1%,大大偏离预期目标。地方各级政府都把抓投资、找项目等招商引资放在了重要位置,而且,相对于抓消费而言,抓投资是看得见、摸得着的政绩,是能够显现出来的政绩。

以人为本谋发展,可能GDP从哪个产业产生是不重要的,重要的是从哪些空间产出。过去我们基本上不考虑人在什么空间来生存和发展的问题。比如扶贫,当时的思路是怎样把一个贫困县的经济搞上去,属于地区脱贫,而不是如何使贫困县的人如何脱贫,不是人口脱贫。尽管也在考虑包括搬迁,加强对农民工的培训,但是更多的扶贫资金,还是用在怎样使贫困地区增加 GDP,而不是让人怎么富起来。如果以人为本来考虑的话,发展哪些产业不是政府应该关心的事,应该关心的是把人引导到什么样的地方去,怎么样使经济、人口和资源更好地适应,使经济布局、人口分布与自然生态系统相适应。

基于以人为本的理念,在"六个立足"中提出要以人为本推动发展。在主要目标中,突出了与人的发展相关的指标。提出缩小区域差距是缩小城乡和不同区域人民的公共服务和生活水平的差距。提出分类促进人口城镇化。提出了人力资本概念,提高人民生活是发展的落脚点,但人更是发展的动力。人力资本是比物质资本、自然资源资本更重要的资本。人是生产力中最活跃的因素。以人为本,只讲提高人民生活是不全面的,也要讲如何使人的潜能发挥出来,让人参与发展的过程。这是全面的以人为本的发展观。

二、体现科学发展是硬道理的理念

中国走出了一条快速增长的道路,在世界发展史上是史无前例的。但是不是走出了一条科学发展的道路呢? 当时,我国 GDP 占世界总量的 5%,但为此消耗的石油占全世界消耗量的 7.8%、原煤占 39.6%、粗钢占 31.8%、水泥占 47.7%、氧化铝占 24.4%、二氧化硫排放占 31%、二氧化碳排放占 14%。"十五"时期 GDP 增长 9.5%,大大超出"十五"计划确定的年均增长 7%的目标,但确保到 2005 年全国耕地面积不低于 1.28 亿公顷(19.2 亿亩)的目标没有实现,2005 年只有 1.22 亿公顷(18.3 亿亩)。主要污染物降低 10%的目标没有完成。其中,化学需氧量为"十五"计划是从 2000 年的 1445 万吨降到 2005 年的 1300 万吨,2005 年实际是 1413 万吨。二氧化硫为"十五"计划是从 2000 年的 1995 万吨降到 2005 年的 1796 万吨,2005 年实际是 2549 万吨。这些数据表明,我们尽管走出了一条快速发展的道路,但发展的成本过高,资源消耗过多,环境污染加剧。

当时,我国社会的主要矛盾是人民群众日益增长的物质文化需求与落后的生产力的矛盾,解决这一矛盾要靠发展。但发展与资源环境承载能力的矛盾已经构成当代中国经济发展的主要矛盾,解决这一矛盾,要靠科学发展。发展是硬道理、发展是执政兴国的第一要务,发展是解决一切问题的关键。即使在这里把发展单纯地看作是 GDP 的增加,也要看发展的代价如何,用什么方式来推动发展很重要。科学发展要求,不能用非科学的、非理性的、不惜一切代价的高消耗、高排放的方式来谋发展。这样尽管一时能把经济搞上去,但代价太大、难以为继。代价过大的发展不是硬道理,是没道理。

在目标中,既从产出方面提出了 GDP 的预期指标,更从能耗、排污、耕地方面提出了约束性指标,而且前者是预期性的、后者是约束性的。预期性指标不应作为政绩考核的内容,相反,约束性指标应该考核。这样,今后评价一个地区的发展成效、衡量一个地方领导的政绩,不仅要看GDP,而且要看能耗、耕地、污染物的排放。又好又快才是科学发展,衡量"快"的是 GDP 增长速度,衡量"好"的就是能耗、耕地、污染物的排放。

从以阶级斗争为中心到以经济建设为中心是一个理论和实践上的飞跃;从发展到科学发展是又一次理论和实践的飞跃。有针对性地提出"六个立足",回答要什么样的增长、靠什么增长和怎样增长的问题,以进一步调整推动发展的思路,转变推动发展的方式,明确推动发展的政策导向。

三、体现更加重视社会公平的理念

构建社会主义和谐社会是中国共产党在新世纪提出的一个重要战略思想,也是现代化建设的重要目标和任务。建设和谐社会是长期的任务和奋斗目标,在当前的阶段,主要应该解决社会不公,特别是公共产品分配不公的问题。

我国绝大多数人民的生活水平都有了很大提高。作为社会主要矛盾的人民群众日益增长的物质文化需求与落后的生产力的矛盾,就满足人民群众日益增长的物质文化需求中的个人消费品方面,已经得到了很大程度的缓解,生产力已经基本可以满足需求。但是,在人民群众日益增长的需求中,公共服务的供给难以满足需求,数量仍然短缺、质量不高。所谓的看病难、上学难,主要反映的就是公共服务或准公共产品的数量不足和质量不高。

公平，首先是机会的公平，而不是分配结果的平均主义，而机会的公平取决于公共服务分配是否公平。在任何一个国家，一定时期所能提供的公共服务的数量和质量都是一定的，关键是分配是否公平。因为引发收入分配不公的源泉在公共服务，会带来代际不公。

再如，劳动人口与赡养人口的空间分离，导致区域之间公共服务的差距过大。尽管京津、长江三角洲、珠江三角洲也吸收了大量外来劳动人口，但由于体制和政策的制约，作为劳动人口需要赡养的家属却被排斥在外。经济的集聚，伴随着劳动力的集中，却没有伴随人口的集中，劳动人口与赡养人口在空间上分离。吸收劳动人口的地区只允许外来劳动力在本地打工，占有其创造的 GDP 和税收，但却不为外来劳动力及其家属负担公共服务支出。这是我国区域不协调的实质，而不在于区域之间 GDP 总量的差距有多大。

更加重视社会公平是具有转折点意义的思想。过去，改革的指导思想是发挥市场配置资源的基础性作用，以企业改革为中心环节，放权让利，即将国有资产的收益留给企业，这在当时的历史条件下，是完全正确的。但是全方位地思考改革，思考我们改革的最终目的，不仅是经济增长速度的高低，最终应该建立起政府、企业、社会组织（包括大学、医院以及非政府组织）共同发挥应有作用的协调的机制或制度安排。如果确实存在"医疗改革使越来越多的人看不起病""教育改革使越来越多的人上不起学""住房改革使越来越多的人买不起房""企业改革使收入差距越来越大"（企业可以不上缴红利，自己发工资）等情况。那么，这种改革就值得反思，不能认为这是改革过程中必然的代价。

所以，改革的指导思想要丰富，必须把科学发展观和构建社会主义和谐社会作为改革的指导思想，把更加注重社会公平作为改革的重要原则。改革的目的不仅是发挥市场资源配置的基础性作用、提高经济效益，改革也要促进社会公平，使人民能分享改革和发展的成果，这应该是改革的最终目标。科学发展观和社会主义和谐社会两大战略思想的提出，对改革提出了新的要求，我们不仅要经济的加快发展、科学发展，更要有社会的和谐进步。

所以,在区域和城乡发展方面,强调要注重公平,政府公共资源要向农村倾斜,向中西部特别是革命老区、民族地区、边疆地区、贫困地区倾斜。提出了公共服务均等化的原则,要求教育、卫生要公平地配置资源。当然,和谐社会,社会公平,还仅仅是破题,需要更多管用的实招。

四、体现统筹城乡发展的理念

解决"三农"问题必须跳出"三农"这个层面。坚持统筹城乡经济社会发展的基本方略。过多的农村人口与有限的农业生产资源的矛盾是"三农"问题成为难题的根源。在解决温饱问题的阶段,"三农"问题可以在农业和农村的内部解决,在全面建设小康社会的阶段,解决"三农"问题,必须超越农业和农村的层面。坚持"两手抓":一方面,要积极稳妥地推进城镇化,逐步减少农村人口,统筹城乡主要是统筹城乡人口,而不仅仅是统筹国民收入分配、基础设施建设、公共财政等;另一方面,要扎实稳步推进社会主义新农村建设,解决好农民生产生活条件和公共服务等问题。要分清政府与农民的职责,新农村建设中政府的主要任务是扩大公共服务设施覆盖农村的范围,重点是加强农村公共基础设施和公共服务设施的建设。解决农民个人难以解决的水、电、气、路、环境、义务教育、公共卫生等问题。

所以,建设社会主义新农村不是不推进城镇化,建设社会主义新农村只是解决"三农"问题的途径之一,而不是解决"三农"问题的全部。建设新农村主要是政府加大投入,用于解决公共基础设施和公共服务设施没有覆盖农村或覆盖面过小的问题。因为农民收入再高,如果没有好的生活条件,只能过上高收入、低水平的生活。千万不要理解成盖房子,那是农民自己的事情。

建设新农村、推进城市化,都要把眼光放得更长远。要从下一代考虑,这期间要靠发展教育。从教育入手,这是跳出"三农"、解决"三农"问题的思路,也是建设新农村的任务和途径。如某个贫困县,牧民劳动者的平均受教育年限是 1.7 年。在牧业人口中,文盲率为 60.2%,小学文化程度的占 36.5%、初中以上的占 3.4%。这种状态靠当代人很难脱贫、很难恢复生态、很难致富,更难进城定居。所以要有前瞻性的战略眼光,努力在下一代人解决脱贫、致富和生态恢复问题。城市化,为什么农民难以定居,原因之一是农民没有一技之长、没有职业教育。

五、体现服务业也是产业的理念

改变了基础设施、社会事业的传统写法,纳入相应的服务业领域,提出服务业的政策措施,唯一独立成章的政策,其他都是在"节"的层面。过去把交通放在基础设施、金融放在改革、房地产放在消费。在经济建设中对服务业发展重视不够,没有把服务业摆到应有位置。其原因在于对待服务业部分领域双重属性时,往往过于看重某些领域兼有的作为调节经济活动手段的属性;过于看重某些领域兼有的作为公益性事业的属性;过于看重某些领域兼有的作为精神生活的属性,或者不加细分,笼统地强调教育、医疗、文化的公益性,限制了市场在这些领域发挥配置资源的作用。

关于教育的属性、经费问题、投入体制问题。形成多元化的教育投入体制,义务教育由政府负全责,高中阶段教育以政府投入为主,职业教育和高等教育实行政府投入与社会投入相互补充。

服务业不是工农业生产的"副产品";不是工农业发展了,服务业就自然而然发展了。服务业也要靠工作,发展服务业有许多障碍,特别是思想障碍。

不是所有地区都要有了发达的工业以后才能发展服务业。一些地区完全应该以服务业为主,对此提出了服务经济的概念。大城市要把发展服务业放在优先位置,有条件的要逐步形成以服务经济为主的产业结构。

六、体现空间均衡的理念

我们在经济调节中比较关注如何保持总需求与总供给的均衡、注意促进产业结构的均衡,这是必要的。但城乡和地区发展不协调、地下水超采导致地面沉降、超载过牧带来草原沙化、山地林地湿地过度开垦带来石漠化和水土流失、滥设开发区带来耕地锐减、资源大规模跨区调动、上亿人口常年大流动、缺水城市无限度扩张等问题表明,我国空间开发无序导致的空间结构失衡问题已十分严重。

空间开发失衡的最大后果是,越来越多的区域成为不适宜人生存的区域。出现空间开发失衡,重要原因之一是我们在思想深处没有空间均衡的理念,在经济调节中,只有总量调控和产业调控,空间调控没有摆上日程。

所谓空间均衡,就是要促进人口与经济的分布在各个区域之间均衡分布,并与该区域的资源环境的承载能力相适应。树立空间均衡的理念,构建主体功能区,就是面对我国空间很不宽敞的现实,未来的 15 亿人口、几十万亿的 GDP、27430 亿立方米的水资源,如何均衡地分布在 960 万平方公里的国土上,才能使人们生活得更舒适,使人与自然的关系更和谐。

中国区域之间的差距,主要不在于地区之间经济总量的差距过大,而是由于人无法随着经济的集中而集中,或者人的集中不如经济的集中快。从而导致了地区之间人均 GDP 的差距过大,使不同地区的居民收入和生活水平的差距过大,特别是不同地区居民享受的公共服务的差距过大。因此,缩小地区差距,不是缩小发展差距;不是单纯地要求经济的分布在各地区之间要均衡;不是缩小地区间 GDP 总量的差距,主要是缩小地区间人均 GDP,特别是人民生活水平和公共服务的差距。京津冀、长江三角洲、珠江三角洲三大经济圈,人口占全国的 12%,GDP 占全国的 40%;西部地区 12 个省区市,人口占全国的 29%,GDP 只占 17%,这是区域发展不协调。但三大经济圈,若不仅占有 40% 的 GDP,也占有 40% 的人口;西部地区人口比例也降到 17%,区域间就是协调的。广东 GDP 是西藏的 86 倍,但西藏的人均财政支出为 6715 元,比广东的 2497 元高 1.7 倍。

"十五"时期,北京、上海、天津、广东、浙江地区生产总值,总量年均增长分别是 22.4%、15%、17.5%、17.6% 和 17.2%,但人均地区生产总值增长分别是 14.6%、8.4%、14.4%、12.9% 和 15.2%,均低于总量的增长,最大差是北京为 7.8 个百分点。这就是我们说的,分子分母一起变化,外地人口的流入抵消了 GDP 的增长。相反,内蒙古、安徽、河南、湖北、湖南、广西、重庆、四川、贵州等地区的人均 GDP 增长速度快于总量,这是人口净流出的结果。所以,"十五"期间,上海与贵州两地的人均 GDP 差距由 2000 年的 12.9 倍降为现在的 9.9 倍,差距缩小。

用什么指标衡量差距十分重要。经济学家用基尼系数衡量地区差距,这是单纯的经济学家的看法,抽象掉了自然条件因素。必须看自然条件即资源环境承载能力,如果生态脆弱地区都追求 GDP,以缩小区域差距,对生态的破坏是难以估量的,是基尼系数无法衡量的。

我国人口分布与生态环境、自然资源是失衡的。淮河以北,水资源为全国的 19.5%,人口占 46.5%,GDP 占 45.2%,耕地占 64.8%。经济与人口是均衡的,但水资源与人口、与经济严重失衡,再发展下去,水与地、水与人、水与经济之间的矛盾会更突出。

宏观调控必须确立空间均衡的原则,在促进总量均衡、结构均衡的基础上,引入空间均衡的理念和内容。这样,宏观调控才能更有效。离开空间谈城镇化、地区协调、重复建设、经济社会协调、人与自然和谐等,是抽象的、空洞的,甚至可能带来危害。

七、体现尊重自然的理念

人类活动无法不改变自然,问题是,自然能承受多少改变。如果超出自然的承载能力,造成人与自然关系的紧张,自然就会对人类进行报复。我国经济增长取得了举世瞩目的成就,但为此付出的资源和生态环境的代价也很大。其原因在于我们在发展经济中,虽然重视了尊重经济规律,但对经济建设活动涉及的自然规律研究得不够,对自然规律尊重得不够;虽然重视了提高经济效率,但忽视了提高经济效率过程中可能带来的生态环境效率损失。一些地区把保护资源环境作为经济发展的从属任务,只重视短期增长和本届政府政绩,不顾及长远利益和整体利益,加剧了资源不足、生态破坏和环境污染,导致人与自然的关系趋于紧张。

必须把坚持以人为本与珍爱自然结合起来。我们引入资源环境承载能力的概念,五次提到,要在自然可承受的前提下发展经济。我国的资源禀赋决定了我们不可能走大量消耗资源、大量消耗能源支撑工业化的路子。有的地区在研究"十一五"规划中,把追求重工业比重作为目标,达到美国 1950 年的水平,这是典型的走传统工业化道路,而且把自己当作一个国家,没有考虑自己的资源与美国能不能比。我们要根据我国资源环境承载能力调整产业结构和贸易结构,在全球产业分工中找准比较优势,准确定位。要按照适度偏紧原则调控高耗能产业规模,部分产业必须坚持内需主导,控制生产能力盲目扩张。关于所谓重化工业阶段的理论。

在资源、生态、环境建设方面的三个转变:要向更加注重节约转变;向更加注重事前保护转变;向更加注重预防转变。提出从源头上保护自然生态的理念,如明确限制和禁止开发区。基本观点是,自然生态系统也是产出,尽管不是 GDP,产出的是公共物品,是清澈的水、清新空气和生物多样性等自然环境。农业的功能不仅是提供食品,还有环境。一个国家最终必然是有些国土承担承载经济和人口的功能;有些区域承担自然和生态,包括农业的功能。这类区域人口要逐步转移。因为改善生态环境治本之策是移民,减少人类活动对自然生态的干扰。韩国曾经是一个完全光秃,几乎没有植被的国家。但现在森林覆盖率达到 60%,并根除了水土流失和洪水,把一个高度稳定的生态环境重新归还给了韩国,主要是人移到城市去了。

八、体现规划必须实施的理念

规划既要培育或促进增长,同时也要管理增长。规划必须驾驭平衡,使经济增长、基础设施、资源环境、公共服务、人口相互均衡分布。在一定时间和一定空间,过快和过度的增长会给资源环境、基础设施、公共服务带来压力,并可能导致生活质量下降(这是我们所没有认识到的问题)。所以,不从加快发展的意义,仅从管理增长的意义上说,规划也必须实施。

市场经济绝不意味着规划就一定要越来越虚,仅有指导性。这是笔者的一个基本认识问题。就总体规划看,从"七五"到"八五""九五"再到"十五",基本上是越来越虚,"十一五"规划应该是带有转折点的意义,实现内容的增强。这也是从"十五"总结评估中得出的认识,太虚,就无法评估。不伤及利益,都会获得全票。所以,有50个反对票,不是坏事,说明伤其利益了。在开始的指导思想上,就是要做实。

但是,现在仍然不够实,一是资金没有落实。二是缺乏方案性。规划也应该在解决重点问题上有一些"实招",年度调控是短期的实招,解决"三农",有"新招",社会主义新农村,但没有"实招"。推进城镇化的新招是城市群,区域协调的新招是构建主体功能区,但还不够具体。构建和谐社会还缺乏实招。三是改革缺乏时间表。四是空间约束还不够明确。

但在有效实施上,很多没有实现。有些要求没有实现,说明对形势判断不够准确。如生态环境恶化趋势基本遏制,市场经济体制比较完善。行政管理、国有企业、财税、金融、科技、教育、文化、卫生等领域的改革和制度建设取得突破没有实现。城镇居民人均可支配收入和农村居民人均纯收入分别年均增长5%的目标过于保守。钢铁工业的"坚持内需主导,着力解决产能过剩问题"没有实现。

有些要求没有实现,是由于后期政策没有跟上。如服务业打破垄断,放宽准入领域,建立公开、平等、规范的行业准入制度。鼓励社会资金投入服务业,提高非公有制经济比重。公共服务以外的领域,要按照营利性与非营利性分开的原则加快产业化改组。营利性事业单位要改制为企业,并尽快建立现代企业制度。继续推进政府机关和事业单位后勤服务社会化改革等。国有企业改革的"完善国有资本有进有退、合理流动的机制,加快国有大型企业股份制改革,除极少数必须由国家独资经营的企业外,绝大多数国有大型企业改制为多元股东的公司。改善国有企业股本结构,发展混合所有制经济,实现投资主体和产权多元化,建立和完善现代企业制度,形成有效的公司法人治理结构,增强企业活力"等等,现在仍然适用。

产业领域的内容过细。如工业所有行业基本都覆盖了,农业中的"发展水产养殖和水产品加工"没有必要,也不应该。

有些是没有办法的,尽管思想上不同意但需要根据各方面意见和平衡部门利益协商。例如,扶持县域经济发展,是和主体功能区制度相悖的。再如,"国家财政支出和预算内固定资产投资,要按照存量适度调整、增量重点倾斜的原则,不断增加对农业和农村的投入"。当时对农业的认识有争论,其实补贴是补贴不出竞争优势的。

第十五章 规划体制改革

新中国成立 70 年来特别是改革开放以来,我国对规划体制不断进行改革,取得了不少成效。但目前的规划体制还存在不少问题,既不适应建立完善的社会主义市场经济体制的需要,也不适应高质量发展和开启全面建设社会主义现代化国家新征程的要求。党的十七大提出要"完善国家规划体系"。党的十八届三中全会提出,"政府要加强发展战略、规划、政策、标准等制定和实施",中央政府要"健全以国家发展战略和规划为导向、以财政政策和货币政策为主要手段的宏观调控体系"。党的十九大提出"发挥国家发展规划的战略导向作用"。党的十八大以来,习近平总书记多次要求改革规划体制,在 2014 年中央经济工作会议上,习近平总书记明确提出"要加快规划体制改革"。

第一节 规划体制及其存在的问题

一、规划体制及规划体制改革

这里的规划是指政府编制的规划,是政府为达到某种目标,对规划对象未来发展的设想、谋划、部署或具体安排。这里的政府是广义的,政府编制的规划,包括各级政府及其组成部门编制的规划,也包括各级行政区党委及其有关部门编制的规划。

这里的规划不仅包括经济社会发展规划,也包括主体功能区规划、空间规划、城市规划、乡村规划、土地规划等空间性规划。空间性规划也是发展的规划,是以特定尺度的空间发展为对象编制的规划,是空间发展的规划。

我国的规划体系包括经济社会发展规划、城市规划、土地规划。发展规划按照功能又分成三类①：一是总体规划，是以国民经济和社会发展为对象、由各级人民政府编制的、由同级人民代表大会审议批准的，即通常每五年编制的国民经济和社会发展五年规划。二是专项规划，是以特定领域发展为对象编制的专项性规划，如科技发展规划、教育规划、水利规划、能源规划、环境保护规划等。三是区域规划，是以特定经济区为对象编制的区域性规划，如长江三角洲地区区域规划、京津冀地区区域规划、北部湾地区区域规划等。全国和省级主体功能区规划是以全国或省级行政区的空间发展为对象编制的战略性、基础性、约束性规划，属于空间性规划。

规划体制是由法律法规规定的以及一系列不成文的惯例或约定俗成的做法构成的关于规划编制和实施的制度或制度性做法。我国很多规划的编制和实施并没有明确的法律依据。应该编制哪些规划、规划期如何确定、不同的规划应该包括哪些内容、规划编制应该履行哪些必要的程序、哪些规划应该由哪级审批主体批准等，并没有明确的法律规定，许多是按约定俗成的惯例开展的。因此，规划编制中的"惯例"，也应该包括在规划体制中。从层级上，规划分为国家规划、省级规划、市县规划。

规划体制改革，就是要解决目前规划编制和实施中存在的各种问题，对我国现行的规划体系、规划理念、规划内容、编制程序、规划期、决策主体、编制程序、规划实施、评估调整等环节相关的规定或惯例进行改革，建立适应完善的社会主义市场经济体制、适应国家治理体系现代化、适应高质量发展、适应全面建设社会主义现代化国家新征程要求的规划体制。

二、规划体制存在的主要问题

（一）理念不够先进

很多规划还是把加快经济增长作为唯一的或重要的出发点，对全面

---

① 《国务院关于加强国民经济和社会发展规划编制工作的若干意见》。

发展、协调发展、人的发展、可持续发展重视不够。从国际经验看，主要是后发国家编制发展规划或计划，其共同的思想基础就是加快经济发展，尽快赶上发达国家，但当发展阶段变化后，一些原来编制规划或计划的国家已经不再编制这类规划。我国从"一五"计划到"九五"计划，基本出发点都是加快发展。各地区编制的发展规划，基本上都定位在加快发展。从"十五"计划开始，国家规划做了一些调整，不仅仅在加快发展上做文章了。中央"十五"计划建议提出，"要坚持把发展作为主题"，而不是以加快发展作为主题。同时提出，坚持把结构调整作为主线，我国已经进入必须通过结构调整才能促进经济发展的阶段。因为中央有一个重大判断，即"商品短缺状况基本结束，市场供求关系发生了重大变化"。在起草"十一五"规划纲要时，我们注意一般情况下不用"加快发展"，只是在公共服务、高技术产业发展、农村义务教育普及等领域定义为要加快发展。党的十八大把过去的保持经济平稳较快发展改为推动经济持续健康发展，也是在提醒全党，目前阶段，单纯的加快发展是不够的，解决不了发展不平衡、不协调、不可持续的问题。党的十九大更加明确地指出，我国经济已由高速增长阶段转向高质量发展阶段。因此，规划不应该都是"加快发展"的规划，更应该体现"全面发展""协调发展""人的发展""可持续发展"的理念，体现创新、协调、绿色、开放、共享的发展理念，体现"管理增长"原则。不顾条件地、不管发展阶段地一味强调加快发展，可能损害全面发展、协调发展特别是可持续发展的能力。

许多规划还是以物为本的，而不是以人为本的。以物为本的规划，就是以增加 GDP 为核心，以增加物质财富为中心，以产品产量和产业发展为主要内容。"九五"计划之前的五年规划基本上是以产品产量的增加和建设项目为主要内容。"九五"计划仍列了粮食、棉花、原煤、发电量、原油、化肥、钢、乙烯、汽车、集成电路以及铁路货运量、电话交换机总容量等产品的增产指标。从"十五"计划开始，不再列产品产量指标。城市规划对人居、人民生活及相应的公共设施重视不够。城市规划中人口和建设面积是两个最主要的控制指标，出发点就是控制。我国正处于城市化大趋势中，人口向城市转移是控制不住的。城市用地应该管控，但也要与经济发展规模、就业规模、人口规模及其居住用地需求相适应。[①] 目前我国城市房价过高,已经对实体经济和消费形成挤压。其中一个重要原因是规划的居住用地过少,商住用地、工业用地过多。由于城市规划这种控制是不符合实际的,实际执行的结果是,人口没有控制住、建设用地也没有控制住,一个城市往往几年就把二十年规划的用地填满了,几乎所有的城市都在扩大面积。

不少规划特别是部分专项规划、地方规划没有很好区分政府与市场的不同作用,过于强调政府作用,以为政府编制的规划就一定是能更好发挥政府作用的。计划经济时代的计划是这样的,但在我国社会主义市场经济体制已经初步建立的情况下,规划的性质已经发生根本性变化,必须区分哪些内容是引导市场主体行为方向的,哪些内容是政府必须履职完成的。[②] 如产业发展的方向,是对市场主体的导向,主要依靠市场主体的自主行为实施。政府要做的是维护公平竞争。一定时期规划提出的重点任务,是根据经济社会发展的突出问题确定的,如增强创新能力、促进区域协调发展等,主要也是通过完善市场机制和利益导向机制,靠市场主体的努力实现。政府的作用是完善相关领域的体制机制和政策,激发市场主体向国家战略意图和方向努力。同时,规划确定的公共服务和保护环境的任务,是政府的承诺,要运用公共资源努力完成。

(二)体系不够健全,空间规划体系欠缺

发达国家普遍不编制经济社会发展规划,但一个共同点是都编制空间性规划,尽管各国的称谓有所不同,日本和法国叫国土规划、德国和荷兰叫空间规划、美国叫区域规划。有的国家有全国性的空间规划,如日本、德国;有的国家没有全国性的空间规划,如美国;有的国家如德国形成了全国、联邦、区域、地方的完整的等级空间规划体系。这些国家对本国的空间怎么安排,什么地方住人、什么地方建设基础设施、什么地方是农田、什么地方留给自然等,都有一目了然的规划图。我国这种空间很不宽

---

① 李强、陈宇琳、刘精明:《中国城镇化"推进模式"研究》,《中国社会科学》2012 年第 7 期。

② 宁吉喆:《关于"十三五"经济社会发展战略问题》,《宏观经济管理》2016 年第 3 期。

裕的国家,长期以来对空间发展、空间规划重视不够。改革开放初期曾经编制了国土规划,但没有通过实施。根据中央建议,我们在编制"十一五"规划纲要时,增列了推进形成主体功能区一章,随后,编制完成了《全国主体功能区规划》,2010年国务院审定发布了该规划。其后,中央先后把主体功能区上升到主体功能区战略、主体功能区制度。但落实到具体空间的任务还没有完成,城市空间、农业空间、生态空间的基本格局还没有划定,《全国主体功能区规划》确定的财政、投资、产业、土地、农业、人口、环境政策等还没有全部到位。

规划过多过滥,容易给市场主体混乱的信号。在社会主义市场经济和经济全球化条件下,不是有一个产业就要编制一个规划,更不是各级行政区就要编制同一产业的规划。如,要编制一个汽车工业的规划,相当于编制一个全球性的汽车工业的规划。因为在全球化的条件下,没有对全球汽车市场供需状况特别是竞争对手的透彻了解和深入分析,就无法编制出一个好的规划,因为不仅要预测我国的汽车消费和产能,而且要猜其他国家汽车厂商的车型、产量和技术进步。即使国家需要编制一个汽车工业规划,也没有必要有汽车厂的省(自治区、直辖市)甚至市县也都要各自编制一个本辖区的汽车工业规划。有一个部门就要编制一个规划,好像不编制规划就没有很好地履职,很多专项规划其实是本部门的工作计划。一些部门的职能不是促进发展的,而是负责监管的,而监管是不能编制规划的。

(三)功能不够清晰

各类规划交叉重叠。城市规划向经济社会发展规划延伸,很多城市在学习国外经验的基础上,在编制城市规划之前先编制一个城市"概念规划"。其实这类概念规划就是经济社会发展规划的内容。国外由于没有经济社会发展规划,所以在编制城市规划前先做一个概念规划,对发展战略、对经济社会发展趋势进行分析预测。但我国各个城市都有经济社会发展规划。因此,城市规划没有必要重打鼓、另开张,再编制一个城市概念规划。土地规划本质上是土地计划而不是规划,因为重点是建设用地的指标控制,是土地用途管制的计划手段。国土部门有编制国土规划的职能,但直至《全国主体功能区规划》出台几年后又出台了全国国土规划,功能上与《全国主体功能区规划》多有重叠。发展改革部门编制了主体功能区规划,经济社会发展规划也在向空间规划拓展。这样,三个部门各自的规划越来越接近,交叉重叠问题越到基层越明显。

职能相近部门编制的专项规划之间也多有重复。环境保护部门负责编制的全国生态环境保护规划与林业部门负责的森林和湿地规划、与农业部门负责的草原规划、与水利部门负责的水资源规划、与国土部门负责的地下水规划等难免重复。一种资源存在多种问题,如水资源就有水资源保护、水污染治理、水生态修复、水灾害防治;不同的部门负责,各自的规划也难免重复交叉。

(四)内容不够科学

经济社会发展规划特别是某些专项规划、区域规划、地方规划中仍有不少属于市场配置资源的内容。改革开放以来,总体规划的内容已经有了很大变化,但规划中产业发展的内容还不少,尽管这些内容是大的方向,但如果规划工作人员判断不准,会给市场主体错误信号,市场主体真按照这个方向投资了,会导致投资失误等问题。

地方规划更多关注如何加快发展、跨越发展、弯道超车,层层拔高指标,越到基层,指标越高、口号越多;项目越多,承诺要办的民生事项越多,一般都把财政收入增长、投资增长这种变量很多的指标列入规划。从"十三五"规划中期评估的情况看,很多省区市的"十三五"规划难以完成,主要原因是原来定的指标过高,没有预料到国内外环境的深刻变化,脱离实际。

区域规划没有把握准定位。我国已经编制了不少区域规划,但与社会主义市场经济要求和区域规划应有的定位相去甚远。规划内容过多过细,面面俱到、包罗万象,成为扩大版或缩小版的经济社会发展的"全面规划",变成了汇总各地重点产业的"产业规划"。规划内容过于笼统,没有落到空间,难以操作,不能成为开发建设依据的问题,区域规划最应具有的"空间性"很薄弱。没有着眼于解决基础设施互联互通、市场一体化、生态环境网络等跨地区的重大问题。上一轮编制的区域规划已经基本覆盖了全国所有的大区域,有的区域编制了几轮区域规划,但跨地区的问题仍在,说明这些区域规划没有多大用处。

城市规划不够细致。城市规划比较注重城市定位、城市规模特别是人口和用地的规模控制,对城市规划最应该规划的内容,如建筑盖多高、房子什么颜色、窗子的大小、街道多长多宽、城市公用设施如何布线布网、垃圾场建在何处等规划得不细,许多很长远的问题没有体现在规划图上。

土地规划还停留在计划指标控制。尽管也称为规划,但其实主要是建设用地的指标控制,属于计划,不是规划。各类用地没有落实到具体的地块,城市建设、农村居民点、独立工矿区等建设用地也没有在空间落实。一些地区,从指标上看,基本农田总量保持不变,似乎守住了"红线",但从空间布局上看,基本农田已经"上山下海"了。

(五)程序不够规范

各级各类规划谁来编制,如何编制。有些规划的编制主体是清楚的,但有些是不清楚的,特别是涉及部门较多的领域,编制主体很难确定,各部门都在争夺规划地盘。很多规划是具有全局意义的,一个部门无法实施,但编制时,多数规划是部门主导,这样在实施时就会大打折扣,你要的投资和政策,别的部门根本不给。

各级各类规划谁来衔接,如何衔接。作为政府编制的规划,应该充分衔接,目标配套、方向一致。如节能减排等约束性指标需要全国确保完成,但地方往往下调节能减排的约束性指标。如果所有地区规划的指标都比国家规划得低,全国节能减排指标就没法完成。但国家规划审议通过之时,地方规划已经审定批准了,衔接存在时间上的冲突。法理上不能拿着未经审定的国家规划要求已经通过法定程序的地方规划进行修改。目前以征求部门意见形式进行衔接的方式,很难起到真正意义上的规划衔接作用,规划编制部门可听可不听。

各级各类规划谁来审批,如何审批。为增强本部门规划的权威性,为提升本地区规划的层级,许多部门和地方要求本部门、本地区的规划由国务院审批,但规划编制高峰期,这么多的规划在有限的期间内都由国务院常务会议审定是不现实的。由编制部门自行审批,则变成了该部门既是编制者又是审批者,既当"运动员"又当"裁判员"。再有,较大城市的城市规划由国务院审定,而该市的国民经济和社会发展规划则由当地人民代表大会审定。理论上,城市规划要以发展规划为依据,这就产生了国务院审定的规划却要以地方人大审定的规划为依据的逻辑矛盾。有的一个省内几个行政区的区域规划也要由国家有关部门编制,由国务院来审批。省级政府审批的规划是所有辖区的,而国务院审定的规划却是部分辖区的,违反了空间尺度小的规划应当服从空间尺度大的规划的基本原则。

(六)实施不够有力

尽管社会主义市场经济条件下的规划,实施强度不如计划经济条件下的计划,但既然要编制规划,就要实施。否则,为什么要编制呢? 当然,各类规划实施的强度不同,同一规划不同的内容实施强度不同。总体规划中的约束性指标和内容,是要政府努力实施并完成的;预期性指标和指导性内容,主要是靠市场主体。但实际工作中,很多本应由市场主体配置资源的领域,政府仍在积极干预,特别是地方规划中,很多项目建设是地方政府充当主角。有些地方领导一换届,就重打鼓、另开张,把上届政府编制审定的规划抛在了一边。

年度调控指标与规划指标衔接不够紧密。如,"十一五"规划确定的经济增长速度是年均 7.5%,但年度计划定为 8%。这样,最终五年累计的经济增长肯定要超出 7.5%。"十一五"规划确定的年均增长 7.5% 的指标,就失去了应有的作用。如果因此认为规划确定的 7.5% 是不符合实际的,也是一种误解。这种认识是没有分清规划指标与预测指标的不同。预测指标就是单纯地预测,而预期性指标是在预测指标基础上综合考虑能源、资源、环境、人口、就业、财政等的承受能力,以及平衡节能、减排、保地等约束性指标基础上确定的。实施结果超出了 7.5%,实际上带来的是环境压力加大、资源约束趋紧、生态损害增大等问题。此外,政府投资、财政预算基本上是按年度安排的,与规划脱节,缺乏长远考虑和安排。

城市规划实施中的问题更多。几乎所有城市的城市规划实施结果都是人口规模和用地规模远远超出规划确定的指标。规划确定的保护空间很多没能保护住,变成了建设空间。

第二节　规划在社会主义市场经济中的作用

规划体制改革,首先要在指导思想上统一认识,明确社会主义市场经济条件下规划的功能定位,规划到底起什么作用,为什么要编制规划? 社会主义市场经济的基本含义是使市场在资源配置中起决定性作用,更好发挥政府作用。编制实施规划,是更好发挥政府作用的应有之义。实行市场经济,不是不要规划了、不是否定规划的作用,但规划的目标、内容必须符合社会主义市场经济的原则,必须是促进而不是促退市场的作用。不同的经济体制下,规划有不同的功能;不同的规划,有不同的功能。现阶段,中国政府编制实施的规划,包括以空间发展为对象的空间规划,主要有四种功能。

一、社会共同的行动纲领

一个国家、一个民族要有共同的精神,共同的努力方向。规划在编制过程中,广泛听取了社会各界意见,在相当范围、一定程度上凝聚了社会共识,规划就是将这种社会共识凝聚成国家意志的表达形式。只有思想上大家一致认为应该这样做,行动上就会自觉地这样做。规划也是协商的结果,是协商民主的一种形式。一个国家特别是赶超型的发展中国家,必须认准一个方向、一个目标,最大限度地凝聚全社会共识,一步一个脚印地向前迈进。

二、引导资源配置的工具

市场经济的一般规律是市场决定资源配置,政府不是资源配置的主体,但政府可以通过规划引导资源向国家战略意图的方向配置。在基础设施短缺的时代,通过编制五年规划或基础设施专项规划,引导资源向基础设施领域配置;在城市化发展的时代,可以通过编制城市化规划,引导资源向城市集中;在创新驱动发展的时代,可以通过编制规划,引导创新资源向科技革命和产业变革的重点领域集聚;等等。

三、政府履行职责的依据

在市场经济条件下,政府履行职责首先应该依法。但有些职责的履行,仅依法还不够,还要有规划。法律可以规定政府可以做些什么,不可以做些什么,但不可能细化到在什么地方做些什么。相对于法律,规划的灵活性在于,可以根据不同发展阶段、经济周期、财力状况,使政府制定的财政政策、货币政策、产业政策、区域政策等既符合短期经济运行的特点,又符合长期规划的目标任务。当然这种目标和任务不仅是经济增长速度,也包括如防控金融风险、保护环境、城乡区域协调、公共服务均等化等。这样,政府就能依据规划,公开透明地履行职责。在这个意义上,规划是政府定的,但也是"管"政府的。

四、约束市场行为的"第二准则"①

这主要是对发展规划中的约束性指标、内容和空间规划而言的。在市场经济条件下,企业生产经营、开发建设首先要依法。但任何一部法律也不可能清晰划定企业在哪些空间可以开发建设、哪些空间不可以开发建设。法律只能定性,可以规定自然保护地、基本农田不能开发,但其具体边界只能在规划中才能划定"四至"范围。这样,法律规定才能落实,判决也才有依据。通过编制空间规划,划定生产、生活、生态空间,划清各类空间界限,可以告诉市场主体,哪些空间可以干什么、不可以干什么,才能避免空间开发中的无序无度。所以,在这个意义上,空间规划是对法的有益补充,也是政府、法人、公民的行为准则。

第三节　规划体制改革总体要求和主要任务

我国经济体制改革的目的是将传统的计划经济体制改为社会主义市

---

① 杨伟民:《"十二五"规划编制中需要深化研究的十个问题》,《发展规划研究》2009年第2期。

场经济体制。规划体制是计划经济体制的一个重要组成部分,但规划体制改革过去没有纳入改革日程。我们在 2001 年提出规划体制改革的建议,经当时的发展计划委员会主要领导批准,由规划司组织开始了规划体制改革研究,并在苏州、宁波、宜宾、钦州、庄河、安溪等 6 个市县进行"多规合一"改革试点。之后研究形成了《关于规划体制改革若干问题的意见》,在国家发展改革委的年度工作会议上进行了讨论。在此基础上又形成了《规划编制条例》,但没有被作为法规通过,改为国务院文件即《国务院关于加强国民经济和社会发展规划编制工作的若干意见》。

党的十八大以来,规划体制改革明显加快。按照党的十八届三中全会关于建立空间规划体系的改革要求,扩大了市县"三规合一"试点,在部分省级行政区开展了空间规划试点。最近,党中央分别发布了《中共中央　国务院关于统一规划体系更好发挥国家发展规划战略导向作用的意见》和《中共中央　国务院关于建立国土空间规划体系并监督实施的若干意见》,分别对国家发展规划和国土空间规划进行了顶层设计,为规划体制改革指明了方向。

改革规划体制是完善社会主义市场经济体制的重要任务。发展社会主义市场经济,仍需要发挥规划在实现国家战略目标、平衡各方面的发展、有效配置公共资源、保护自然生态空间、增进全社会福利等方面的作用。改革规划体制,有利于促进政府职能转变,实现从短期调控到长期战略、从项目审批到规划指导、从单目标管理到多目标平衡的转变。规划是政府行政工作的重要组成部分,改革规划体制,并把行之有效的做法和新的制度安排以法的形式确定下来,有利于使政府工作走向法治化。

规划体制改革的目标是,建立适应完善的社会主义市场经济体制、适应国家治理体系现代化、适应高质量发展、适应全面建设社会主义现代化国家新征程要求的规划体制。要淡化追求速度、扩大产能的规划理念,突出经济发展、人的全面发展、可持续发展"三个发展"的空间均衡;要减少和弱化专项规划,强化空间规划,使经济社会发展规划、城市规划、土地利用规划衔接协调,形成层次分明、分类清晰、功能明确的规划体系;要避免原则性过强、针对性差、交叉重叠的规划内容,增强规划约束性内容的操作性、可行性、有用性;要改变规划间相互独立、衔接协调不力的状况,形成下级规划服从和落实上级规划、专项规划服从和落实总体规划、小空间规划服从大空间规划以及同级规划之间各有分工、各有侧重、边界清晰、衔接协调的机制;要改变机械地把五年作为固定规划期的惯例,根据不同规划的内容和功能,灵活确定各级各类规划的规划期;要拉长规划编制过程,进一步扩大社会参与度,增强透明度,完善民主化、规范化的编制程序,使规划工作走上法治化轨道;要改变重编制、轻实施、缺评估的状况,明确责任主体,加强规划中期评估,形成责任明确、分类实施的规划实施机制,重塑社会主义市场经济条件下规划的有用性、权威性,切实发挥规划应有作用。

一、完善规划体系

完善国家规划体系的目标应该是,形成以国家发展规划为统领,以国土空间规划为基础,以专项规划和区域规划为补充,各级各类规划定位清晰、功能互补、统一衔接的国家规划体系。

国家规划体系按层级,分为国家规划、省级规划、市县级规划;按类型,分为国家发展规划、空间规划(国土空间规划)。

根据党的十九大关于"发挥国家发展规划的战略导向作用"的要求,可将"中华人民共和国国民经济和社会发展规划纲要",改为"中华人民共和国规划纲要",删除其中的"国民经济和社会发展";将经济社会发展规划,改为国家发展规划。规划对象是整个国家的发展,而不再限定于经济社会的发展。简称"国家发展规划"。

《中共中央 国务院关于统一规划体系更好发挥国家发展规划战略导向作用的意见》指出,"国家发展规划,即中华人民共和国国民经济和社会发展五年规划纲要","国家发展规划根据党中央关于制定国民经济和社会发展五年规划的建议,由国务院组织编制,经全国人民代表大会审查批准,居于规划体系最上位,是其他各级各类规划的总遵循。国家级专项规划、区域规划、空间规划,均须依据国家发展规划编制。国家级专项规划要细化落实国家发展规划对特定领域提出的战略任务,由国务院有关部门编制,其中国家级重点专项规划报国务院审批。国家级区域规划要细化落实国家发展规划对特定区域提出的战略任务,由国务院有关部门编制,报国务院审批。国家级空间规划要细化落实国家发展规划提出的国土空间开发保护要求,由国务院有关部门编制,报国务院审批。"①

《中共中央 国务院关于建立国土空间规划体系并监督实施的若干意见》指出,"国土空间规划是对一定区域国土空间开发保护在空间和时间上作出的安排,包括总体规划、详细规划和相关专项规划。国家、省、市县编制国土空间总体规划,各地结合实际编制乡镇国土空间规划。相关专项规划是指在特定区域(流域)、特定领域,为体现特定功能,对空间开发保护利用作出的专门安排,是涉及空间利用的专项规划。国土空间总体规划是详细规划的依据、相关专项规划的基础;相关专项规划要相互协同,并与详细规划做好衔接"。"全国国土空间规划是对全国国土空间作出的全局安排,是全国国土空间保护、开发、利用、修复的政策和总纲,侧重战略性,由自然资源部会同相关部门组织编制,由党中央、国务院审定后印发。省级国土空间规划是对全国国土空间规划的落实,指导市县国土空间规划编制,侧重协调性,由省级政府组织编制,经同级人大常委会审议后报国务院审批。市县和乡镇国土空间规划是本级政府对上级国土空间规划要求的细化落实,是对本行政区域开发保护作出的具体安排,侧重实施性。需报国务院审批的城市国土空间总体规划,由市政府组织编制,经同级人大常委会审议后,由省级政府报国务院审批;其他市县及乡镇国土空间规划由省级政府根据当地实际,明确规划编制审批内容和程序要求。各地可因地制宜,将市县与乡镇国土空间规划合并编制,也可以几个乡镇为单元编制乡镇级国土空间规划。"②

这两个文件,分别明确了国家发展规划和国土空间规划的地位作用。但在落实中,还要明确国家级空间规划和全国国土空间规划的关系,明确国家级区域规划和省级国土空间规划的关系,明确发展规划提到的国家

---

① 《中共中央 国务院关于统一规划体系更好发挥国家发展规划战略导向作用的意见》。

② 《中共中央 国务院关于建立国土空间规划体系并监督实施的若干意见》。

级专项规划和国土空间规划中提到的相关专项规划的关系,等等。另外,过去的城乡规划特别是城市规划的地位作用以及与国家发展规划、全国国土空间规划的关系尚须在落实两个文件中予以明确。

二、更新规划理念

规划理念,就是规划背后的思想。理念不同,规划不同。新中国70年的规划史,规划理念总体上经历了从"以物为本"到"以 GDP 为本"到"以人为本",再到"以人民为中心的发展"与"人与自然和谐共生"并重的演变。

规划理念就是发展的理念,就是习近平总书记提出的新发展理念。

强化创新发展理念。就是要把国家发展的基点放在创新上,形成促进创新的体制架构,塑造更多依靠创新驱动、更多发挥先发优势的引领型发展。创新包括的含义很广,就经济发展的动力而言,重要的是科技创新,促进创新成果产业化、商业化,形成新的增长点。推进产业组织、商业模式、产业链、供应链、物流链创新,形成更多新产业、新产品、新业态。创新既要注意培育新动力;还是激活老动力,注意推进传统产业再创新,只有落后的技术和产品,没有落后的产业。要支持既有企业瞄准国际同行标杆企业,通过创新和设备更新,实现产品、技术、工艺、管理、能耗、排放、品牌价值的全面创新提升。要注重体制机制创新,强化以完善产权制度和要素市场化改革为重点的经济体制改革,推动形成完善的社会主义市场经济体制。

强化协调发展理念。协调发展有多个层次,一是要把握好速度与质量效益的协调,淡化经济增长速度,坚持质量第一、效益优先,实行质量变革、效率变革、动力变革三大变革,转变经济发展方式、优化经济结构、转换增长动力。二是产业间协调,既要促进一、二、三产业的协调发展,更要注重实体经济、科技创新、现代金融、人力资源的协同发展产业,重点解决好实体经济结构性失衡、金融和实体经济失衡、房地产和实体经济失衡的三大失衡问题。三是生产分配消费的协调,既要推动制造业高质量发展,也要推动形成强大市场,解决好制造能力与消费能力失衡的结构性失衡问题。为此,又要解决好国民收入的合理分配问题。四是空间上的协调,包括城乡和区域的协调。要在继续实施区域发展总体战略同时,重点促进新的大城市群崛起,引导形成若干带动区域协调发展的增长极。推动城乡协调发展,一方面,要实施好乡村振兴战略;另一方面,重点加快推进以人为核心的城市化,促进有能力在城镇稳定就业和生活的农业转移人口举家进城落户。

强化绿色发展理念。就是要坚持以人与自然和谐为核心理念,坚持绿色富国、绿色惠民,为人民提供更多优质生态产品,推动形成绿色发展方式和生活方式,协同推进人民富裕、国家富强、中国美丽。绿色发展本质上是处理发展与保护、人与自然关系。要从无节制单向索取自然,转向有度有序利用自然。绿色发展,近期可以培育新的增长动力,远期则决定中国发展是否可持续、中华民族发展是否能永续的大问题。推动绿色发展,必须树立空间发展理念,实现经济发展、人的发展、可持续发展"三个发展"在一定空间的均衡,既要有物质财富增加,也能公平地惠及每一个人,还要保障自然再生能力,并针对每一个空间精准施策。要树立资源环境承载能力的理念,把经济发展建立在各种资源和生态环境的承载能力基础之上,把产业发展建立在电力、运力等各种不可进口的条件基础上。

强化开放发展理念。就是丰富对外开放内涵,提高对外开放水平,协同推进战略互信、经贸合作、人文交流,努力形成深度融合的互利合作格局。借鉴人类文明共同成果,学习借鉴有益的价值观念、原则、话语体系、沟通机制。要以全球视野和更加开放的胸怀奉行互利共赢的开放战略,内外需协调、进出口平衡、引进来和走出去并重、引资和引技引智并举。

强化共享发展理念。就是要坚持以人民为中心的发展思想,按照人人参与、人人尽力、人人享有的要求,注重机会公平,保障基本民生。共享,反映了我们党的初心和使命;发展,要把增进人民福祉、促进人的全面发展作为出发点和落脚点。要坚守底线,就是做好基本民生保障、基本公共服务,这是政府要承担的责任。突出重点,针对不同时期的民生短板和群众反映的突出问题施策,加强对特定人群特殊困难的帮扶。要完善制度,要花钱买制度,仅仅是撒钱、没有制度,最终是不可持续的。所以要加快社会事业改革,创新公共服务提供方式,能由政府购买服务提供的,政府不再直接承办;能由政府和社会资本合作提供的,广泛吸引社会资本参与。要引导预期,就是要人人参与劳动,人人尽力,最后才能实现劳动成果的人人享有,共享不是坐等。要处理好经济发展和改善民生的关系,坚持在经济发展的基础上不断改善民生,同时民生改善也不能脱离经济发展,否则会过度抬高经济成本,最终民生保障也是不可持续的。

三、充实总体规划

要充实促进空间均衡方面的内容,把空间发展纳入规划视野,阐明空间格局、空间结构和布局改善的方向、原则、政策,增强国家发展规划的空间指导与约束功能,增加国家空间治理体系建设的内容。要充实政府履行职责方面的任务;充实作为制定其他各项经济政策以及作为年度计划依据的内容;充实健全公共服务体系,促进人民生活质量提高和人的全面发展方面的内容;要充实保护资源和治理生态环境的内容,促进代际发展的平衡;要充实体制改革的内容,减少或取消竞争性领域发展哪些产业和产品的内容,减少或取消特定产业扶植及其政策的内容。在市场已对资源配置发挥决定性作用的条件下,国家发展规划应尽可能阐明政府将如何通过完善体制、健全法治、维护市场竞争,为市场主体创造良好的宏观环境、体制环境、政策环境和市场环境。要充实可检查和能评估的内容,社会主义市场经济条件下的规划,并不是不加区别地一味减少指标。对政府承担责任的领域列出一些指标,有利于检查评估政府工作,增强规划对政府行为的约束。可增加劳动生产率等体现效率、煤炭塑料农药化肥农膜抗生素消费总量等体现生态环境保护、人均健康预期寿命等体现生活质量的指标。

四、减少专项规划

要明确哪些领域应该编制专项规划。一是按照法律规定必须编制的,但也应该看实际情况。过去很多法律都规定要编制规划,但是这些法律有些是在计划经济或在向社会主义市场经济过渡时期制定的,现在经济体制和经济发展的环境已经大相径庭,即使法律规定了,也没有必要再编制。二是涉及空间布局的应该编制,如全国的高速公路、高速铁路、港口、电网,城市市政公用设施的规划可纳入当地的空间规划。三是全国性的生态环境保护、重要资源保护和防灾减灾,如地下水、重要矿产资源、生态修复、污染治理、防灾体系等。四是一些公共服务领域政府应该负责、应该投资建设的领域,如义务教育、基本医疗和公共卫生、养老服务等。五是一些新兴产业可以编制引导性规划,但要认真论证,防止误导市场主体或带来重复建设。除以上领域外的产业发展规划,由市场配置资源的农业、工业、服务业等都不应该再编制规划。

五、加强区域规划

我国未来的空间发展,可能形成 6 个亿人口规模的特大城市群、8 个千万人口规模的城市群、5 个百万人口规模的都市圈,这 19 个城市群或都市圈将是我国经济发展和人口集聚的主体空间。同时,我国将形成 25 个国家重点生态功能区和 7 个农产品主产区。促进这些主体功能定位不同的空间实现高质量发展,要针对这些经济区、生态区、农业区分别编制区域规划。

《中共中央　国务院关于统一规划体系更好发挥国家发展规划战略导向作用的意见》指出"国家级区域规划要细化落实国家发展规划对特定区域提出的战略任务",这个定位是正确的。但在落实这一定位时,要从全国发展大局考虑每个区域的定位,明确区域规划在整个规划体系中的地位作用,明确区域规划与国家发展规划、全国国土空间规划、省级国土空间规划、城市规划的关系,明确区域规划与区域内的各市县经济社会发展规划的关系。

区域规划就是空间规划,是按照功能而不是行政区划定的经济区、生态区、农业区的空间规划,因而不是行政区的规划,是以跨行政区的空间发展为对象的规划,而不是经济社会发展规划,也不是经济区覆盖地区发展规划的简单相加。城市化地区的区域规划就是城市群规划或都市圈规划,编制了区域规划,就没有必要再编制城市群规划或都市圈规划。

　　编制区域规划的目的是加强行政区之间的协调与合作,破除行政区壁垒,解决单个行政区难以解决的跨行政区的种种问题。区域规划的主要功能是划定区域内各类功能区的"红线",明确区域空间开发保护框架,把区域内的经济中心、城镇体系布局、产业聚集区、基础设施网络、农田、生态空间、自然保护地、待开发的保留地等落实到具体空间,明确"四至"。区域规划划定的各类"红线",是城市规划、地区规划、有关专项规划编制以及各类开发建设活动的依据。区域规划总体上是约束性的,不是指导性、预测性的,具有"第二准则"性质。

　　要使我国的区域规划发挥应有的作用,必须界定好各级空间性规划的内容,理清各类规划之间的关系。第一个层面,经全国人大审议批准的国家发展规划,应该明确提出区域发展的战略构想和区域发展的基本原则。第二个层面,中央政府应该组织编制跨省级行政区的区域规划,如长江三角洲的区域规划,划定区域内的城镇体系布局、主要城市的功能定位、各类产业聚集区、基础设施网络、绿色空间以及保留待开发的空间等。第三个层面,经济区内部如长三角的上海、苏州等城市政府,应该根据区域规划对其的功能定位编制城市规划,做好城市容量、城市扩展方向,以及城市内部的住宅区、工业区、商务区、绿地系统等的功能分区,基础设施布局等城市内部的详细规划。

　　区域规划的有效实施,必须有配套的、差别化的区域政策以及区域协调机制的建设。有些区域政策可以在区域规划中规定,如对该区域发展的约束性规定;有些则是外在的,难以由区域规划规定,如政府投资、财政转移支付等。公共财政作为政策手段,应该服从于国家公共政策的目标。比如,财政转移支付,应该依据不同区域的主体功能,加大对重点生态功能区和农产品主产区的支持力度。中央政府的建设资金,有些也应按区域分配,而不要都按领域或产业分配。

　　市县层面空间单元小,没有必要像国家和省级那样,编制那么多规划。重点是统一编制市县空间规划,实现一个市县的"多规合一",形成一个市县一个空间规划、一张蓝图,一张蓝图干到底。《宪法》规定"县级以上的地方各级人民代表大会审查和批准本行政区域内的国民经济和社会发展计划"，所以还需要编制，也可以考虑在法律授权下，开展县级五年规划纳入空间规划试点。市县空间规划要根据主体功能定位和省级空间规划要求，划定城镇空间、农业空间、生态空间三类空间，明确城镇建设区、工业区、农村居民点，以及耕地、林地、草原、河流、湖泊、湿地等的保护边界。

区域规划可以从两个方面同步入手。一方面，以县级行政区为基础，以县市级的土地规划、城乡规划、环境规划等专项规划为底图叠加，消除重叠斑块，划清县级行政区内的城镇空间、农业空间、生态空间，明确城镇建设区、工业区、农村居民点，以及耕地、林地、草原、河流、湖泊、湿地等的边界，形成县市多规合一的空间规划初稿。另一方面，以整个区域为单元，同步进行分层规划。一是自然层，主要为耕地、林地、草原、河流、湖泊、湿地，哪些不能开发，必须保留，也就是从区域整体考虑划定保护红线，一旦确定，上百年甚至几百年也不要动。二是网络层，包括地上地下、可见和不可见的基础设施，现有的哪些应该改线、哪些空间作为未来基础设施的预留地，包括区域和与外界联系的通道。这类空间也不得进行工厂、旅游、房地产等功能区的开发建设，这是需要长期保持稳定的空间。三是各类功能区，在自然层和基础设施网络以外的地区，哪些可作为开发建设的空间，如城市扩展空间、特色小镇、居住区和休闲区等。最后，统筹县市空间规划和区域的三层规划，经由上至下和由下至上的反复沟通协调修改，最终形成两个成果。一个是整个区域的区域规划（空间规划）；一个是区域内所有县级行政区的空间规划。

六、规范编制程序

前期研究。规划是研究出来的，不是写出来的。做好前期研究，规划才能科学合理。好的规划是研究出来的，不是做文章做出来的。写不出来、写不好的，是因为没有想法，没有想法肯定是研究不够。研究要贯穿到规划起草的全过程，刨根问底，由表及里。规划研究，不同于研究机构的研究，属于问题导向型、对策建议型、方案比选型的研究。

听取意见。各类规划，都要充分听取社会各界意见，政府规划工作人员编制规划的能力主要体现在抽象概括各方面意见且不失去科学性。需要人大审定的规划,应预先听取人大代表、政协委员的意见,使其提早进入决策过程。与人民生活密切相关的规划或相关内容,在规划草案初步形成后,应该在媒体公布,公开征询公众意见。市县规划是最贴近人民、最有约束力、最能体现"第二准则"功能的规划,应当采取听证会等形式,直接听取本地居民的意见。空间规划以及专项规划的技术性、专业性较强,应当充分听取多领域专家意见。

衔接协调。要按照下级规划服从上级规划;专项规划、区域规划服从总体规划;小尺度空间单元的规划服从大尺度空间单元的规划;期限短的规划服从期限长的规划等原则,加强纵向和横向的各级各类规划的衔接。有的认为,国家发展规划是五年期,而空间规划、城市规划的期限长,所以不能成为其依据。这是对国家发展规划的认识不到位,国家发展规划看起来是五年的,但其背后的战略目标都是根据中央确定的发展战略确定的,五年规划是分成几个五年来实现这种战略目标。如,"六五"和"七五"计划是根据"三步走"战略的第一步的 10 年目标确定的。"八五"和"九五"计划是根据"三步走"战略的第二步的 10 年目标确定的。"十一五""十二五""十三五"规划是根据党的十六大提出全面建设小康社会的20 年目标确定的,等等。做好规划的衔接协调,今后应该明确一个部门如国家发展改革委为衔接协调的主管部门,任何规划未经国家发展改革委均不得上报审定。

审批主体。总体规划的审批主体是明确的,现在专项规划和区域规划的审批主体尚不明确。在大幅度减少专项规划的基础上,专项规划应该由国务院审批。跨省级行政区的区域规划由国务院审定后,还应该由所在省级人民代表大会审批,以增强法律效力。

中期评估。各类规划在实施的中期阶段应该进行一次中期评估。要普遍建立第三方评估制度,主动接受全国人民代表大会及其常务委员会对国家规划实施的监督检查。全国政协通过民主协商对国家规划实施提出意见建议。年度评估与年度计划报告重合,可不再进行年度评估。总结评估与下一个五年规划的编制重合,也可不再进行,把有限的精力重点放在中期评估上。

七、创新实施机制

规划一经通过,必须实施和执行。对此,在指导思想上必须坚定不移,否则,就不要编制规划了。总体规划是纲领性的,不是行动性的,要靠其他专项规划、区域规划以及年度计划、宏观调控政策等加以落实和实施。

建立分类指导的实施机制。实现规划目标和任务,主要发挥市场配置资源的决定性作用,政府要维护公平竞争,保护产权和知识产权、不得干预企业经营活动,不干预市场机制正常运行。政府要正确履行职责,合理配置公共资源,做好公共服务领域的工作。

完善宏观调控。把握总需求与总供给的平衡,特别要加强制度协调、政策协调、规划协调。统筹协调政策目标和政策手段,做好财政政策、货币政策、结构性改革、环保政策等的协调以及与绩效评价、问责制的配合。统筹长远发展与短期稳增长,近期措施要有利于解决长期性难题。

强化约束性指标的实施。约束性指标,具有法律效力,要纳入各地区、各部门经济社会发展综合评价和绩效考核,能分解并落实到各地区的要分解落实。

财政预算要按照国家规划安排。中央政府财政资金和各地地方政府财政资金的安排,要服从和服务于国家发展规划的重点任务,增加长期资金安排。

做好年度经济工作。年度经济工作,既要考虑短期的、当年经济形势的变化,也要坚持国家规划确定的长期目标、年度计划指标要同国家规划衔接一致。

此外,专项规划要靠具体项目来实施,区域规划要靠差别化的区域政策实施,空间规划还要靠法律法规来实施。

八、加快法治建设

发展规划是按不成文的惯例和习惯做法编制,有些规划是依法编制的,但依据的法律条款有些是社会主义市场经济之前的,有些则带有明显的部门色彩。推进规划工作的法治化进程,取决于政府行政管理体制改革的进程,需要认识到位和理念更新,也需要规划工作人员的深化研究和长期艰苦的努力。规划的有效实施,其中立法和经济政策是不可或缺的两个重要方面。世界上许多国家和地区都制定了相关的法律法规。我国规划立法工作相对滞后,除《城乡规划法》外,其他方面的规划编制和实施均缺乏法律依据。应该制定全国统一的《规划法》《国土空间开发保护法》,并据此调整修订有关法律法规和部门规章中关于规划的条款。

第十六章　规划理论初探

计划经济体制下,制定经济计划有其自身的理论基础,如社会主义基本经济规律、有计划按比例发展规律、价值规律、国民收入分配和再分配规律以及投资、财政、信贷"三大平衡"等。但这些理论,尽管有些仍有继承发展的合理成分,但多数已经不适应社会主义市场经济下的规划编制和实施了,必须研究创立新的规划理论。

本章试图对社会主义市场经济条件下规划理论进行初步探索。规划理论应该适用于所有政府编制的规划,本章不再按现行规划类型来考虑,而是作出更为理性的归纳,重新定义规划类型:一是国家发展规划,以整个国家的发展为规划对象,是国家发展的规划,不再限定于经济社会发展,是最高层级的规划。二是专项规划,以特定领域的发展为规划对象,是在特定领域落实国家发展规划目标任务的规划,如能源规划、交通规划等。三是空间规划,包括全国的和特定地域的规划。前者是以全国国土空间的空间发展为规划对象的规划,如全国主体功能区规划;后者是以特定空间单元的空间发展为对象的规划,如长三角空间规划、三江源空间规划。区域规划、城市群规划、都市圈规划、市县空间规划、城市规划都属于特定空间单元的空间规划,不过是空间单元的大小不同而已。

第一节　客观规律

编制实施规划,首要的是遵循客观规律。过去,实施编制规划有时连经济规律也忘记了,如"大跃进"时期的经济计划。改革开放后,开始讲按经济规律办事,但对社会发展规律重视不够,以为经济发展了,就会解决所有社会问题,忽视了社会发展有其自身规律。[①] 所以一个时期以来,尽管增长速度很快,但社会问题只增不减。"九五"计划提出可持续发展战略,但没有认识到自然规律,实际工作中仍是人口、资源、环境一条线一条线地治理,生态保护也是耕地、森林、草原、湿地分割治理,没有统筹把握人与自然、自然各要素之间的关系。党的十八大提出生态文明建设,提倡人与自然和谐共生,开始认识到自然规律。

编制实施规划,要遵循经济规律、社会规律、自然规律这三类规律。

一、经济规律

经济规律是经济发展内在的自然而然的联系。编制实施规划至少要遵循以下经济规律。

（一）市场规律

市场规律就是市场决定资源配置的规律。习近平总书记在关于《中共中央关于全面深化改革若干重大问题的决定》的说明中全面系统阐述了市场规律:"经济发展就是要提高资源尤其是稀缺资源的配置效率,以尽可能少的资源投入生产尽可能多的产品、获得尽可能大的效益。理论和实践都证明,市场配置资源是最有效率的形式。市场决定资源配置是市场经济的一般规律,市场经济本质上就是市场决定资源配置的经济。健全社会主义市场经济体制必须遵循这条规律,着力解决市场体系不完善、政府干预过多和监管不到位问题。"

（二）供求规律

供给和需求均衡的规律。供求规律与价格规律紧密相连,价格规律就是市场根据供求形成价格,价格反过来引导供给和需求的增减。供给多了,需求不足,就会造成产能过剩,价格下跌,企业效益下降。供给不足,难以满足需求,就会带来价格上涨。改革开放之前的 30 年,中国基本上是供不应求,但由于控制价格,并没有带来普遍的物价上涨,由于价格低,企业没有效益,没有生产的积极性,从而带来产品短缺的恶性循环。

---

① 范鹏:《新世纪以来中国五年计划研究述评》,《中共党史研究》2015 年第 7 期。

目前,中国总体上处于产能过剩,所以短期内实行了供给侧结构性改革,通过钢铁、煤炭的"去产能",初步实现了供求平衡,钢铁煤炭价格走出了低谷。但是,这是从短期看的,编制规划,要用长远视野来看待供求问题。当前的产能过剩,从长期看,有些未必就是过剩的。产能过剩,有些是落后的产能,必须淘汰;有些是相对于当下消费能力的过剩,而相对于未来潜在需求未必过剩。

(三)竞争规律

竞争规律就是市场主体进行的效率高低的较量。效率高、成本低、利润高的优者胜,效率低、成本高、利润低的劣者败。市场竞争的优胜劣汰,不断推动全社会经济效率的提高,不断增进消费者的福利。每个市场主体都是利己的,希望自己的产品能卖个好价钱,但必须拿到市场上去比较,消费者利己的选择权,希望用更少的钱获得更大的消费福利,消费者帮助生产者实现优胜劣汰。

(四)城市化规律

城市化规律就是农村人口和农业用地向城市集中的过程。[1] 城市化规律包括:一是城市化是经济发展的结果,虽然城市化有助于经济增长,但不能本末倒置,把结果当作源泉,把城市化当作拉动增长的手段。二是城市化布局要集中,人是跟着就业岗位走的,农业社会人跟着耕地走,就业和人口分散,工业社会产业链要集聚,就业要集中,人口要集中,城市化必然是集中布局的。三是城市化的人地要匹配,城市化的人地要平衡,进多少人、占多少地,土地城市化进程要与人口城市化进程相一致。四是城市化的人口构成要多样化,效率高是因为城市的社会分工不断细化深化,互相创造需求和提供供给,不能只要"白领",不要"蓝领"。五是城市化的用地结构要均衡,居住用地、工业用地、就业用地、基础设施用地、公共服务用地要合理布局和匹配,城市空间各功能区,就业用地和居住用地要均衡,防止职住失衡、交通拥堵。六是城市规模要同资源环境承载能力相

---

[1] 武力、李扬:《新世纪三个五年计划(规划)的回顾与思考》,《中共党史研究》2015年第7期。

适应,城市的大气以及其他生态空间能有效吸附达标排放的污染物,城市河流湖泊湿地森林等"水盆"的容量和水量能净化经处理后的污水,城市用水主要依靠当地降雨和"水盆"供给。总之,城市水资源、土地资源、环境容量,决定着城市的经济规模、人口规模、城市功能和产业结构。

二、社会规律

社会发展的基础是经济发展,但社会发展有其自身规律。经济发展有助于但并不能自然而然地解决贫困、收入差距、财富分化等社会问题,社会问题突出会反作用于经济发展,激化经济问题。

(一)公平正义

社会秩序的合理状态,是社会发展的内在要求。包括权利公平、机会公平、规则公平。权利公平,就是全体公民、各类市场主体、消费者和生产者、各类社会组织等社会成员的权利相同,是非歧视性的。权利,包括人权、人身权、财产权、人格权、发展权、民主权、就业权、消费权、受教育权、环境权,等等。机会公平,就是全体社会成员拥有平等行使自身权利的机会,平等参与国家发展和国家治理的机会。规则公平,就是国家的法律法规、各类规章政策、各类规划对所有社会成员的相同行为只有一把尺子。

(二)收入分配

劳动成果或生产经营成果的分配。我国实行按劳分配为主体、多种分配方式并存的分配制度,同时,劳动、资本、技术、管理等要素按贡献参与分配。按劳分配有两个层面:一是个体劳动者,如承包土地的农民和个体工商户的劳动成果直接由市场评价,按照市场评价的价值获取收入。二是在企业、合作社、机关、事业单位、社会组织中的劳动者,由于生产成果是各种生产要素共同组合实现的,劳动是集合劳动,个体劳动无法直接到市场评价,在集体内部根据一定的规则按照每个劳动者的劳动多少获取收入。按要素分配,就是参与生产经营成果的所有生产要素,劳动、资本、技术、管理等要素按贡献分别获取收入,各要素获取的收入按照集体组织确定的规则决定。在社会主义市场经济条件下,除公职人员(不包括国有企业)的劳动外,按劳分配或按要素分配,都是在市场评价基础上的,必须经受市场检验。劳动再多、生产再多,市场不认可,可能分文也得不到,市场决定着哪些劳动或生产活动是无效的。所以,虽然都是按劳分配,在计划经济体制和市场经济体制下是不同的,计划经济下的按劳分配不用到市场评价。

生产成果主要由拥有决定性生产要素的所有者所有,决定性生产要素的所有者决定着分配。农业社会,土地是农业生产的决定性生产要素,生产成果归拥有土地的地主所有,并由地主决定分配。工业社会,生产要素资本化,资本成为决定性的生产要素,生产成果归拥有资本的资本家所有,并由资本家决定分配。现代社会,土地、资本尽管仍然是重要的生产要素,但其决定性作用降低,创新越来越成为具有决定性意义的生产要素。因此,包括企业家和科研人员的创新主体,应该是生产成果的所有者并决定分配。这样,才能激励企业家和科研人员的创造性,创新才能成为经济增长的主要驱动力。

社会规律中,还有人口规律、社会稳定规律、公共服务规律、社会组织运行规律等。人口规律是人口发展过程中的总量、结构变化的内在关联,人口总量和经济发展的规模、速度密切相关,不同性别、不同年龄段的人口结构要合理。社会稳定规律,就是一个社会的稳定状态取决于中等收入群体规模,"橄榄型"结构的社会是最稳定的,而"哑铃型"的社会结构,社会矛盾多、社会风险大。公共服务规律,就是对市场难以有效提供供给的义务教育、基本医疗、公共卫生、社会保障、社会救助、公共安全、防灾减灾、环境治理等,政府要发挥主导作用,提供均等化的供给,同时又要按市场规律提供有效率的优质供给。社会组织运行规律,就是非营利性的各类社会组织在社会治理中发挥基础细胞作用,畅通社会诉求,化解社会矛盾,平衡社会利益。

三、自然规律

自然规律是指大自然固有的事物本身的必然联系。自然规律有很多,这里主要指与生态文明建设密切相关的自然规律。

（一）人与自然是生命共同体

天人合一是古代中国的自然观，人与自然和谐共生是当代中国生态文明基本理念。人类离不开自然，没有自然，也就没有人类。人与自然是平等的，人类不能以自己的想法和喜好为尺度利用自然、改造自然、征服自然。人类文明进步有两个基本关系必须处理好：一是人与人的关系，二是人与自然的关系。人与人的关系处理不好，会带来社会动荡、国家衰败。人与自然的关系处理不好，同样会带来社会崩溃、文明衰退。人类社会发展到今天，创造了极大的物质财富，但对自然造成了极大伤害，人类对大自然的伤害，最终会伤及人类自身。

（二）山水林田湖草是生命共同体

人的命脉在田，田的命脉在水，水的命脉在山，山的命脉在土，土的命脉在树。如果砍光了树，就破坏了山，也就破坏了水，山就变成了秃山，水就变成了洪水，泥沙俱下，田就变成了没有养分的不毛之地，水土流失、沟壑纵横。自然各要素是一个相互关联、相互影响的系统，保护修复生态，必须充分考虑自然要素之间的均衡，按照生态系统的整体性、系统性，统筹考虑自然各要素、山上山下、地上地下、陆地海洋以及流域上下游等，进行整体保护、系统修复、综合治理。一个地区水资源不足，一方面是用水多了，另一方面是涵养水源的生态空间少了，盛水的"盆"小了。因此，解决水资源短缺，首先要节水，其次要保护好涵养水源的山地、林地、湖泊、湿地。一些城市屡屡出现"看海"现象，其中排水系统不畅是一个原因，但根本原因是开发强度过高，"水泥地"的比例太高，自然积存、自然渗透、自然净化的生态空间太小，降低开发强度，才能形成"海绵城市"。

（三）矛盾的主要方面在人

在人与自然的关系中，人类是主动的，自然是被动的。自然的破坏，是人类对自然无度无序开发的结果，矛盾的主要方面在人，不在自然。实现人与自然和谐共生，关键在人，关键在规范、约束、纠正人的行为，而这就必须依靠制度、依靠法治。只有实行最严格的制度、最严密的法治，才能为保护自然提供制度保障，所以，必须把制度建设作为重中之重。

四、遵循规律和把握国情

发展必须始终正确处理一般性与特殊性的关系,也就是遵循规律与把握国情的关系。很多问题产生于是遵循规律多一点,还是强调特色多一些。建立社会主义市场经济,就是把握这一关系的典范。社会主义是特殊性,市场经济是一般性,建立社会主义市场经济首先要遵循市场经济的一般规律。国有企业,企业是一般性,国有是特殊性,国有企业也必须遵循企业发展的一般规律。所以,要在遵循规律、尊重科学的基础上把握国情,本末不能倒置,次序不能颠倒,不能用特殊性否定一般性。

第二节　市场与政府

市场经济本质上是市场决定资源配置的经济体制。经济体制改革的核心问题是处理好政府和市场的关系。建设社会主义市场经济体制,既要发挥市场作用,也要发挥政府作用,但市场作用与政府作用的内涵不同。

一、市场决定资源配置是市场经济的一般规律

萨缪尔森在《经济学》(第19版)中提到:"每个经济体的资源存量都是有限的——无论是劳动、技术知识、工厂和工具,还是土地和能源。在决定生产什么和如何进行生产时,该经济体实际上是在决定如何配置资源。……相对于需要来讲,物品总是稀缺的,面对这一无可否认的事实,一个经济体系必须决定如何利用其有限的资源。它必须在物品的各种有可能的组合之间进行选择(生产什么),在不同的生产技术之间进行选择(如何生产),最后还必须决定谁消费这些物品(为谁生产)。"

亚当·斯密在1776年出版的《国富论》中,提出了"看不见的手"的经典比喻,形象地描述了市场的作用。"当每一个人企图尽可能地使用他的资本去支持本国工业,从而引导哪种工业使它的产品可能有最大的价值时,每一个人必然要为使社会每年收入尽可能大而劳动……他这样做只是被一只看不见的手引导着,去促进一个并不是出自他本心的目

的。"通常认为,《国富论》是现代经济学的开山之作。

19世纪70年代后,新古典经济学家着重研究了经济运行中稀缺资源的有效配置问题。他们认为,在完全竞争条件下,市场形成的均衡价格,能够使资源有效配置,揭示了市场决定配置资源的内在机制。帕累托在20世纪初提出了理想状态下的市场经济的配置效率,被称为"帕累托最优"或"帕累托效率"。

改革开放前,我国实行计划经济。改革开放后,党的十二大提出计划经济为主,市场调节为辅;党的十二届三中全会提出有计划的商品经济;党的十四大提出建立社会主义市场经济,就是要使市场在国家宏观调控下对资源配置起基础性作用。但当时对社会主义市场经济体制定义不够全面,"基础性作用"暗含着还有一种力量决定着资源配置,"基础性作用"不是决定性作用,这就为政府配置资源提供了理论上的依据。党的十八届三中全会指出,经济体制改革是全面深化改革的重点,核心问题是处理好政府和市场的关系,使市场在资源配置中起决定性作用和更好发挥政府作用。必须积极稳妥从广度和深度上推进市场化改革,大幅度减少政府对资源的直接配置,推动资源配置依据市场规则、市场价格、市场竞争实现效益最大化和效率最优化。因此,使市场在资源配置中起决定性作用,更好发挥政府作用,是社会主义市场经济的基本内涵。

二、更好发挥政府作用

高度抽象、教科书式的市场经济在现实中是不存在的。发挥市场配置资源的决定性作用,不是要削弱政府的作用,而是要更好发挥政府作用。更好发挥政府作用,首先要定义政府作用的内涵和外延。党的十八届三中全会指出,"政府的职责和作用主要是保持宏观经济稳定,加强和优化公共服务,保障公平竞争,加强市场监管,维护市场秩序,推动可持续发展,促进共同富裕,弥补市场失灵"。[1] 据此,政府的作用可以概括为

---

① Stiglitz, J. E., "Markets, Market Failures, and Development", *American Economic Review*, Vol. 79, No. 2, 1989, pp. 197-203.

"宏观调控、公共服务、市场监管、社会管理、保护环境"二十个字。

第一,宏观调控。政府应该施行宏观调控,促进经济持续健康发展,减少失业和控制通胀,保持国际收支平衡。宏观调控的手段主要是财政政策、货币政策。同时,制定发展战略和规划,引导市场预期,引导资源配置。宏观调控是中央政府职能,不是地方政府职责。地方政府的职责就是公共服务、市场监管、社会管理、保护环境。

第二,公共服务。政府应该提供外部性强的公共服务,促进收入分配合理,防止贫富差距和生活水平差距过大。政府提供公共服务主要是保基本、促公平,更多的是雪中送炭,惠民生不是"包民生"。

第三,市场监管。政府应该为提高资源配置效率创造条件,完善市场体系,促进市场公平竞争。政策手段主要是法律法规和标准。依法监管各种所有制经济,无论是对内资还是外资,无论是对国企还是民企,要一视同仁。

第四,社会管理。政府应该以增强社会活力为出发点,最大限度增加和谐因素,运用法治思维和法治方式化解社会矛盾,做好公共安全、防灾减灾救灾、社会治安防控等工作,提高社会治理水平。

第五,保护环境。政府应该着眼于促进代际公平,健全自然资源资产产权制度、用途管制制度、主体功能区制度,促进发展绿色低碳循环经济,促进绿色技术运用,推动资源节约集约使用,加强环境治理和生态保护修复。

三、产业政策

产业政策是政府引导产业发展的政策的总称。产业政策有多种表现形式,有的是一揽子地囊括所有产业产品技术的鼓励限制禁止目录,如1989年3月15日颁布的《国务院关于当前产业政策要点的决定》,现在的负面清单也是一种产业政策;有的是特定产业的政策,如汽车产业政策;有的是在国家发展规划中阐述的产业发展方向;有的是以专项规划形式表达的。所以,产业政策和规划有时很难严格区分。

对产业政策,不能一概否定,也不应该固步自封,还是老一套。产业政策同发展阶段密切相关,不同阶段,产业政策的作用不同、重点不同、效果不同。

在计划经济时期,所有经济活动均纳入经济计划,不仅要纳入综合计划,还有专门的农业计划、工业生产计划、商业流转计划、对外贸易计划、基本建设计划,等等。当时,没有必要制定产业政策,主要是也没有这个概念。改革开放后,随着经济体制的改革,产业计划没有必要了,但是作为向市场经济转型的发展中国家,如何指导产业发展呢? 20 世纪 80 年代后期,我国从日本学习借鉴了产业政策。1988 年,国家计委成立了产业政策司,随后产业政策司与规划司合并,这也说明产业政策和规划密切相关。

实现经济起飞,发展中国家追赶发达国家,产业政策可能发挥很好的作用。发展中国家追赶发达国家的过程,就是产业发展和赶超的过程。按照"雁行理论",发展中国家发展什么产业,很清楚,跟着领头雁飞就是了,发达国家有什么产业,发展中国家就可以效仿,缺什么补什么。在赶超的不同阶段,还要按照比较劳动生产率论,先补什么、后补什么,国家可以通过产业政策给市场主体指明方向。按照产业结构演化理论,初始阶段,轻纺等劳动密集型产业,发达国家已经没有比较效益了,但发展中国家由于劳动力成本低,发展这些产业是有竞争力的。接下来的是加工组装型行业,如家电、一般机械、汽车,再后来是资本密集型的重化工业、技术密集型的高科技产业等。日本、韩国、中国无不如此,经济发展的成功,既是国际大环境变化的结果,全球化深入发展,产业的国际转移和成熟技术扩散;也是政府主动抓住这种机遇,利用劳动力成本低的比较优势,循序渐进地诱导市场主体按照产业政策的方向发展的结果。所以,在赶超阶段,产业政策是有效的。

发展中国家在产业发展方面基本赶上发达国家,发达国家有什么产业,发展中国家就有什么产业时,"雁行理论"失效了,进入"头雁"后,往哪里飞,看不清楚了。这时,优先鼓励哪类产业发展的差别化产业政策就完成了历史使命,应该退出,转向对解决所有产业共性问题的功能性产业政策。比如,对创新的激励、对竞争的激励、对绿色的激励、对高质量的激励、对高效率的激励等。此时,比较困难的或争议较大的是对哪些领域的创新给予支持。完全基于市场的创新,就是企业家或科研人员自己预测,哪些领域的创新有前途。基于产业政策的创新,是政府官员听取各方面意见集体的预测。基于市场的创新和基于产业政策的创新都可能面临失败。区别是:基于市场的创新失败了,创新者自己负责;基于产业政策的创新失败了,政府并不负责。

产业政策还包括产业组织政策,经常和竞争政策混同。产业组织政策就是如何看待某个产业的过度竞争、集中度、寡头垄断、独家垄断等问题。这要把握好国内竞争和国际竞争,很难笼统地区分对错。如,若要保持国内竞争活力,应该采取企业自由进入的政策,企业数量众多、市场集中度低,但这种产业组织结构,进入国际市场时,往往竞争力低下。10家企业生产1亿吨钢的产业组织结构,难以同另一个国家的1家企业生产1亿吨钢的竞争。但若支持形成寡头垄断的政策,一个行业只有几家大企业,集中度高,就可能牺牲国内竞争活力。当然,不同的产业,适合的产业组织结构是不同的,应该具体情况具体分析。

第三节　经济发展

发展中国家、赶超型国家都可以编制规划,同实行什么制度没有必然联系。日本、法国都曾制定过经济发展规划,现在的印度仍然编制规划。日本、德国、荷兰、英国、美国等都编制空间规划。所以,编制规划不是社会主义特有的,资本主义也编制规划。编制实施规划促进经济发展主要是基于以下发展理论。

一、发展目标

根据发展阶段,制定发展目标,一届接着一届办、一代接着一代干,是我国经济发展取得成功的一条重要经验。现在,越来越多的外国政要和国外理论界认同我国的这一做法。一个国家的发展,特别是赶超型发展中国家的发展,必须认准一个方向、一个目标,最大限度地凝聚全社会共识,一步一个脚印地向前迈进。从发展史的视野可以观察到,这是经济发展乃至国家发展的一条规律。

中国领导人历来都重视确定国家发展战略目标,改革开放前,1964年周恩来同志在政府工作报告中首次提出,在 20 世纪内,把中国建设成为一个具有现代农业、现代工业、现代国防和现代科学技术的社会主义强国。1975 年第四届全国人民代表大会第一次会议,周恩来同志在政府工作报告重申了"四个现代化"和"两步走"的战略目标。改革开放后,邓小平同志提出了"三步走"的战略目标:第一步,到 1990 年,实现国民生产总值比 1980 年翻一番,解决人民的温饱问题;第二步,到 20 世纪末,使国民生产总值再增长一倍,人民生活达到小康水平;第三步,到 21 世纪中叶,人均国民生产总值达到中等发达国家水平,人民生活比较富裕,基本实现现代化。党的十六大提出,在本世纪头二十年,集中力量,全面建设惠及十几亿人口的更高水平的小康社会。党的十九大,习近平总书记提出分两个阶段实现国家现代化。第一个阶段,从 2020 年到 2035 年,基本实现社会主义现代化;第二个阶段,从 2035 年到 2050 年,建成富强民主文明和谐美丽的社会主义现代化强国。这样,中国将用 100 年时间完成发达国家两三百年走完的现代化路程。

二、发展目的

社会主义政治经济学讲的发展目的就是满足人民的需要。改革开放后,提出以经济建设为中心,但在具体执行中,存在着以 GDP 为中心、以 GDP 论英雄的倾向。习近平总书记提出以人民为中心的发展思想,进一步明确了究竟为什么要发展、为了谁而发展的问题。坚持以经济建设为中心同坚持以人民为中心是不矛盾的。坚持以经济建设为中心是相对于国家发展的各项事业而言的,即在经济建设、政治建设、文化建设、社会建设和生态文明建设中,要坚持以经济建设为中心。但在经济建设中,必须坚持以人民为中心,经济建设要围绕满足人民日益增长的美好生活需要,不能为了 GDP 而搞经济建设,人民需要的发展才干,不需要的事不干。需要注意的是,在坚持以人民为中心的发展思想的同时,按照社会主义生态文明观的要求,还要坚持人与自然和谐共生,不能认为为了提高人民生活水平,就可以盲目过度开发利用自然。

三、发展阶段

发展阶段的划分有多种。比较著名的是美国经济史学家 W.罗斯托于 1960 年在《经济成长的阶段:非共产党宣言》一书中提出的经济增长阶段论。罗斯托认为,人类社会发展共分为 6 个经济增长阶段:传统社会阶段、为起飞创造前提的阶段、起飞阶段、成熟阶段、高额群众消费阶段、追求生活质量阶段。有的按照工业化,分为工业化的初级阶段、中期阶段、后工业化阶段;有的按照城市化,分为起步阶段、中期阶段、成熟阶段;有的按照增长速度,分为高增长阶段、中速增长阶段、低速增长阶段;等等。

党的十八大后,习近平总书记先后提出"三期叠加"、经济发展新常态、高质量发展阶段。这三个关于中国发展阶段的判断,内在逻辑统一、逐步递进,是实践发展和认识深化的过程。一个国家在经历了起飞阶段的高速增长后,必然进入新的更高水平的发展阶段。中国过去的高增长,依靠的是大规模高强度的投资,模仿型排浪式的消费,低成本低价值的出口。现在,这种需求结构发生了很大变化。中国劳动年龄人口已过了峰值,部分行业的产能或产量已达到物理性峰值,资源承载能力减弱,污染排放总量超出了环境容量,生态损害超过了自然再生能力。支撑高速增长的需求结构和供给条件都变化了。因此,中国经济 2012 年以来的增长减速,不是短期的周期性波动,而是发展阶段变化的必然结果,是阶段性的长期变化。

四、发展方式

发展问题关系经济发展的质量效率。"九五"计划提出实行两个具有全局意义的根本性转变,一是经济体制从传统的计划经济体制向社会主义市场经济体制转变,二是经济增长方式从粗放型向集约型转变。党的十七大把其中的转变经济增长方式改为转变经济发展方式,内涵拓展为促进经济增长由主要依靠投资、出口拉动向依靠消费、投资、出口协调拉动转变,由主要依靠第二产业带动向依靠第一产业、第二产业、第三产业协同带动转变,由主要依靠增加物质资源消耗向主要依靠科技进步、劳动者素质提高、管理创新转变。党的十八大提出,以科学发展为主题,以加快转变经济发展方式为主线,是关系我国发展全局的战略抉择,使经济发展更多依靠内需特别是消费需求拉动,更多依靠现代服务业和战略性新兴产业带动,更多依靠科技进步、劳动者素质提高、管理创新驱动,更多依靠节约资源和循环经济推动,更多依靠城乡区域发展协调互动。党的十九大提出,我国经济已由高速增长阶段转向高质量发展阶段,正处在转变发展方式、优化经济结构、转换增长动力的攻关期。因此,高质量发展,是我国经济发展的新方式,包括转变发展方式、优化经济结构、转换增长动力三个相互交叉、互相关联的任务。

过去,我国创造了"中国速度",现在,要努力创造"中国质量"。高质量发展的内涵包括:一是宏观上,保持增长、就业、价格、国际收支的均衡,不是高速度、高失业、高物价、高逆差或高顺差。二是产业体系上,促进产业体系现代化,生产方式平台化、网络化、智能化,形成一些我国做得最好,别人离不开的技术、产品、零部件。保持农业工业服务业、实体经济与金融、实体经济与房地产等的协调发展。三是空间上,促进人口、经济、资源环境的空间均衡,城市化地区高密度高效率地集聚经济和人口,农产品主产区主要提供农产品,生态功能区主要提供清洁空气、清洁水源、宜人气候、优美环境等生态产品。四是分配上,实现投资有回报、企业有利润、员工有收入、政府有税收,各市场主体的分配比较合理。五是效率上,资本、劳动力、土地、资源、能源等传统生产要素的效率高,人才、科技、数据、环境等新生产要素的效率高。

五、发展思路

实现经济持续健康发展,需要根据不同时期的突出问题制定解决这些问题的发展思路。扩大需求和改善供给是宏观调控的两大政策思路,不同时期,要针对不同的问题实施不同的政策发展思路。

供给和需求是经济发展的两面。供给决定增长能力,即潜在增长率,需求决定潜在增长能力能否充分释放,使潜在增长转化为现实增长。总需求的一般模型为 $Y=C+I+(X-M)$,即由消费(C)、投资(I)、净出口(X 为出口、M 为进口)组成(政府投资、政府消费包括在投资、消费中)。总供给的一般模型是 $Y=AF(K,L)$,即资本(K)、劳动力(L)和全要素生产率(A),F 代表着产权制度,即劳动和资本以及各种生产要素的不同组合。$Y=C+I+(X-M)$ 是从需求角度解释经济增长,$Y=AF(K,L)$ 是从供给角度解释经济增长。只有总需求等于总供给,才能实现经济持续增长。

刺激需求一般通过两大宏观政策手段,即积极的财政政策(包括扩大财政支出、提高赤字率等)和宽松的货币政策(包括增发货币、降低利率等)。这些政策会刺激家庭、企业、政府、金融四个部门的消费需求或投资需求,增加全社会有支付能力的需求,从而在总供给可以支撑和供给结构与需求结构相适应的条件下,有效拉动经济增长。但是,这种有支付能力需求的增长,不是靠自有资金,不是靠资本回报、居民收入、政府税收等的实质性增加带来的,而是靠举债提高的支付能力。如居民购房首付比例从30%降低到20%,会刺激首付资金不足的居民扩大当期购房数量,从而带动房地产增长和经济增长。但这不是因居民收入实质性增加而扩大的需求,而是靠居民多负债扩大的需求,会使居民负债率(杠杆率)上升。

所以,积极的财政政策和宽松的货币政策在刺激需求从而促进经济增长的同时,也会带来全社会杠杆率上升等问题。负债总是要还的。利息倍数(付息、缴税之前的利润/利息负担)是衡量企业偿债能力的重要财务指标,一般有三种情况:第一种是利息倍数>1,既可以付息,也可以还本,属于良性债务;第二种是利息倍数=1,企业收入刚好等于利息,只能付息不能还本;第三种是利息倍数<1,进入庞氏融资阶段,不仅不能还本,还付不起利息,只能靠再融资付息,若融不到付息的资金,就会出现债务违约,资金链断裂,须出售资产偿债,资不抵债就会破产。

刺激需求,要实行宽松的货币政策,若资金主要进入供给不足的实体经济领域,有利于扩大有效供给,改善供给结构与需求结构不匹配的问题,增强潜在增长率。但在实体经济盈利能力下降、实际利率高于实体经济盈利能力的情况下,资金容易进入房市、汇市、股市、债市,形成资产泡沫。一旦资产泡沫破裂,就会引发债务危机、金融危机以及经济危机。

供给侧结构性改革的传导机理。改善供给的主要途径是增加劳动数量和提高劳动质量、增加资本数量和提高资本质量、改善劳动与资本的组合即优化资源配置。

在劳动年龄人口大幅度减少的背景下,扩大劳动数量具有重要的意义。扩大劳动数量,包括增加劳动者人数和劳动时间,而这里的劳动时间是宏观上的,不是微观个体的一天或一周的劳动时间,而是所有劳动者一生的劳动时间。农民工难以市民化,致使不少农民工40多岁就回乡、退出生产率高的非农产业特别是制造业。同城市劳动者一般60岁退休、工作40年相比,少了近20年。在劳动无限供给的情况下,这一问题不突出,但在劳动年龄人口进入峰值后的下降阶段,这一问题开始突出,加重并加快了人工成本上涨压力,削弱了我国的整体竞争力。而要实现农民工市民化,除了在户籍上解除限制外,还要帮助他们解决在何处居住的问题。此外,延迟退休,也具有延长劳动时间的意义。提高劳动质量主要靠加强教育和技能培训。

扩大资本数量和提高资本质量可以通过扩大生产性投资的方式实现,其中设备更新和技术改造有利于提高资本质量,主要不是为了增加生产能力。补短板的任务之一是支持企业技术改造和设备更新,这是供给侧结构性改革的应有之义。

改善劳动与资本的组合,即前述的 F,可以优化要素配置,提高全要素生产率。生产率提高了,生产要素得到合理的报酬,即投资有回报、企业有利润、员工有收入、政府有税收。这就是有质量有效益的增长,有支付能力的需求的增加是建立在生产率提高基础上,而不是扩大债务基础上的需求,这样的发展才是健康可持续的。

供给侧结构性改革的政策目标,就是减少无效供给,扩大有效供给,提高供给结构对需求结构的适应性和灵活性,提高全要素生产率,提高资源配置效率。最终目的是更好满足人民日益增长的物质文化和生态环境需要。因此,供给侧结构性改革,是坚持以人民为中心发展思想的必然要求,是人民中心论思想的集中体现。

供给侧结构性改革的政策对象。要解决的核心问题是矫正要素配置扭曲,具体包括三个层面:一是企业内部要素配置,这主要取决于企业家精神,靠企业科学管理实现。改革开放初期的联产承包责任制和现在推行的企业员工持股改革其实就是企业内部的改革。二是企业间要素配置,就是使资源更多配置到优质企业、有竞争力的企业、有创新精神的企业。20世纪90年代国有企业的"抓大放小"改革和现在的处置"僵尸企业"的改革,就是要推动产业内企业间要素配置的改革。三是产业间要素配置,就是通常所说的产业结构调整优化,资源更多流向有需求、有前途、效益高的产业和经济形态,从农业流向非农产业、从工业流向服务业、从传统产业流向新兴产业、从传统业态流向新业态、从虚拟经济流向实体经济。20世纪90年代农民工涌入城市和现在推进的金融供给侧结构性改革就是这种产业间的要素配置改革。

供给侧结构性改革的政策手段。供给侧结构性改革的政策和扩大需求的政策有所不同,主要不是扩大投资、扩大财政支出、扩大货币发行。主要政策是提供制度供给,向改革要动力。如,市场制度方面的市场准入、市场交易、企业破产即企业退出等制度;企业制度方面的激励创新、处置"僵尸企业"、减轻企业税费负担、提高劳动力市场灵活性、鼓励竞争、打破垄断等;政府管理方面的简政放权、减少政府不当干预、降低制度性交易成本以及财税体制、金融体制、养老保险体制;等等。

六、发展战略

促进我国经济持续健康发展,必须根据发展阶段和发展目标确定发展战略。改革开放以来,我们党根据发展阶段,提出了许多发展战略。20世纪80年代提出沿海开放战略。"九五"计划提出了科教兴国战略和可持续发展战略。"十五"计划提出城镇化战略、西部大开发战略、"走出去"战略。"十一五"规划提出人才强国战略、主体功能区战略(当时没有称战略)和包括西部开发、东北振兴、中部崛起、东部率先的区域发展总体战略。"十二五"规划提出扩大内需战略、海洋发展战略、节约优先战略、知识产权战略、自由贸易区战略、互利共赢开放战略。"十三五"规划提出创新驱动发展战略、网络强国战略、藏粮于地藏粮于技战略、军民融合发展战略、国家安全战略,等等。这些战略的提出和实施,对解决事关全局和长远的重大问题与发展难题发挥了重要作用。

党的十八大以来,习近平总书记观大势、谋大局、议大事,提出一系列新的发展战略,对以往的发展战略根据新形势充实完善。先后提出了,京津冀协同发展和雄安新区、"一带一路"、新型城镇化、粮食安全、水安全、能源安全、创新驱动发展、精准脱贫、扩大中等收入群体、粤港澳大湾区、长三角一体化等重大战略。每一个重大战略,都提出了新思想、新思路、新路径。如,实施创新驱动发展战略,要坚持紧扣发展、强化激励、深化改革、扩大开放的方针;推进城镇化,首要任务是促进常住人口有序实现市民化,实行以人为本、优化布局、生态文明、传承文化的方针;保障水安全,要实行节水优先、空间均衡、系统治理、两手发力的治水思路;保障能源安全,要推动能源"四个革命""一个合作",即推动能源消费、供给、技术、体制革命,加强国际合作;推进京津冀协同发展,要牵住疏解北京非首都功能这个牛鼻子;推动长江经济带发展,要坚持生态优先、绿色发展,共抓大保护,不搞大开发;扩大中等收入群体,要做到"六个必须",即坚持有质量有效益的发展、弘扬勤劳致富精神、完善收入分配制度、强化人力资本、发挥好企业家作用、加强产权保护等。这些新理念新思想新战略,已经并将继续对我国经济社会发展产生深远影响和变革。

第四节 空间发展

我们所说的发展,主要有三个:一是经济发展,强调的是 GDP 增长;二是可持续发展,强调的是发展的可持续,主要是加强生态环境保护;三是人的发展,强调的是增进人的福祉和社会进步。这些发展都很有意义,但三个发展,放在不同的空间单元,发展的内容和程度各不相同。空间发展是指在一定的空间,实现经济发展、可持续发展、人的全面发展之间的协调,实现人、经济、生态环境的均衡,既要有物质财富的增长,也要有人的发展,还要有生态环境的改善。空间发展是市场解决不了的,市场不能自发地促进经济发展、人的发展、可持续发展的空间均衡。

一、空间均衡

空间发展的基础是空间均衡论。空间均衡是在一定空间单元内,实现人口、经济、资源环境的最优配置。

图 16-1 中,横轴表示经济,纵轴表示人口,曲线代表资源环境承载能力。假定一国有东西两个地域,西部的资源环境承载能力差一些,位于曲线Ⅰ,东部的资源环境承载能力好一些,位于曲线Ⅱ。

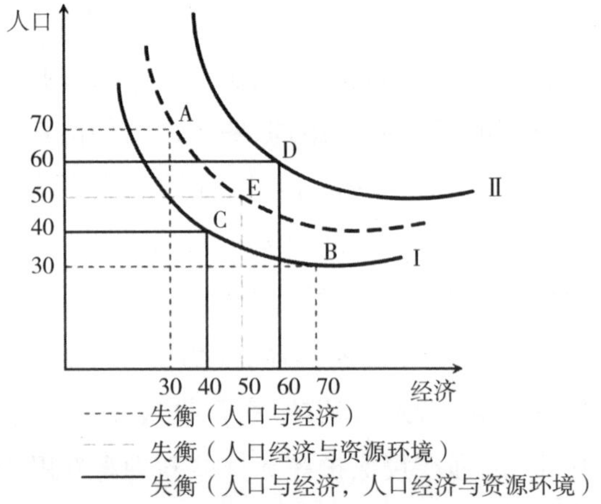

图 16-1 空间均衡(失衡)图

初始状态,西部的经济和人口的比重分别为 30%、70%,超出其资源环境承载能力曲线Ⅰ;东部的经济和人口的比重分别为 70%、30%。此时,该国人口分布与经济布局失衡,拥有 70%经济的东部有 30%的人口,集中了 70%人口的西部只有 30%的经济。此时,经济和人口与资源环境承载能力也是失衡的,西部的经济和人口超出其自身的资源环境承载能力曲线Ⅰ,东部的经济和人口没能充分利用其资源环境承载能力曲线Ⅱ。

如果不顾及资源环境承载能力,单纯追求缩小地区间经济差距,让全

国的经济和人口平均分布于东西两地,经济和人口均分别占全国的
50%,则西部必须超出其资源环境承载能力曲线Ⅰ,到 E 点;东部必须在
其资源环境承载能力之下,到 E 点。假定西部的土地资源不足,此时只
能是开发西部本应属于生态空间的森林、草地、水面等,以满足发展经济
和人口居住的空间需求。这种开发行为,虽然可以增加西部的承载能力,
使经济与人口在 E 点实现均衡(图中虚线),但破坏了西部的生态空间,
破坏了全国的生态系统,在全国范围内,经济、人口又与资源环境失衡了。

　　按空间均衡理论,正确的发展路径是,西部通过适度发展经济,并转
移人口,经济比重达到了 40%,人口降到了 40%,与其资源环境承载能力
曲线Ⅰ相切于 C 点;东部的经济比重降到 60%,人口增加到 60%,并与其
资源环境承载能力曲线Ⅱ相切于 D 点。这样,东西部之间即全国的经济
与人口实现了均衡,人均经济水平一样,没有经济上的差距。全国的经济
布局、人口分布与资源环境承载能力实现了空间均衡。

　　空间均衡,对正确认识区域协调发展,对促进人与自然和谐发展具有
重大意义。目前为止的经济学是不考虑资源环境承载力的。经济理论需
要抽象,可以抽象掉东部地区和青藏高原的海拔,可以抽象掉南方和北方
的温度,但制定经济政策如果也抽象掉这种海拔和温度,就会犯历史性错
误。区域协调发展,绝不是单纯地缩小青藏高原 GDP 总量与其他地区的
差距。若为了缩小差距、增加 GDP 而盲目开发、过度开发,对中华民族的
永续发展将是毁灭性的破坏。

　　总之,如果不从空间均衡的立场考虑生态脆弱地区人的发展问题,就
挡不住这类区域根据其发展权进行的经济开发,就会有什么挖什么,也就
无法从源头上扭转生态恶化的趋势。当生态被严重破坏后,就不得不花
费大量资金进行类似于三江源生态保护建设等一批又一批的生态工程。
再如,不从空间均衡的立场控制资源环境承载力已经减弱区域的开发强
度,不推动其调整已经超出资源环境天花板的产业结构,也就挡不住其继
续消耗更多能源、水资源,难以从源头上控制污染物排放的增加。当缺
电、缺水影响到人民生活或发生恶性环境事件后,就不得不花费大量资金
为其建设一批又一批的输电、输水、治污工程。还有,如果不从空间均衡

的立场推动"城市病"严重的城市疏解其中心城区功能,放任其继续拓展和强化经济中心、总部基地、工业基地、商贸物流中心、交通枢纽、航运中心、教育医疗中心、研发基地等功能,也就难免摊大饼式的扩张,城市就会变成连绵几千平方公里的大"水泥板"。

二、承载能力

资源环境承载能力是指在保持自然健康的前提下,一定空间的水土资源和环境容量所能承载的经济规模和人口规模,是一种物理性极限,当严重超出资源环境承载能力带来自然严重破坏后,甚至会导致文明毁灭、国家崩溃。

资源环境承载能力是由自然决定的,不同空间的自然条件不同,集聚人口和经济的能力也不同。当然,承载能力的大小不是不可变的,社会进步和科技进步,可以提高一定空间的承载能力,但提高程度在一定的历史时期是有限的。一定地域空间承载人口的能力,取决于人的消费水平及其为满足这种消费而形成的产业结构。在农业文明时代,由于消费水平不高,一个地区可以做到"一方水土养活一方人";但在工业文明时代,人们要求较高的消费水平后,有些地区就很难再做到"一方水土养活一方人"。

城市化地区的资源环境承载能力也是有限的,人口和经济的过度集聚会给资源、环境、交通等带来难以承载的压力。一定空间单元的水资源也是有限的,当地面的水资源难以满足需要时,要么就要超采地下水,结果是地面沉降以及未来的基础设施甚至城市破坏;要么是长距离、跨区域的调水,这不仅要花费大量输水工程的财务成本,还会给水资源输出地区带来难以估量的生态成本。在水资源严重短缺地区,到底是调水,还是"走人"(不再继续通过城市功能扩张带动人口增加),需要从全局和长远统筹考虑。承载能力取决于土地、水资源、环境容量,但地多、水多、环境容量大,并不一定意味着承载能力就大,还要看其他方面的自然条件,如海拔高度等。

三、生态产品

将生态定义为一种产品,在现有的经济学教科书中是没有的。过去的经济学对产品的定义是经过劳动加工制造生产出来的,从生产角度可以分为农产品、工业品和服务产品。但是,产品是用来满足人们需求的,人们的需求除了对农产品、工业品和服务产品等产品的需求外,也包括对清新空气、清洁水源、舒适环境、宜人气候等的需求。产品既可以从生产角度定义,也可以而且应该从需求角度定义。从需求角度,清新空气、清洁水源、舒适环境、宜人气候也具有产品的性质,因为它满足了人的基本需要。农业文明的产品只有农产品,工业文明的产品加上了工业品和服务产品,生态文明时代则必须加上生态产品。党的十九大提出,"我们要建设的现代化是人与自然和谐共生的现代化,既要创造更多物质财富和精神财富以满足人民日益增长的美好生活需要,也要提供更多优质生态产品以满足人民日益增长的优美生态环境需要"。

生态产品也需要"耕地",其"耕地"就是森林、草原、湿地、湖泊、海洋等生态空间。生态空间本身并不是生态产品,而是生态产品的生产能力,若破坏了这些生态空间,生态产品的数量就会减少、质量就会降低。

改革开放 40 年来,我国提供农产品、工业品和服务产品的能力迅速增强,而提供生态产品的能力却在减弱。同时,人们对生态产品的需求开始爆发式增加。呼吸空气是人最基本的生存需求,若连空气都不能自由呼吸,就谈不上美好生活、人的幸福、人的全面发展。我们渴望的美好生活,不能完全依赖金钱得到,清新空气、清洁水源、舒适环境、宜人气候是美好生活的必要条件,用金钱买不来,用 GDP 换不来。

将生态产品定义为产品的意义在于:可以解决生态功能区的发展权问题。生态功能区也有人也有居住和生活权利,他们也有发展权,也有过上美好生活的权利,只不过发展的内容不同,主要不是生产农产品或工业品,而是通过保护自然、修复生态提供生态产品。过去的狩猎是发展,今天的"守猎"也是发展;过去的砍树是发展,今天的护林也是发展;过去的放牧是发展,今天的轮牧也是发展。

生态产品是有价值的,是可以卖的。生态产品价值的实现有以下几个途径:一是出售用水权、排污权、碳排放权、土地开发权的权益;二是中央财政购买生态产品;三是地区之间的生态产品价值交换;四是生态产品溢价,如生态产品的增加带动旅游文化产业创造的价值以及房地产的溢价。

四、主体功能

我们需要工业品、农产品、生态产品,这是由不同地区生产的。不同空间的自然状况不同,开发的适宜性及其程度不同,开发对自然带来的影响也不同。海拔很高、地形复杂、气候恶劣以及其他生态脆弱或生态功能重要的区域,不适宜大规模高强度的工业化、城市化开发,有的甚至不适宜高强度的农牧业开发和旅游开发,但却适合提供生态产品。

不同空间的自然属性不同,也就决定了一定尺度的空间单元应该有不同的主体功能。从提供产品类别来划分,一国的国土空间可以分为三类:一是城市空间,以提供工业品和服务产品为主体功能;二是农业空间,以提供农产品为主体功能;三是生态空间,以提供生态产品为主体功能。

从满足人类需求来讲,三类空间都是稀缺的,因为稀缺所以要选择,需要遵循自然规律。青藏高原在全球都具有唯一性,提供的生态产品也是极为稀缺的,这种空间不适宜大规模地用于工业品或农产品生产,应该更多地用来提供生态产品。否则,不仅青藏高原自身会遭到破坏,东中部地区以及整个地球都会受损。

主体功能区的"功能",就是指提供产品的类型。经大规模高强度工业化城市化开发后,就会形成城市化地区,其主体功能就是提供工业品和服务产品,从城市化形态来看,就是城市群。经限制或禁止大规模高强度工业化城市化开发后,就会形成以提供农产品为主体功能的农产品主产区和以提供生态产品为主体功能的重点生态功能区。因此,城市化地区、农产品主产区、重点生态功能区是从开发结果角度定义的主体功能区;优化开发区域、重点开发区域、限制开发区域、禁止开发区域是从开发行为角度定义的主体功能区。

主体功能区的"主体"，就是不排斥其他从属功能。农产品主产区也可以适当发展农产品加工等产业，重点生态功能区也可以适度放牧。但若主次功能不分，则会带来不良后果。退耕还林、退牧还草、退田还湖，实质是对过去主体功能错位的一种纠偏，退的是"耕""牧""养"的功能，还的是"林""草""湖"等主体功能。

优化开发、重点开发、限制开发、禁止开发，这里的"开发"，是针对大规模高强度工业化和城市化开发强度而言的，是相对的，不是绝对的。相对于重点开发区域，有些区域开发强度已经很高，所以要优化开发；相对于限制开发，禁止开发区域的生态更重要、更独特、具有唯一性，所以要禁止开发。

国务院 2010 年颁布了《全国主体功能区规划》。习近平总书记在中央城镇化工作会议上明确提出：全国主体功能区规划对城镇化总体布局做了安排，提出了"两横三纵"的城市化战略格局，这是全局、大局，要一张蓝图干到底，不要"翻烧饼"。各地区要坚定不移实施主体功能区制度，严格按照主体功能区定位推动发展和推进城镇化。承载能力减弱的区域要实行优化开发，重点开发区域要集约高效开发，限制开发区域要做好点状开发、面上保护，禁止开发区域要令行禁止、停止一切不符合法律法规要求的开发活动。"十三五"规划建议提出发挥主体功能区作为国土空间开发保护基础制度的作用，落实主体功能区规划，完善政策，以主体功能区规划为基础统筹各类空间性规划，推进"多规合一"。

五、空间结构

国土空间可以分为四大类：城市空间、农业空间、生态空间、其他空间。城市空间是人类居住和活动的主要空间，人口多，居住集中，开发强度高，产业结构以工业和服务业为主，居民点形态是规模很大的城市或城市群。农业空间人口较少，居住分散，开发强度不大，产业结构以农业为主，居民点形态为点状分布的小城镇和村庄。生态空间人口稀少，开发强度很小，经济规模很小，居民点形态为点状分布的乡镇和村庄。其他空间包括基础设施用地和宗教、军事用地等。

树立空间结构的概念有利于有效管理国土空间。国土空间是有限的,人类活动占用的空间即城市空间越多,农业空间和生态空间就越少。生态文明就是人类自觉地控制自己的活动范围,尽可能少地占据自然空间。清晰界定和管控人类活动边界,哪些空间是人类活动空间,哪些空间是留给大熊猫、东北虎等的生活空间。

从总量上看,目前我国建设空间,包括城市和建制镇的建成区、独立工矿区、农村居民点、各类开发区的总面积,已能满足我国工业化城市化的需要,主要问题是空间结构不合理、空间利用效率不高、国土空间被切割得七零八碎、功能定位很不清晰。到处都有树,但成林的少;到处都有田,但成片的少;到处都有工业区,但形成产业链并具集聚经济的少;到处都有居民点,但形成"入门人口"规模、具备城市功能的少。反观一些欧洲国家,其较大尺度的国土空间,大体上是"四片两线",即一片森林、一片水面、一片农田、一片城市(或农村居民点),一条河流、一条高速公路或铁路。

我国空间结构存在"三多三少":一是生产空间偏多、生态空间偏少,退耕还林、退牧还草、退田还湖就是在调整空间结构,减少农业空间,增加生态空间。二是工业生产空间偏多,城市居住空间偏少。这是长期以来形成的重工业生产、轻人民生活的观念所致,也是造成当前高房价的根本性因素。三是农村居住空间偏多,城市居住空间偏少,大量农业人口已经转移到了城市,但他们的住房及其宅基地不能用于城市的住宅建设。

我国陆地国土空间辽阔,但适宜开发的面积少,山地多、平地少,约60%的陆地国土空间为山地和高原,与总面积大体相仿的美国、欧洲相比,我国人均土地面积特别是人均平原面积极为匮乏。我国适宜工业化城市化开发的面积只有180余万平方公里,扣除必须保护的耕地和已有的建设用地,今后可用于工业化城市化开发的面积只有28万平方公里左右,约占全国陆地国土总面积的3%。从人多地少空间窄的基本国情出发,我国必须走空间节约、空间集约的道路,必须十分珍惜每一寸国土。

　　从一定地域看,建设空间的扩大,意味着农业空间和生态空间的减少,而这就必然影响农产品或生态产品的生产量。农产品满足不了需求时,可以由区外调入,而且农产品依靠科技进步可以提高单位面积的产出。但生态产品则不同,生态产品具有地域性,很难调入。因此,开发必须有节制。尤其是在环境危机的今天,我们需要更多的绿地和农地,净化人类活动所产生的脏空气和脏水,给动植物一处栖身之地,确保国家有稳定的粮食供给。这些,都需要我们在工业化城市化开发中,控制开发强度,保留必要的农业空间和生态空间。地球空间不仅仅是人类的,也是野生动物的,我们不仅要关爱人类的弱势群体,也要关爱动物、关爱水、关爱大自然。

参考文献

[1][美]保罗·萨缪尔森等:《经济学》,商务印书馆2011年版。

[2][英]亚当·斯密:《国富论》(上),郭大力、王亚南译,译林出版社2011年版。

[3]《陈云文选(一九五六——一九八五年)》,人民出版社1986年版。

[4]《邓小平文选(一九七五——一九八二年)》,人民出版社1983年版。

[5]《邓小平文选》第三卷,人民出版社1993年版。

[6]《国家计委办公厅关于开展"十五"计划中期评估工作的通知》。

[7]《国家建设委员会召开全国基本建设会议讨论了设计、建筑、城市建设工作初步规划和基本措施》,《人民日报》1956年3月8日。

[8]《国务院关于加强国民经济和社会发展规划编制工作的若干意见》。

[9]《中共中央关于制定国民经济和社会发展"九五"计划和2010年远景目标的建议》,《中华人民共和国全国人民代表大会常务委员会公报》1995年第25期。

[10]《中共中央 国务院关于建立国土空间规划体系并监督实施的若干意见》。

[11]《中共中央 国务院关于统一规划体系更好发挥国家发展规划战略导向作用的意见》。

[12]薄一波:《若干重大决策与事件的回顾》(修订本)(上、下卷),人民出版社1997年版。

[13]曹文炼、张力炜:《共和国的脚步——我国"一五"至"十五"计

划编制与实施的历史回顾》,《中国产经》2017 年第 2—10 期。

[14]陈先主编:《计划工作手册》,中国财政经济出版社 1984 年版。

[15]杜福:《新中国五年计划研究》,内蒙古人民出版社 1989 年版。

[16]段娟:《改革开放以来我国区域规划工作的历史演进与经验启示》,《中州学刊》2014 年第 9 期。

[17]范鹏:《新世纪以来中国五年计划研究述评》,《中共党史研究》2015 年第 7 期。

[18]国家发展和改革委员会编:《"十二五"国家级专项规划汇编》,人民出版社 2010 年版。

[19]国家发展和改革委员会编:《"十三五"国家级专项规划汇编》,人民出版社 2017 年版。

[20]国家发展和改革委员会编:《国家专项规划汇编(2003—2007)》(下册),中国经济出版社 2008 年版。

[21]国家发展和改革委员会编、张平主编:《"十二五"规划战略研究》,人民出版社 2010 年版。

[22]《国务院关于加强国民经济和社会发展规划编制工作的若干意见》,http://www.gov.cn/gongbao/content/2005/content_121467.htm。

[23]国务院发展研究中心课题组:《中国城镇化:前景、战略与政策》,中国发展出版社 2010 年版。

[24]胡序威:《中国区域规划的演变与展望》,《地理学报》2006 年第 6 期。

[25]建筑科学研究院区域规划与城市规划研究室编:《区域规划编制理论与方法的初步研究》,建筑工程出版社 1958 年版。

[26]京津冀三地党刊联合课题组:《京津冀协同发展的工作成果与未来展望》,《共产党员(河北)》2017 年第 17 期。

[27]李强、陈宇琳、刘精明:《中国城镇化"推进模式"研究》,《中国社会科学》2012 年第 7 期。

[28]李善同、黄群慧主编:《"十三五"时期我国经济社会发展若干重大问题的政策研究》,科学出版社 2016 年版。

[29]李善同、周南主编:《"十三五"时期中国发展规划实施评估的理论方法与对策研究》,科学出版社2019年版。

[30]刘国光主编:《中国十个五年计划研究报告》,人民出版社2006年版。

[31]刘瑞:《中国经济发展战略与规划的演变和创新》,中国人民大学出版社2016年版。

[32]马凯:《用新的发展观编制"十一五"规划》,《中国经济导报》2003年10月21日。

[33]马凯主编:《〈中华人民共和国国民经济和社会发展第十一个五年规划纲要〉辅导读本》,北京科学技术出版社2006年版。

[34]毛汉英:《新时期区域规划的理论、方法与实践》,《地域研究与开发》2005年第6期。

[35]宁吉喆:《关于"十三五"经济社会发展战略问题》,《宏观经济管理》2016年第3期。

[36]全国人大财政经济委员会办公室、国家发展和改革委员会发展规划司编:《建国以来国民经济和社会发展五年计划重要文件汇编》,中国民主法制出版社2008年版。

[37]汪洋主编:《"十五"城镇化发展规划研究》,中国计划出版社2001年版。

[38]王慧炯:《社会系统工程方法论》,中国发展出版社2015年版。

[39]王晓东:《对区域规划工作的几点思考——由美国新泽西州域规划工作引发的几点感悟》,《城市规划》2004年第4期。

[40]温家宝:《关于〈国民经济和社会发展第十一个五年规划纲要(草案)〉的说明》,《政府工作报告》,2006年3月5日。

[41]武力、李扬:《新世纪三个五年计划(规划)的回顾与思考》,《中共党史研究》2015年第7期。

[42]武廷海:《新时期中国区域空间规划体系展望》,《城市规划》2007年第7期。

[43]武廷海:《中国近现代区域规划》,清华大学出版社2006年版。

［44］肖金成、安树伟:《从区域非均衡发展到区域协调发展——中国区域发展 40 年》,《区域经济评论》2019 年第 1 期。

［45］徐宪平等编著:《国家发展战略与宏观政策》(下),北京大学出版社 2018 年版。

［46］杨伟民:《"十二五"规划编制中需要深化研究的十个问题》,《发展规划研究》2009 年第 2 期。

［47］杨伟民主编:《发展规划的理论和实践》,清华大学出版社 2010 年版。

［48］杨伟民:《改革规划体制　更好发挥规划的作用》,《中国投资》2018 年第 23 期。

［49］杨伟民主编:《规划体制改革的理论探索》,中国物价出版社 2003 年版。

［50］姚依林:《姚依林同志在全国计划会议第一次全体会议上的讲话要点》,载《计划经济研究》1981 年第 43 期。

［51］张器先:《我国第二批区域规划试点工作追记》,《五十年回眸——新中国的城市规划》,商务印书馆 1999 年版。

［52］赵华:《我国历次五年规(计)划的历史经验研究》,光明日报出版社 2016 年版。

［53］中共中央文献研究室:《十二大以来重要文献选编》(中),人民出版社 1986 年版。

［54］郑新立主编:《经济体制六大改革》,中共中央党校出版社 1994 年版。

［55］中共中央文献研究室编:《建国以来重要文献选编》第十九册,中央文献出版社 1997 年版。

［56］中共中央文献研究室编:《十八大以来重要文献选编》(上),中央文献出版社 2014 年版。

［57］中国发展研究基金会编:《促进人的发展的中国新型城市化战略》,人民出版社 2010 年版。

［58］周中孚编著:《伟大的第一个五年计划》,湖北人民出版社 1956

年版。

　　[59]朱之鑫:《在首届中国发展规划研讨会开幕式上的致辞》,清华大学公共管理学院,http://www.sppm.tsinghua.edu.cn/xwzx/lbxw/26efe48-96683e05501668f03b0880015.html。

　　[60] Huijiong Wang, Shantong Li, *Introduction to Social Systems Engineering*, Springer, 2018.

　　[61] Stiglitz, J. E., "Markets, Market Failures, and Development", *American Economic Review*, Vol. 79, No. 2, 1989, pp. 197-203.

统　　筹:李春生
策划编辑:郑海燕
责任编辑:郑海燕　吴焰东
封面设计:吴燕妮
责任校对:夏玉婵

图书在版编目(CIP)数据

新中国发展规划 70 年/杨伟民 等 著. —北京:人民出版社,2019.10
　　(2020.4 重印)
(新中国经济发展 70 年丛书)
ISBN 978 - 7 - 01 - 021222 - 7

Ⅰ.①新…　Ⅱ.①杨…　Ⅲ.①中国经济-经济发展-研究　Ⅳ.①F124

中国版本图书馆 CIP 数据核字(2019)第 183157 号

新中国发展规划 70 年

XINZHONGGUO FAZHAN GUIHUA 70 NIAN

杨伟民 等 著

人民出版社 出版发行
(100706　北京市东城区隆福寺街 99 号)

北京中科印刷有限公司印刷　新华书店经销

2019 年 10 月第 1 版　2020 年 4 月北京第 4 次印刷
开本:710 毫米×1000 毫米 1/16　印张:22
字数:325 千字

ISBN 978 - 7 - 01 - 021222 - 7　定价:88.00 元

邮购地址 100706　北京市东城区隆福寺街 99 号
人民东方图书销售中心　电话 (010)65250042　65289539